ADRIATIC

◆

A JO

AT THE END OF

◆

THROUGH EUROPE

NEY

◆

THE MODERN AGE

ADRIATIC

文明的尽头

亚得里亚海三千年

by Robert D.Kaplan

A JOURNEY
THROUGH EUROPE
AT THE END OF
THE MODERN AGE

[美] 罗伯特·D.卡普兰——著　　赵秀福——译

湖南人民出版社·长沙·

此时此刻，我来到了我第一次旅行时离开的那个车站，它就像当年那样，一点儿都没有改变。所有我可能拥有的生活，都是从这里开始的。

——伊塔洛·卡尔维诺
《寒冬夜行人》（1979）

但你怎么可能在看某个东西时把你的自我放在一旁？谁的眼睛在做观看的动作？

——伊塔洛·卡尔维诺
《帕洛玛先生》（1983）

"欧洲"是一个过于庞大、过于模糊的概念，难以围绕它来缔造一个同心同德的人类共同体。从心理学的角度看，效仿德国学者尤尔根·哈贝马斯所喜欢的思路，想当然地以为存在着区域性的和超国家的双重共同体，认为忠诚可以从此产生出来，并试图小心翼翼地与非常棘手的、牵扯到相关历史民族单元的强调"身份特征"的做法划清界限，是不切合实际的。那注定是行不通的……"欧洲"不仅仅是一种地理观念，但它又不足以成为一种方案。

——托尼·朱特
《大幻觉》（1996）

目 录

序曲

具体而微的寰球

旅行真正让人感到奇特和兴奋的地方，莫过于它对思想造成的冲击，因为最为深刻的旅程对人具有潜移默化的作用。正是由于这个原因，最有价值的旅行必然会促使人们去大量阅读相关书籍。因为最有吸引力的山川风物会让人情不自禁地去研究其历史与物质文化，于是，一次旅行归来，书房里就会堆满与之相关的各种书籍：诗歌、历史、哲学、地缘政治学、帝国与文明的遗产等。所有这些（以及更多的）东西自动汇聚在一起。这些书内容驳杂，难以归类，因而即便是最了不起的专家能够克服偏狭的领域，开辟出一个新的天地，这些书是对学究气的分门别类的一种嘲讽。给我充当向导的，正是这些专家的著作，它们在我此次旅程中扮演了重要角色，其作用丝毫也不亚于我徜徉其中的山山水水。因为正是人们所遇到的各色人等，以及所阅读的书籍，才构成了人的平生之旅。

旅行是心灵的探寻，其范围无边无际，囊括各种各样的内心思索，也涉猎我们这个时代热切关注的论争和问题。花里胡哨的旅游杂志往往——通过展示各种各样以所谓野蛮的、第三世界的美为背景拍摄的妖媚的时装美女照片——兜售纯粹的幻境，其实这些杂志所展现出来的无非是一种深层的厌倦。而这和旅行毫不相干。

旅行是一种精神分析，肇始于特定时空条件下的特定时刻。与那一时刻相关的任何东西都是独特的、神圣的———一切都不例外。正如博尔赫斯所说："孟加拉的月亮和也门的月亮不一样。"①旅途中的月色和夜空会让你清醒地意识到，你所看到的月亮和天空不同于它们在任何别的地方、别的时刻的模样，因而旅行就成为意识的一种强化形式，也成为个体存在的一种确证：你拥有了一种身份特征，超出了你的世界、家人和朋友所赋予你的那种身份特征。因为你拥有别人难以企及的了解自身的权利，你必定会通过亲历不同的地域，了解其独特的历史和建筑，想方设法成就更为丰盈的自我。

而且你必须独自去做这一切！在你和远方的海岸之间不应夹杂任何一个人，即便是一个你爱的人也不可以。独创性源自孤独，

---

① 博尔赫斯，《阿威罗伊的探索》，载《博尔赫斯小说集》，安德鲁·赫里译，第 238 页。

源自在异域的思想放飞。半个世纪以前，为了以这种方式体验存在的意义，我坐上了从佩斯卡拉去往斯普利特的渡船。由于这个原因，此刻我孤身一人来到了里米尼的一个教堂。环境越是孤寂，天气越是恶劣，美的可能性就越大，我对自己说道。伟大的诗篇不是华美的，而是凄厉的。

当然，千辛万苦去拜访陌生而奇特的地方并不一定就能获得智慧。看到民众与文化之间的差异，并不等于发现这些民众与文化具有所谓的"异域情调"——"异域情调"这个词应当被驱逐。差异必须从熟悉之中慢慢梳理出来，不熟悉则难以做到这一点。旅行的神奇就在于，当你贪婪地获取这样的知识时，隐秘的自我会被一层一层地揭示出来。因此，旅行必定会导向自我怀疑。我便为怀疑所包裹，与怀疑相伴而来的是内疚和自责。我已进入老年，因而意识到，我曾报道过的群体和民族——那些生活在特定地方、处在特定时刻的群体和民族——之间的差异，正在我的眼前发生着转化和变幻。

但是，这一切都是我在这次旅程中发现的：这原本是一次意欲独处和内省的旅程，却由于我越走越远，踏入政治脆弱地带，而于无意之中一步一步变成了一种报道任务。结果，一路上我竟然情不自禁地责备斯洛文尼亚、克罗地亚形形色色的思想家以及黑山、阿尔巴尼亚的铁腕人物。在意大利融入斯拉夫世界的某个地点，我打破了沉默不语的承诺，结果在这个现代世界即将结束之时发现，我关于欧洲的那些问题让我们意识到：早期现代主义（介于文艺复兴与工业革命之间）与我们仍旧有关联，其中，身份特征再度变得流动不居、复杂多样。这些问题都非常迫切，不应当任由其停留在书中和我个人的思想里。亚得里亚海显然是一个寻求答案的地方，尽管被新闻记者和职业的战略家所忽略，但它对于中欧和东欧的重要性，丝毫也不亚于波罗的海与黑海。

随着行程的推进，如下一点变得越来越清晰：

东方与西方的对立，在亚得里亚海沿岸一直很脆弱，也一直交织在一起，因而几乎不再有明显的痕迹。天主教与东正教、东正教与伊斯兰教、西罗马与东罗马、地中海与巴尔干，在亚得里亚海形成了一种令人惊讶的综合。整个欧洲都浓缩于此，而此处的山川风物便于观览，因而也不难理解。这里可以说是具体而微的寰球。事实上，亚得里亚海文明的微妙之处囊括了整个世界的状况。媒体所宣称的民粹主义时代不过是偶发现象，是民族主义时代自身发出的最后一曲哀歌。因而，亚得里亚海就构成了我毕生所观察的各种差别的挽歌。只有在放弃追求确定性的过程中我才感受到内心的踏实。显然，只有在出游的过程中，我才能解构自我。

我的旅程结束于科孚岛，在那里我透过希腊的过去目睹了人类和历史的终极戏剧——难民的体验。迁徙是整个人类都曾经历过的故事。这将成为 21 世纪欧洲的一个突出特征：我们现在看到的阿拉伯人和非洲人的大量涌入，只不过是开始而已。很少有人类的迁徙能够像 1920 年代一百多万希腊族人从小亚细亚到希腊本土的迁移那样，更令人悲伤也带给人更多思索。后文将有更多的描述，此处仅仅提到这一点便已足够。

我此时寄身在一所意大利的教堂中，躲避着外面的凛冽寒风和瓢泼大雨，感受着自己脉搏的跳动。还有比这更好的衡量时间的方式吗？

如前所说，我独自一人踏上了旅程，但却对一个失败的现代主义诗人念念不忘。这类旅程往往是从不起眼的地方开始的。

第一章

里米尼

石雕上的欧洲

在这座基督教教堂的入口处，欧洲的异教传统呈现出前所未有的雍容气度。优雅的门廊在暴雨中显得有些孤独，我背后正对着的另外一排建筑物相当突兀，使得门廊显得有些渺小。我越看越觉得这座教堂非同一般。巨大的柱子排列在一个高起的台座上，隐藏在这些柱子之间的封闭的拱廊，则又护卫着一个含而不露的三角形楣饰。楣饰里的门楣，则是整个教堂正面的点睛之笔。形式与比例君临一切。在古典建筑中，美具有数学一般的精确，美就意味着没有任何瑕疵。

穿过大门，扑面而来的不是温暖宜人的泛着烛光的黑暗，而是寒冷逼人的沉寂和阴沉的、不见天日的暮色。我突然有了顶着乌云疾走的冲动。与此相比，子夜后的世界不那么令人绝望。每隔几分钟就有人走过，其脚步声发出的巨大回响加深了我的孤独。极为空旷的大理石地面使得靠近半圆形小室（第二次世界大战轰炸后重建的）的几排凳子显得微不足道。我在那里坐的时间越长，那些大理石就变得越为巨大和空荡。令人无所逃避的寒冷开始发起了袭击。

我没有感受到蛋彩画和油画的华丽，却意识到考古废墟所特有的白色石灰岩堆砌出来的明净，那是文艺复兴早期精心重建的建筑废墟。映入眼帘的不是颜色，而是被平放和精简的浮雕所散发出来的力量。旁边小教堂里石灰岩雕塑的特征攫取了我的注意力。由于这些石灰岩，原本拥挤而繁复的众多雕塑呈现出一种抽象的、纯理论意义上的强度，压倒了这些艺术品的能量、表现力和韵律。这是既能够促使你感受也能够促使你思考的艺术。我所看到的不仅仅是艺术，还看到了一条经由中世纪晚期的城邦而返回远古的通道，在这些城邦里，群体的存活占据上风，习俗的道德则几乎没有存在的空间。美也可能从对权力的颂扬中衍生出来，于是就使得艺术成为欧洲的过去、现在和未来的一个记录器。

肥胖而臃肿的丘比特裸像处于没有明确目标的兴奋之中：他们在赞美原始的生命冲动。雕塑家把他们刻画为性感的化身。这些浮雕挣脱了郁闷的环境，小教堂内部光线的阴暗反而使得他们更加突出。尽管这些雕塑人物被嵌入墙内，他们部分穿着袍子的肌肉系统以三维形式迸发出来，雕塑家雕琢的程度降到了最低，就像是用寥寥数语就能揭示多个宇宙的诗篇。点缀在壁柱之间的除了天使之外，还有罗马诸神、黄道带的符号以及被颂扬的、人文主义化的艺术象征：哲学、历史、修辞和音乐。在这里，基督教仅仅是一种逐渐积累起来的、生机旺盛的文明中的最终元素。

半明半暗的环境和寒冷最能使人的注意力集中。遁世的环境让我浮想联翩，并想到在认真开始旅程之前该考虑的若干书籍。教堂外面，天幕轰然落下，大雨狠狠地砸向海岸，乌云几乎触到了水面，就像是沿着画布倾泻而下的墨水。

通往这座教堂的路蜿蜒曲折，就像是一座迷宫，许多令人难忘的景观把我引领到各种各样的历史学家和作家那里，而他们又把我指引到更多人那里去。我必须查阅所有这些人的著作，因为他们既是故事的一部分，本身也非常美好。

这一切都开始于四十年前的米斯特拉斯。米斯特拉斯是一个没落的中世纪城市，地处泰格特斯山山麓，泰格特斯山则位于希腊南部伯罗奔尼撒半岛上欧罗塔山谷的边缘。拜占庭帝国正是在米斯特拉斯最终消亡的。由于遥远的君士坦丁堡的政治动荡，有塞尔维亚－希腊血统的君士坦丁十一世德拉加塞斯在米斯特拉斯加冕，成为 88 位拜占庭帝国皇帝的最后一位，也是恺撒·奥古斯都的最后一位继承人。

在我 1978 年首次参观时，尽管其时已是春天，米斯特拉斯似乎停留在了晚秋，其残垣断壁和植被只剩下一片棕褐色。最美的景观是那些最微妙的景观：它们耗费你的精力，让你疲劳至极，而不是让你陶醉不已。我迷恋上了米斯特拉斯的废墟和历史。米斯特拉斯是如此之美，让我觉得它的每一样东西都值得了解。

我对米斯特拉斯的迷恋，把我引领到当地一个重要的人物、新柏拉图主义哲学家、生活在 14 世纪和 15 世纪的普莱桑那里，并对他产生了持久的兴趣。凭借其对古典时代的学术奉献，他成为意大利文艺复兴的播种者。在他于 1439 年访问佛罗伦萨时，古典时代的遗迹仍比较容易看到，他在那里停留时间颇长，并恰好对科西莫·德·美第奇产生了巨大影响。如已故英国哲学家和翻译家菲利普·谢拉德所解释的那样，亚里士多德已经被同化到一种"普世的基督教意识"之中（或至少已被其抵消），柏拉图的信念却处在当时的基督教正统派之外，因此柏拉图就被普莱桑及其他人看作是两位哲学家中异教色彩更浓厚的那一个。由于拜占庭的世界正在消亡，普莱桑认为，拜占庭帝国的"一个伟大的资产"，用另外一位已故的英国人、中世纪问题专家斯蒂文·朗西曼的话来说，就是它如何使"古希腊的学术和文献保持原汁原味"。普莱桑把这种保存下来的智慧带到了意大利。普莱桑帮助酝酿了一场希腊的民族复兴，其根基是拜占庭所蕴含的泛神论的经典遗产，应对的则是来自拉丁西方的政治和宗教冲击。把柏拉图视为古代希腊的典范，并将他的思想融入希腊正统教会，这一过程才得以实现。①

这在我脑海里留下了深刻的印象，数十年间我都一直不能忘怀。突然，在 2002 年，也就是我第一次参观米斯特拉斯之后快四分之一个世纪时，在英国游记作家帕特里克·利·弗莫尔的度假别墅里，我发现自己身处伯罗奔尼撒的另外一半。我们交谈之际，透过拱顶窗，正好领略墨西拿湾和疙疙瘩瘩的橄榄树林形成的旖旎风光。那是一个寒冷的春日，弗莫尔的衣服散发出浓重的烟熏火燎的味道。我们在喝着一种醒好的自酿松香味希腊葡萄酒时，我碰巧提到了普莱桑。弗莫尔眼睛一亮，讲起了普莱桑的故事，算是对我的款待。他的声音低沉，仅仅比嘟哝声稍高一些，说在 1465 年，也就是普莱桑去世十年之后，其遗体就被挖掘出来。那时，里米尼的世袭统治者和威尼斯远征军的雇佣兵指挥官西吉斯蒙多·马拉泰斯塔正占据着米斯特拉斯下城，他在奥斯曼帝国的军队行将到达之际却拒绝撤退，坚持要找到自己崇拜的哲学家的遗体。马拉泰斯塔在艺术与哲学鉴赏上颇有造诣，他用石棺装殓了普莱桑，并将其安葬于他在里米尼建造的马拉泰斯塔神庙的外墙之中，而我现在就坐在这座神庙里，说到这里时，弗莫尔的声音戛然而止。②

西吉斯蒙多·马拉泰斯塔（1417—1468）是一个封建家族的子弟，从 13 世纪末到 16 世纪初，该家族一直是里米尼这个城邦

---

① 菲利普·谢拉德，《希腊东方和拉丁西方：基督教传统研究》，第 119 页。斯蒂文·朗西曼，《米斯特拉斯：拜占庭在伯罗奔尼撒的首都》，第 111 页。
② 罗伯特·D.卡普兰，《地中海三千年》，第 210、213、217—219、232 页。

的掌控者。马拉泰斯塔是一个雇佣兵首领，因为他根据合约行事。由于他是最终决策者，在他把自己杰出的军事才能相继"出售"给各个城邦时，他只能成年累月地过着被以某种形式判处死刑的日子，最终的结果是，他在讨价还价的过程中把自己的城邦丢失殆尽。在罗马，他的画像被公开烧毁。教皇们图谋的是他的土地，美第奇银行图谋的是他的金钱。尽管他经常变换盟友，在与罗马教廷、威尼斯和米兰等强势力量的较量中也处于劣势，而且也经受了失败、耻辱和背叛（当然也取得过一些胜利），他依然能够想方设法把这座圣方济各的哥特式教堂打造为最有魅力的文艺复兴时代的庙宇之一。神庙里陈设了很多异教神灵的浅浮雕，只是为了赞美他以及他多年的情人和后来的妻子伊索塔·德格里·阿蒂。马拉泰斯塔的一生是最为狂野的原始生命力的迸发，如数位历史学家所言，他是一个没有世俗道德的人，但却总是能够以无穷无尽的能量和英雄气概示人。[①]此刻我想到了皮耶罗·德拉·弗朗西斯卡在1450年绘制的、现在悬挂在卢浮宫里的马拉泰斯塔的那幅肖像画：令人惊讶的鹰喙状鼻子，薄而紧绷的嘴唇，桀骜轻蔑的眼神。

把我引领到马拉泰斯塔神庙这个地方的，并不仅仅是米斯特拉斯和帕特里克·利·弗莫尔，埃兹拉·庞德的《诗章》也是一个原因。庞德的诗大部分都不算太好，就像是一个地下暗道，却让人有开云见日的感觉，因为其诗歌气象恢宏，蕴含了对于欧洲的深刻思索。我在前面说我的旅程是从不起眼的地方开始，便是此意。

---

① 弗雷德里克·C.莱恩，《威尼斯：海上共和国》，第231—232页。A.D.穆迪，《诗人庞德》，第42页（我在上文中对其中若干内容做了解释）。

请对我多一些耐心。

在埃兹拉·庞德看来，马拉泰斯塔尽管有着极高的艺术修为，但也是一个既残暴又奸诈的人。在庞德的构思中，马拉泰斯塔是一个"给他的时代打上烙印，而且其痕迹能够经受得住任何抹杀和玷污"的风云人物，庞德研究者和诗歌阐释者休·肯纳说道。用庞德的理解来说，马拉泰斯塔是一个拥有美德的男性，这与其说是由于他具有传奇色彩的英勇行为，不如说是由于这个事实本身：他修复并装饰了这个神殿，并使之成为如此完美的一件艺术作品。（或许可以被看作是20世纪最伟大的艺术鉴赏家伯纳德·贝伦森，完全赞同庞德的看法。贝伦森说，建造这样一座丰碑，为马拉泰斯塔赢得了他"希望后人也认为"他能够配得上的名声。）为什么有些人被怀念，而另外的人却被忘记？因为正是马拉泰斯塔神庙——自身就是一首史诗——和基于单纯意志的行为，才使得马拉泰斯塔超越了他同时代的那些恶棍和勇猛好斗的人。要不是因为从军事行为中衍生出来的这样一件艺术作品——这座神殿，马拉泰斯塔在军事上的英勇行为就是白费了力气且毫无意义。在庞德看来，扩张主义和战争唯一的理由只能是艺术。因为是艺术的史诗才能够使文明持续和再生。[1]

庞德把《诗章》中他早期创作的数篇，也是最为著名的几篇献给了马拉泰斯塔。根据另外一个庞德传记作家的推测，庞德使用了太多的细节美化马拉泰斯塔，以至于其诗作（《诗章》整体

---

[1] 休·肯纳，《庞德的诗歌》，第318页。汉弗莱·卡朋特，《一个严肃的人》，第418—420页。伯纳德·贝伦森，《文艺复兴时代的威尼斯画家》。A.D. 穆迪，《诗人庞德》，第42、44页。唐纳德·戴维，《庞德：作为雕塑家的诗人》，第85、126页。

上也存在这个问题）的有些部分竟然"沦落为目录"。庞德在《诗章》"第九章"称马拉泰斯塔"POLUMETIS"。这是荷马使用的一个形容词，是"计谋多端"的意思，指的是奥德修斯的应付自如和足智多谋。庞德对马拉泰斯塔——他既批判又极为认同的霸道勇士——简直到了迷恋的程度。正如马拉泰斯塔乐于推动艺术和哲学的发展，庞德对待其他作家和诗人同样乐善好施，因为他在有意识地模仿他心目中的英雄。庞德努力所做的事情，很显然洋溢着一种马拉泰斯塔式的英勇品质。其中最为著名的是，庞德试图帮助詹姆斯·乔伊斯为《都柏林人》和《青年艺术家的画像》寻找出版商，后来又帮助他寻找能够连载《尤利西斯》的杂志。那个时候乔伊斯被迫流亡在的里雅斯特，几近赤贫。庞德还帮助T.S.艾略特发表了《J.艾尔弗雷德·普鲁弗洛克的情歌》。是庞德帮助世人发现了艾略特，而且，众所周知的是，是他对《荒原》进行了编辑。庞德在一开始就捕捉到了两位作家身上所蕴含的艺术潜能和史诗般的气质。在庞德看来，男人敢冒风险的气概与创造艺术的杰作几乎是不可分割的。具有讽刺意味的是，庞德幼稚的法西斯主义思想的核心，正是他心目中马拉泰斯塔高于生活的暴力行为的意象，尽管这种行为有助于创造如这座神殿一般的杰作，而我也因此有机会冒着寒冷瞻仰它。事实上，庞德对于另外一位意大利法西斯头目墨索里尼的迷恋，可以直接追溯到他对马拉泰斯塔的迷恋。[1]

从表面上看，庞德描写马拉泰斯塔的那些文字很有感染力。

① 汉弗莱·卡朋特，《一个严肃的人》，第418、420页，第225—226、258—259和第318页。查尔斯·波尔，《查尔斯·奥尔森在康州》，第78页。唐纳德·戴维，《庞德：作为雕塑家的诗人》，第130—131页。

这些文字是如此晦涩难懂又充满微言大义，丝毫也不考虑读者的情面，让读者不得不经常去查阅百科全书。我永远也不会忘记年轻时第一次阅读《诗章》"第九章"时的情景，也不会忘记随后的岁月中时常拜读它的感受。开篇场面宏大，有万马奔腾的气势：

> 有一年洪水滔天，
> 有一年他们冒雪参战，
> 他站在淹没脖颈的水中
> 奋力驱赶围攻他的猎犬……
> 他在法诺战斗，卷入街头巷战，
> 一世英名几乎到头……
> 他与反对希腊的人展开激烈的论辩，
> 而君主的一个男性继承人就在里面，
> 吉内薇拉夫人不幸去世。
> 他，马拉泰斯塔，是威尼斯人的首领。
> 他卖光了小城堡，
> 按照计划建造了宏伟的罗卡，
> 他勇猛无比，在芒特鲁若鏖战，
> 而且如其所愿取得胜利。
> 但老斯福尔扎在佩扎罗对我们造谣中伤……
> 他，马拉泰斯塔，则对弗朗西斯科坦诚直言，
> 我们齐心协力把他们赶出了马凯。①

---

① 埃兹拉·庞德，《诗章》，第34—35页。

我所引用的片段来自长达八页的一篇，大量纷至沓来的事实细节让读者目不暇接，而且，不论研究如何详尽，由于缺少必要的语境，有时候这些细节濒临（至少对外行人而言）无法理解的边缘；然而，这些细节尽管是通过马拉泰斯塔内心的挣扎表现了整个时代的邪恶透顶和挥霍无度，却也是既芳香馥郁又极具画面感。[1]但这算不算是好的诗歌，即严谨的诗歌的产生，我并没有把握。庞德的诗歌给人一种广泛涉猎但浅尝辄止的感觉。休·肯纳挺身而出这样为庞德辩护："这是关于事实的诗歌，而不是关于情绪或反应的诗歌，也不是关于幽灵般的、让人无法应对的问题的诗歌。"[2]

我已经对生活中的许多东西感到索然无味，但对于庞德时常很糟糕的诗歌中最好的那一些，却始终保持着浓厚的兴趣。在庞德迷失之前，这一特点在其《诗章》早期的篇章中就已是显而易见。他自己的辩护是这样的：

逃避修辞和烦琐的纸张装饰的唯一方法就是借助于美……我这样说的意思是，你必须有什么就说什么，形式上要恰到好处，使用的格律本身就极有吸引力，因而即便是旁听的人也不会觉得诗歌的内容没有意思。没有什么谬误比诗歌应当亦步亦趋地去模仿日常言语这种观念更为根深蒂固。……口语体诗歌与真正艺术的关系，就像是理发匠用的蜡模与雕塑之间的关系。[3]

---

[1] 布什，《庞德〈诗章〉的源头》，第247—248页。
[2] 休·肯纳，《庞德的诗歌》，第7页。
[3] 汉弗莱·卡朋特，《一个严肃的人》，第163页。

事实上，到处可见诗人对于前工业化时代细致入微的痴迷，印证了新方向出版社创始人詹姆斯·劳克林所说的庞德的"表意法"。根据这种方法，用庞德本人的话说，诗人只是在把历史"装瓶"，从一个意象跳到另外一个意象，"从一个方向转到另外一个方向"。在"第三章"中，我们在布尔戈斯遇到了席德；在"第四章"中，我们到了特洛伊，那是"一堆等待爆发的、用作边界的石头"。金雀花王朝的成员出现在"第六章"，但丁出现在"第七章"，之后便是马拉泰斯塔，而且在《诗章》随后的篇幅中，和马拉泰斯塔的时代相关的一切都亮相，还包括对科拉塞、拉文纳和圣维塔莱的介绍。我离开里米尼，忘却庞德之后，就将拜访这些地方。

在"第八章"，我们将密切关注孔子的实用理性。我们很快就会习惯看到希腊语、拉丁语、西班牙语、意大利语、汉语甚至还有普罗旺斯语的词语跟英语词语交织在一起，而这一切都发生在诗人史诗般的、持续终生的旅程之中，诗人带领我们领略意大利中世纪艺术的珍宝、马可·波罗笔下的汗八里、中国的春耕，诗人还与贡扎加和圣希莱尔不期而遇，更不必说他还看到过戴克里先、埃克巴坦那和瑟班的塑像。直接翻到第七十八章，还能看到"在涅夫斯基的蛋糕店"和"克什米尔的水上住宅"：于是我们发现圣彼得堡和斯利那加——俄国和印度——竟然会出现在同一行诗之中。庞德在其《诗章》中试图达到的，与《荷马赞美诗》的译者就希腊神话最为重要的原始文献之一所说的一致：全力以赴，力求从地理形貌特征的角度全面描绘"人类神奇的想象力"，因为想象力威力巨大，让人瞠目结舌，它甚至能够把血腥和恐怖的世界转化为美的世界。①

置身马拉泰斯塔神庙之内，我的思绪飞到了"第五十二章"描述的中国山川风土：

这个月树木枝繁叶茂，

雨水浸透了大地，

枯死的杂草让大地更肥沃，像是煮在汤中的调味品。②

接着又跳跃到了著名的——其实是声名狼藉的——"第四十五章"：

高利贷是一场瘟疫，

高利贷让婢女手中的针迟钝，

让纺织工无法施展其巧技。

皮埃特罗·伦巴多不是靠高利贷出现的……

皮耶罗·德拉·弗朗西斯卡也不是……③

庞德迷恋所有古老的东西，几乎到了幼稚且危险的程度。放高利贷，被和犹太人联系在一起，显然，在"第五十二章"存在着毫不隐瞒的排犹态度，而在这里引用的"第四十五章"则存在着隐含的排犹态度。"第五十二章"毫不隐瞒的排犹态度表现在庞德引用了本杰明·富兰克林的一句话，其意思是拒绝犹太人进

---

① 休·肯纳，《庞德的诗歌》，第 xiii 页（前言）。汉弗莱·卡朋特，《一个严肃的人》，第 347 页。查尔斯·波尔，《荷马赞美诗》，第 1 页。

② 埃兹拉·庞德，《诗章》，第 260 页。

③ 埃兹拉·庞德，《诗章》，第 229—230 页。

入新世界，而事实上这句话是伪造的。因此，根据其批评家的观点，庞德描述的历史有时候经常是很糟糕的历史。在庞德看来，放高利贷恰好起到了原罪的作用，妨碍人类在人间建立天堂。换言之，庞德显然具有乌托邦的性格特征。庞德的法西斯主义和排犹态度早已是众所周知，关于他，这是众口一词的若干首要原则之一。而这显然会削弱其诗歌的权威性。例如，就庞德在第二次世界大战时为墨索里尼辩护的广播，以及对他使用的"犹太鬼子"这个用法的偏爱而言，根本不存在可以减轻其罪行的情况。事实上，他甚至称赞过《我的奋斗》这本书。尽管如此，威廉·卡洛斯·威廉斯曾这样评价他的作品："绝对是最好的耳朵，才能够有幸听到这种语言！"或者如肯纳在《庞德的诗歌》开头，显然是在暗示庞德的坏名声时所说："我必须做出选择，于是我选择揭示作品而不是呈现其人。"①

对于庞德的贬斥仍在进行之中。像罗伯特·格雷福斯、兰德尔·加雷尔、约瑟夫·布罗茨基、克里夫·詹姆斯等——尤其是罗伯特·康奎斯特——文学界和知识界的著名人物，都把不论是作为一个个体还是作为诗人的庞德切割出来，而且在有些时候，还有力批驳了肯纳言语中暗含的观点，即这两者可以区分开来。这些诗人和批评家说，庞德的《诗章》绝大多数情况下难以卒读，没有意义，而且庞德的一些翻译也很糟糕：如一个批评家所说，庞德就像是一个语无伦次的、比他的时代超前了数十年的博客写手。痛恨庞德的人始终不绝如缕。

庞德仇恨的不仅仅是犹太人。他的传记作家汉弗莱·卡朋特

① 卡罗尔·F.特雷尔，《庞德〈诗章〉指南》，第178页。汉弗莱·卡朋特，《一个严肃的人》，第89、570和第913页。休·肯纳，《庞德的诗歌》，第13页。

说，庞德与美国，事实上，他与"他的家人所属以及他拥有个人历史"的任何地方，都有着深深的隔膜。这与耶鲁大学教授兰登·哈默对庞德的同时代人、现代主义者 T.S. 艾略特的看法极为一致：

> 对艾略特来说，现代主义意味着非自然化：一系列隐秘的疏离，与他的出生地、家人、"母语"以及早年自我的疏离，可能使得艾略特成为那个独具一格的诗人。就这一点说，艾略特从未改变国籍，他放弃国籍，为的是进入一个国际共同体，一个不是由使用某一特定的语言而凝聚起来的共同体，而是由与语言本身的关系凝聚起来的共同体。①

　　事实上，艾略特和庞德走得还要更远，不仅仅只是在其用英文写成的诗歌中混入外国词语、外国地名和整篇的外国文字。由于他们接受来自欧洲和世界文学的影响大于来自美国文学的影响，于是他们就致力于用其他文化传统来从深层上丰富英语这门语言，英语也因此产生了不可估量的变化（例如，艾略特献给庞德的《荒原》，就容纳了包括梵语在内的六种外语的段落）②。当然，这两人也根本不是美国诗人，把他们看作美国诗人就是贬低其地位。他们居住在国外的这个事实显然也不是巧合。他们是具有世界意识的诗人，能够消泯东方和西方之间的差异。诗人查尔斯·奥尔森郑重认为，庞德凭借其对文明的怀恋以及哲学和道德的颓废，很有可能成为"西方之末日的终极意象"，是对我们这个时代具

---

① 汉弗莱·卡朋特，《一个严肃的人》，第 14 页。
② 埃德蒙·威尔逊，《阿克塞尔的城堡》，休·肯纳撰写了"导论"，第 xx–xxii 和 126 页。

有警示作用的某种东西。[1]

　　请继续宽容我。庞德，与艾略特和乔伊斯一样——这也是我们都耳熟能详的事情——对文学现代主义的产生具有重要的推动作用，并成为标志性的人物。根据批评家埃德蒙·威尔逊的观点，文学现代主义部分源自法国象征主义运动——而这正是我前面提到的阴暗隧道开始见到日光之处。如威尔逊所解释的那样，象征主义的起点是："我们所拥有的每一种感觉或感受，意识的每一时刻，都不同于其他任何感觉或感受，不同于意识的其他时刻。"因而，"要凭借……通常的文学来准确表达我们所体验到的感受，就是不可能的"。于是，每一个诗人或作家都必须发明一种他特有的语言，而不是运用直接的陈述和描述，向读者转达能够暗示其个人意识体验的意象和隐喻。庞德与艾略特和乔伊斯一道，都使用象征来写作，而对庞德来说，这些象征的本质都源自阴暗的历史事实。尽管庞德和艾略特名义上是美国人，而且用英文写作，但他们的作品却都以英语文学之外的一场革命为基础——事实上，这场革命发生在欧洲文学之中。这是他们的世界主义的又一个层面，也是东西方毁灭性冲撞的又一个层面，而他们的诗歌则是这一切的一个先兆，归根结底，欧洲危机的内核也在这里。[2]

　　另外，在庞德那里，他所引用的史料还有一种令人陶醉的凝重氛围，曾对我年轻时的心灵产生过莫大的吸引力：他对于欧洲和亚洲遥远的时代那种细致入微的关注，洋溢着一种令人沉醉的

---

[1] 凯瑟琳·西利主编，《查尔斯·奥尔森与埃兹拉·庞德》，1948年2月的信。
[2] 埃德蒙·威尔逊，《阿克塞尔的城堡》，第25—28页。

成分。在我逐渐成熟的过程中，我对抽象事物的兴趣超过了对烘托氛围之物——对儒家哲学而不是其产生的环境，对意大利城邦的地缘政治学而不是这些城邦创造的艺术——的兴趣，庞德对这类事物激情澎湃的影射，尽管可能极为奇特，甚至可以说很愚蠢而疯狂，不足以看作是重要的描述，却仍然让我不忍心将它们完全抛弃，即便我已经随着年龄的增长几乎再难以从他那里学习到什么。

那么，又是什么点燃了我对他的兴趣呢？我扪心自问，此时，一月的寒风彻底征服了我所在的这座教堂。

应当从发表于1925年的"第一章"开始。我至今记得19岁时第一次阅读它时的情景。

我们走下去到了船边，
让船身亲吻浪花，迎上大海，
接着我们在那艘黝黑的船上竖起了桅杆，挂起了船帆，
我们还把羊带到了船上，
而我们的身躯也因为流泪而变得沉重，
无情而强劲的风，
用鼓胀的船帆带着我们向前，
面对头发齐整的女神喀耳刻的这一魔法。
然后我们就坐在船中，大风让船柄无法推动……
太阳已去昏睡，海面上被阴云覆盖，
我们恰好到达最深水域的边界，
来到希梅尔的领地，占领了城市，
头顶重重迷雾，我们到达了喀耳刻以前说过的地方。

在这里，派里米德思和欧里罗科主持仪式……

我们在每个死者身上洒了祭酒……

黑色的血液流进了沟渠，

灵魂离开了厄瑞波斯……离开了新娘，

离开了年轻人以及饱经苦难的老年人……

沿着没有护栏的长梯走下，

我在支墩上跌倒，

撞坏了脖颈上的神经，灵魂找寻地狱入口……

一个运气极差的人，即将名闻天下……[①]

这就是终极的冒险，英雄奥德修斯被特洛伊战争的记忆操控着，正如诗人庞德被第一次世界大战的记忆操控着一样。为走出地狱而做准备，开启一段史诗般的旅程，在晦暗的、浓雾弥漫的、被野蛮的辛梅里安人占据的黑海深处突然产生戏剧性的顿悟；再次片刻也不停留地奔向未知领域这个行动本身；从战争和孤寂中可能得到的智慧以及漫长而痛苦的生活之后获得的巨大胜利：刚开始阅读时，沉郁顿挫的诗行使我感到振奋和惊愕；数年乃至数十年过去之后，由于我对希腊神话有了更多自己的理解，对20世纪的历史有了更多切身的感悟，以及其他诸多原因，"第一章"就在我一读再读的过程中更令人感喟不已，而不再是某种文学传奇。讨厌的庞德。对庞德最为严厉的批评家说得很有道理。用已故的罗伯特·康奎斯特的话说，《诗章》在很大程度上是"一个大杂烩，是对非常之物的拙劣模仿"。[②]尽管如此，《诗章》有

---

① 埃兹拉·庞德，《诗章》，第3—5页。
② 罗伯特·康奎斯特，《摩押王国令人厌恶的事情》，第249页。

若干章以及其他章节中的若干片段，都极为美妙，一旦入耳，即难以被忘却。

我最初对这首诗的痴迷包含自我陶醉的成分。我那时候很年轻，憧憬着自己有朝一日也会英勇无比、青史留名。但是，随着岁月的推移，我发现自己对"第一章"更加喜欢，随着失意越来越多，令我寝食难安、几乎束手无策的职业和个人重负纷至沓来，这首诗曾被我忽略掉的深度充分显现出来。我的生活与这首诗交织在了一起。

庞德在左岸的一个书摊上发现了安德烈斯·迪乌斯的《奥德赛》中世纪拉丁语译本。他立刻就喜欢上了"（招亡魂问卜的）巫术"这一部分，而这通常被认为是《奥德赛》"最无可争辩的原始的"部分，讲述的是奥德修斯听从女巫喀耳刻的指示踏入地狱之旅的故事。[1] 正如迪乌斯把《奥德赛》从古希腊语翻译成中世纪拉丁语一样，庞德运用古英语诗歌《水手》的韵律把它从中世纪拉丁语翻译成英语。虽然不乏波折，但这次翻译构成了"第一章"的基础。康奎斯特看不起庞德，认为他的知识是"突如其来的"，没有根基。[2] 然而，难道绝大部分最为有用的、最令人享受的知识不正是这样被发现的吗？难道哲学家瓦尔特·本雅明所描述的"捡破烂的人"事实上不正是一个在无计划的搜索过程中找到有用事物的发现者吗？[3]

旅行是通往阅读的阶梯，而阅读会引领你进入知识的海洋。于是，与我的行程相关的一系列书籍就让我欲罢不能。是类似的

---

① 布什，《庞德〈诗章〉的源头》，第129页。
② 罗伯特·康奎斯特，《摩押王国令人厌恶的事情》，第254页。
③ 皮埃尔·米萨克，《瓦尔特·本雅明文选》，希尔利·韦伯·尼克尔森译，第61页。

方法把庞德引领到通往《诗章》的思想和艺术之旅。在这个过程中，庞德处理过去的方式极其大胆而具有创新性，甚至罗伯特·康奎斯特也无法完全否认这一点，尽管他具有极为渊博的古典知识，看问题也透彻锐利。

一个年轻的英国人阿德里安·斯托克斯于1926年发现了庞德"马拉泰斯塔章"的美。其结果是，斯托克斯于1934年写了一本名为《里米尼的石头》的书，表达他对马拉泰斯塔神庙独特的审美激情。[①] 我此刻就坐在马拉泰斯塔神庙内，腿上搁着我那本泛黄的、卷边的1969年版斯托克斯的书。

"我要写的是石头。我要写的是意大利。"斯托克斯开头这样说道。尤其值得一提的是，全书264页，都是对石灰岩的赞美诗。"若论天气带来的所有变化，石灰岩经受的变化……最为生动。与空中的气体混合在一起的是石灰岩，被我们所呼出的气息所雕刻的是石灰岩。生出新的皮肤和富有诗意的风化物的是石灰岩，最值得一提的是，石灰岩对雨水这个最显而易见的雕塑者情有独钟，一呼百应。"整个地中海的格调都以石灰岩为基础，斯托克斯接着说道，"那些对商业极为珍贵的小海湾和港口，大都是用石灰岩堆砌起来的……葡萄藤、橄榄树和无花果树在石灰岩土壤中茁壮成长……地中海周围的生活，在这座神庙的浮雕作品中得到了完整的体现：在这里，水就是石头。"

神庙中的许多浮雕，斯托克斯接着说，"从水中看，都有着大理石质地般的肢体"，尽管"某种看不见的、掀起层层涟漪的风，

---

① 斯托克斯的书在风格和主题方面都充满了庞德精神。戴维，《庞德：作为雕塑家的诗人》，第127—131页和第155—156页。

会让头发和服饰摇曳多姿，片刻也得不到安宁……"在这里，运动孕育在每一个地方，以至仿佛"所有的人物在构思时都被当作是立体的，然后被挤压成浅浮雕……"负责这一切的是一个来自佛罗伦萨，名叫阿戈斯蒂诺·迪·杜乔的人，他是斯托克斯这本书的主角，为马拉泰斯塔服务，1449 至 1457 年在里米尼居住。[①]

这本无可挑剔然而却晦涩难懂的书成为我在这里的向导。帕特里克·利·弗莫尔、埃兹拉·庞德、埃德蒙·威尔逊、伯纳德·贝伦森、休·肯纳和罗伯特·康奎斯特相互冲突的批评，菲利普·谢拉德所撰写的丰富繁复的东正教和普莱桑的历史，斯蒂文·朗西曼、C.M.伍德豪斯，以及许多其他五花八门的书籍把我引领到斯托克斯这本书的面前。通过这种方式，旅行就变成了对西班牙哲学家何塞·奥特加·伊·加塞特所说的"大众人"的奴役状态的一种根本性批判。在这个专业化愈益加剧的技术时代，"大众人"对他局促的格子间之外的事物一无所知。[②] 这是我作为一个个体的反抗形式，因为我所着手搜集的一系列书籍，范围肯定会极为广泛，而且不过才刚刚开始。我的目标是，把一种线性的、地理意义上的旅行当作是一种为我的阅读进行定位的方法，于是，每一个地方和每一本书都是对前面所去之地和所读之书的延展，当代的人和声音也将最终进入画面之中。这一切必须从欧洲的后门希腊开始，也必须在那里终结——从米斯特拉斯开始，在科孚终结。只有通过这种方式，欧洲曾经是什么样，未来又会变成什么样，才能得以更好地展现。

---

① 阿德里安·斯托克斯，《里米尼的石头》，第 15、48、77、89—90、97、105、149 页。
② 何塞·奥特加·伊·加塞特，《大众的反叛》，安东尼·科里根译，索尔·贝洛撰写"前言"，第 x 页。

我右侧的第三座教堂就是阿戈斯蒂诺·迪·杜乔雕刻其作品的地方——仿佛跟庞德一样，阿戈斯蒂诺念念不忘的是，通过自己的艺术检索古典知识的全部疆域。因为是刚过圣诞节，耶稣诞生的情景左右着这座异教色彩浓厚的教堂，就像在马槽里那样，稻草覆盖着整个地面，粗陋的、临时拼凑的智者塑像围绕着一个塑料材质的婴儿耶稣。我瞥了一眼装修过的半圆形小室，那里挂着一幅精美的、14世纪的耶稣受难像，是乔托的作品。在这个半明半暗的状态中存在的就是欧洲，一个古希腊和古罗马共同创造了基督教文明的地方。如教堂中基督诞生的场景所证明的那样，尽管环境简陋和粗俗到令人怜悯的程度，基督教精神仍然维系着这个深感不安的、世俗的社会。世俗主义并不与基督教传统相冲突，而是提供了另外一种保障手段，以便抵御那些公开实践其宗教信仰的穆斯林移民。换言之，庞德在道德上的颓废，他对于审美并无高尚的、锲而不舍的痴迷，并不必然标志着宗教的一致性在其流放地的终结。来自非洲-欧亚大陆的人和他们的文化对欧洲发起了猛烈的冲击，文学上的现代派追求的世界主义不过是其先导而已，尽管如此，欧洲仍需要有一种能够使其保持稳定的信仰。

我在小背包里还发现了另外一本书，破旧不堪，已有半个世纪的历史。《欧洲：一个观念的出现》是英国爱丁堡大学的一名学者德尼斯·海所撰，他于1990年代中期去世。该书最初于1957年出版。因为进行对比是严肃的学术成就的表现，因此，躲避媒体评论单调聒噪的唯一途径，就是把它与某个在更早的历史关头提出同样问题的个人著作进行对比。于是，即便是后来若干代的学者根据需要作出修改或反对某些观点，我仍在陈旧的和被遗忘的东西那里发现新鲜感。毕竟，废墟更容易令人有一探究竟的兴致。因此，我在这个教堂内重读了海的这本无比珍贵的小书。

海认为，欧洲的统一性（即把自己看作是一个欧洲人的这个观念本身）最早的开端在中世纪的基督教世界这一观念。这一观念在11世纪的《罗兰之歌》中得到了体现，与伊斯兰教处于"不可避免的对峙状态"，并很快就在十字军东征中达到巅峰。基督教世界虽然暗示了一种"整体性"，一种几乎完整的文明，因而也暗含了一种心理意义上的统一性，却是一种极为"不安全的"观念，因为它清楚地界定了与相邻的伊斯兰教世界的不同以及后者的危险（爱德华·萨义德的东方主义概念就是这样产生的）。

后来，海解释说，由于教会分裂——政治的或其他方面的分裂，宗教的统一性就会丧失。但这并不要紧，因为在更大的意义上说，成为基督徒这个观念从地理意义上等同于欧洲大陆，特别是东正教的拜占庭帝国在14世纪和15世纪让小亚细亚落入伊斯兰教的土耳其人之手，来自伊斯兰教的威胁变得更为迫切之后。奥斯曼土耳其帝国后来征服了巴尔干大部分地区，而巴尔干就处在欧洲大陆内部。但是，这只能推动"欧洲身份特征"这个概念的产生，因为奥斯曼的进攻给欧洲人带来了一种被围困和恐惧的感觉——这个词可以与基督徒交换使用，因为成为其中的一个即意味着成为另外一个，甚至不必涉及中世纪早期与教皇相关的宗教统一性。与东部邻居的对照使得欧洲大陆看到了其共性的存在。"罗马教廷可以与奥斯曼土耳其周旋，弗朗西斯一世可以寻求与苏丹结盟，"海说道，"但是，1522年罗德岛被攻占引发的普遍绝望呐喊以及因奥地利的唐·约翰指挥（打败土耳其苏丹）的1571年勒班陀海战的胜利而爆发的一致欢呼，都暗示出一种深刻的身份认同意识和基督教精神的独特功能。"[1]

在对土耳其人和撒拉森人的恐惧之外，文艺复兴还将带来对于其他洲（尤其是亚洲和非洲，龙萨的诗歌和塞万提斯的伟大小说可以证明这一点）更为清醒的意识，而通过对比，这种意识使得关于欧洲的整体观念变得更为强劲。于是，尽管"基督教世界的活力……一直延续到17世纪"，海接着说，它也慢慢进入"已陈旧的词语的边缘"，而欧洲将成为"无可争辩的、人类忠诚的最大象征"。也就是说，文艺复兴后期和现代共和政体早期的世俗主义本身，将成为马基雅维利、孟德斯鸠和伏尔泰等哲学家赞美欧洲、认为欧洲优越于其他洲的一个借口。欧洲也将最终被他们看作是抵御专制主义的一个堡垒。[2]

基督教精神一度被期望能够传布整个世界，而欧洲由于地理条件的限制则最终只能指代"一个地区而不是一种纲领"，海这样说道。[3] 然而，在早期现代让位给现代的过程中，尽管存在着崩溃性的1914年至1989年漫长的欧洲战争，欧洲即将在21世纪早期作为人权和美好生活的样板而出现，尽管在时间上只是短暂的一瞬，而这却是基督教世界从来未曾做到，也不可能做到的。

海的书提出了这样一个问题：

欧洲从基督教演变而来，进入了俗世主义，却从未丢掉其优

---

① 德尼斯·海，《欧洲：一个观念的出现》，第 viii、25—26、29、85、87、110—111 页。

② 德尼斯·海，《欧洲：一个观念的出现》，第 100—102、115—116、122—123、125 页。

③ 德尼斯·海，《欧洲：一个观念的出现》，第 125 页。

乔托代表作之一《犹大之吻》。

乔托，1267—1337，意大利文艺复兴初期画家、雕塑家与建筑师，被誉为"欧洲绘画之父"。

勒班陀海战：1571年，奥斯曼土耳其舰队与威尼斯、西班牙组成的联合舰队在勒班陀海域进行一场大型海战，奥斯曼土耳其舰队惨遭失败，损失战舰220余艘。这场战役象征桨船时代的结束，舰炮主宰海洋的时代到来了。

地处泰格特斯山山麓的希腊米斯特拉斯遗址，这是由米斯特拉斯首任君主曼努埃尔建于14世纪的圣索菲亚大教堂

地处泰格特斯山山麓的希腊米斯特拉斯遗址，这是被毁坏的古城镇遗迹

美国诗人埃兹拉·庞德

奥古斯都拱门，位于意大利北部城市里米尼，由罗马元老院在公元前 27 年献给皇帝奥古斯都，是现存最古老的罗马拱门。其风格简单庄重，中间的拱门尺寸在当时大得非同寻常，两侧为科林斯柱。

拜占庭皇帝查士丁
尼一世像

拜占庭皇后狄奥多
拉像

越感。但是，由于欧洲危机在我们所处的后现代时代逐渐加深，对欧洲的实力构成了威胁，欧洲人不得不正视其自身的惰性以及相对于其他洲的衰落。从这一衰落中产生的深刻反省，能否有一天使得他们重新拥有对于基督教——这一信仰是他们得自于希腊和罗马的终极遗产——的炽热信念？马拉泰斯塔神庙的艺术能否既代表过去又代表未来？

这些都是大问题，需要通过海量阅读才能回答，而阅读则又会带来更深层次的思考。从一个城市转移到另外一个城市，若要具有意义的话，也必须是从一种观念深入到另外一种观念。这样的探索不仅向我们揭示关于过去和未来（因为未来源自过去）的真相，也向我们展示有关我们自身的道理。通过这种方式，孤独可以成为一种启示。

海的这本平装旧书摩挲起来感觉很好，它几乎就像是一个护身符。晦涩难懂的东西代表着一种自我发现，是众人尚未探索到的世界。这是我在默默耐心搜索系列书籍的过程中发现的。许多人认为他们创造了自己的想法，但说实话，人们的大部分想法都是那些代替他们思索的人为他们准备好的，于是就有了来势迅猛、传播极快的畅销书、博客或推特。人们喜欢抓住别人说的话不放。但是这本书却是我的，我告诉自己说。叶芝在《驶向拜占庭》那首诗中说：

一个年迈的人不过是一个无用人。[1]

———————

[1] 威廉·巴特勒·叶芝，《驶向拜占庭》。

他在暗示什么呢？因为除非一个老年人能够运用他的智慧，否则他就什么也不是。岁月的价值在于摒除虚骄之气。人只应当为发现值得去进行了解的有价值的东西而感到骄傲。

摒除虚骄之气，意味着知道因发现一本老书而产生的骄傲之中就含有虚骄之气。因为把海的话当作圭臬，即意味着拒绝接受最近数十年来阐述和运用海的远见卓识的诸多学术研究成果，例如，那些学术研究证明，伊斯兰教徒和基督徒之间大量的商业联系在伊斯兰教征服北非之后如何仍然继续保持甚至有所增长，因而基督教和伊斯兰教之间的隔阂并不像海所暗示的那样近乎不容置疑，尽管海的把握相当精妙，描述也极有分寸。

事实上，我的小背包已经被塞到了极限，里面还装着我阅读其他书籍时记下的笔记，是对当时所在之地和所感所想的记录。因此，在离开这座教堂之前，我在考虑另外一本书，我阅读亨利·皮朗的《穆罕默德与查理大帝》时记下的笔记。皮朗是比利时优秀的历史学家，该书出版于 1937 年，即皮朗去世两年之后。他与海讲述的是发生在同一时段的史实，后者显然受到了他的影响。"在罗马帝国这个人类美妙的构造物的所有特征中，"皮朗这样开始阐述他的重要观点，"最为突出的……是它的地中海特征。"皮朗在后文认为，甚至在西罗马瓦解之后，东罗马（拜占庭）依然能够维持对地中海的控制，直到公元 7 世纪早期。但是阿拉伯的征服终结了这个古典主义的时代，在北非用阿拉伯语取代了拉丁语，地中海南岸的中心也被转移到了巴格达。作为地中海分裂的后果，日耳曼风尚和查理帝国出现在欧洲北部，尽管信仰伊斯兰教的国家愈益强劲繁荣……使意大利的近海城市受益，希腊人、科普特基督徒、景教徒和犹太人社群也都存活下来并在新的伊斯兰教文明中获得了良好的发展。[①]

皮朗不仅以令人欣羡的深度记录了拜占庭帝国海上霸权的削弱，还记录了地中海分裂大势中的那些例外，尽管探讨地中海的分裂是他这本书的正题。比如，作为更大的商业活动的一部分，威尼斯人把讲斯拉夫语的奴隶卖给阿拉伯人。与历史和社会科学中所有大胆的理论一样，海和皮朗的理论成为后来的学者为树立他们的理论而抨击的目标——知识就是这样增进的。结果表明，海和皮朗的远见卓识过于直白，特别是在了解正是穆斯林文明在中世纪帮助保存了希腊人和罗马人的古典遗产这个史实之后。这个史实也为文明的交织提供了又一个范例，而文明的交织能够消除东西方之间的隔阂。这两位高校教师富有文采的、也颇为怪异的特质，似乎只属于遥远的过去，却使得他们的卓异之处更为突出，也依旧是某种值得我们仰望的东西。也许，他们在精神上与帕特里克·利·弗莫尔的博学到精妙程度的游记文学作品《摩尼》（1958）和《柔摩利》（1966）更为接近，反倒是离当今那些普遍专业化的高校教师阶层较远。

来到教堂外，我从左侧绕行。如弗莫尔曾经告诉过我的那样，这座身处一道拱形围墙之内的教堂完全临街而立，古希腊新柏拉图主义哲学家普莱桑的石棺也在此处。一辆公共汽车开了过来，离这一缕远古的历史仅有几英尺之遥。色调忧伤的卵石在雨中泛着光。教堂和石棺的对面是配饰与服装商店，其橱窗就像是博物

---

① 亨利·皮朗，《穆罕默德与查理大帝》，伯纳德·密奥译自法语版，第17、62—63、143、152—153、183—184、234、275 页。

馆里的艺术品，脚蹬皮靴的人形模特身上披着丝质的披巾。打着雨伞的男女从橱窗前走过。他们身穿紧身的御寒外套，其色调为华贵的土色，衣领张开，使我情不自禁地想起约翰·辛格·萨金特1880年代早期有关威尼斯绘画中的人物形象。这些人物的穿着，即便是接近贫穷之时，仍然让人想起文艺复兴时期廷臣的模样。去往意大利，即使是在旅行淡季，也要穿得严谨细致。

　　我走进了一家简易的咖啡馆。店内有很多名贵的烈性酒，摆放在锃光瓦亮的木架上，木架的后侧镶嵌着配有灯饰的镜子，镜子的反射使得堆放的酒瓶给人造成很大的视觉冲击。在大理石吧台外面，有几张铺着锦缎桌布的圆桌。墙上装饰着的战后电影的黑白照片，非常富有感染力。咖啡和酥皮点心那浓郁的、令人神清气爽的香味，跟博物馆一样，也是文明的一种宣言。两位年长的、手持藤杖的女士起身来去为她们的饮品付账。她们穿着紧身的裤子，头戴黑色浅顶卷檐呢帽，看起来很漂亮。一对上了年纪的夫妻走了进来。那个女人在连衣裙外穿着一件毛皮外套，男人则穿着一件颇为利索的灰色运动夹克，打着粉红色领带，戴着围脖。他们点了双份的浓咖啡，慢腾腾地看着报纸。他们精心打扮就是为了来这里喝上一杯咖啡。这是一种在历史中逐渐形成的、根深蒂固的文化，它与教堂内部那些雕刻的石头是同根所生，一脉相承。虽然离开了神庙，我的故事的线索却并没有丢失。

　　我住在大旅馆，1月份几乎无人入住。旅馆建造于1908年，枝形吊灯上光彩耀目的灯光折射在白色的大理石、肉色的立柱和带有烧痕的棕色家具饰品上。客房散发出浓郁的香水味。狭窄的电梯和生锈的按键只会加深人们对往日世界之奢华的幻觉。"里米尼，"一份1909年的旅行指南写着，"就是古代的阿里米奴，是一个翁布里亚人的城市，公元前 268 年时成为罗马的一个殖民地，是通往高卢的一个边界要塞，是弗拉米尼亚大道的终点。这个城市被尤利乌斯·恺撒和奥古斯都扩建和美化过。在（拜占庭）都主教管辖期间，它是五个近海城市中最北的那一个……359 年，一次反对阿里乌教义的会议在这里举行。"[1] 里米尼是意大利南部和北部之间的一个道路枢纽，从古罗马到哥特战争，一直到第二次世界大战，它始终都是兵家必争之地。电影导演费德里科·费里尼就出生在这个亚得里亚海的度假胜地，旅馆大厅里挂满了他的照片。里米尼的东北是尤里安阿尔卑斯山脉，西哥特人、匈奴人和伦巴族人（伦巴第人）通过该山的许多通道来到这里；黎凡特人则从海上发出召唤。里米尼夹在南部由教皇控制的诸国和北部日耳曼族的诸多城市之间，腹背受敌。可以视里米尼为欧洲中心，不比任何其他地方逊色，因此从这里开始我的行程是非常有道理的。

此刻，大厅宽敞的法式大门之外，海浪从迷雾中探出头来，大海发出刺耳的咆哮声，下雨天坐在咖啡馆的桌子边也能够听得到。旅游淡季时节空荡荡的咖啡桌，最能唤起你的孤寂，让你思绪飞升，浮想联翩。

我突然意识到，至今天为止整整四十年前，即 1976 年 1 月 2 日，我还在斯法克斯，沿着突尼斯的海岸线南行，目的地是撒哈拉沙漠的边界，当时正走过当地设在中世纪的阿夫拉比德城墙内的一个市场。根据日记，我回忆起当时看到的大群大群簇拥在一起的年轻男人，他们"眼里透着饥饿"，"脸上冒着汗"，推开

---

[1] 斯托克斯，《里米尼的石头》，第 172 页。

众人，塞满了大大小小的咖啡馆，本该上班的时间却无所事事，周围连一个与他们同龄的女性也看不到。在当时那一刻，我感觉自己离欧洲非常遥远，而且置身于一个遭受失业重创、性压抑的社会，独裁者的奴役又使它万马齐喑，死气沉沉。当时的地中海，从南岸到北岸，犹如一片无人的旷野。今天，独裁统治已经不存在，但欧洲正在遭受来自北非和中东难民的冲击。斯法克斯在里米尼正南600英里，看起来不再遥远。

四十年前，我有机会目睹了欧洲的未来，尽管我自己当时并不知道。在那个时候，二十刚刚出头的年纪，我还没有能力判断我所看到和体验到的事物。那些穿着寒酸西服的年轻男人，刚刚摆脱了一种文化，但却无力进入另外一种文化，因而饱尝仇恨和挫败，我无法根据历史、政治科学和旅游书籍找到现成的名目来称呼他们。于是，我就告诉自己，我所看到的一切并不重要，只是我过于敏感而带来的问题，而那恰恰是这样的年轻人铸就一个即将被极端化的无政府主义中东的命运之时：一个必将通过移民和恐怖主义而被整合到欧洲去的中东。但是，由于从来没有享受过研究生院甚至是一流的本科学院所提供的专业指导和训练，我在这样的问题上只能独自摸索，长年累月地尝试把这样的以及其他令人惶恐的意象一个又一个排列在一起。我学习得越多，对自己的无知以及自学的必要性的认识就越充分。只是到了中年晚期，我才真正有所领悟，体会到一种坦然自信，并且确信：所谓拥有最为真实的、最富有启迪的领悟，有时候只是意味着，在旅行的时候能够看到正确的东西在你眼前发生。我认识到，未来往往是由那些与最好的旅伴在一起时不能提及、不愿承认的事物所造就的。未来存在于各种沉默之中。

我在里米尼随处可见陈列琳琅满目的商店，但报刊上关于欧洲经济和政治危机内容的标题却给人一种哀鸿遍野的印象。另外，即便是那些标题也遮掩了一个深奥的具有历史意义的、极少有人愿意承认的真理，但我凭借自己对于斯法克斯和突尼斯南部其他地方的记忆，对此却有深刻的认识。

报刊标题不愿意说的是，欧洲在第二次世界大战之后近三分之二个世纪中的稳定以及随后的繁荣要求它与邻近的异国保持隔离状态。从中东通往欧洲的门户在数十年内几乎是关闭的，作出这一决策的是那些专制国家的独裁者，他们的铁腕统治维持着国内秩序。以登峰造极的萨达姆·侯赛因为代表的伊拉克众多铁腕人物、叙利亚的阿萨德家族、利比亚的穆阿迈尔·卡扎菲，是欧洲维持数十年幸福安稳的主要原因。20世纪优秀的法国地理学家费尔南德·布罗代尔认为，地中海并不是欧洲的南部边界：在他看来，边界在撒哈拉沙漠的边缘，移民车队如今聚集在一起，冲击着欧洲；四十年以前，也是在那里，我看到成群的年轻男人，就像我在斯法克斯看到的一样。

没错，里米尼的一切，咖啡店、配饰和服饰商店，从无处不在的毛皮大衣到很多女性都佩戴的高档摩登眼镜以及专门为他们的狗制作的奢侈毛呢用品所展现的奢华，在一定程度上是欧洲与相邻的中东保持文化和人口疏离的产物，而这也可以追溯到基督教产生之时，并且经历了一个长达数个世纪的痛苦过程，在冷战期间以及之后获得了地缘政治基础，尽管这个过程不乏矛盾和难以言说之处。是的，在欧洲也曾存在过外来劳工，尤其是来自阿尔及利亚和土耳其的工人，以及他们所引发的几乎无法控制的社会矛盾。但是，地处北非和黎凡特的这些异国近邻，都还比较遥远，不像今天这样近在眼前。

有史以来，基督教欧洲的一致性，是欧洲与伊斯兰教世界对立的部分产物——在持续进行的商业往来以及装模作样的优越感面前，这种对立有多么虚伪，暂且不论。但是，与这一对立相伴而来的是欧洲与穆斯林社会相对的、客观存在的隔离状态，但由于全球化和国家崩溃，这一隔离状态正在消失。

如果伊斯兰教越过西班牙和西西里再往北渗透，文艺复兴还会像原来那样发生吗？中世纪的穆斯林文明已经辉煌到超出了想象的程度，很有可能无可挽回地改变欧洲文化与政治的发展进程，或许还会使其变得更好。那么，一切都有可能完全不同。如果不是处在一个已经跨越了封建主义，并且进而全面展现了希腊和罗马异教及世俗价值观念的欧洲，那么，不受罗马天主教会宿命论约束的世俗政治（世俗政治也是黎塞留的"国家理由"学说的奠基性因素）的产生，则是不可想象的。事实上，意大利城邦就是锲而不舍地培养卓越的政治、军事和艺术人才的基地，马基雅维利、马拉泰斯塔和阿戈斯蒂诺·迪·杜乔就是其中的代表人物。

当然，除了基督教世界的发展及其与伊斯兰教对立的思想历程之外，还需要考虑许多其他因素。例如，在整个冷战时期，美国为安全买了单，于是欧洲社会就有能力提供充足的社会福利。美国也曾保护欧洲不受苏联的威胁，因此，苏联解体之后十年，其内部的混乱并没有对欧洲产生太大的影响。然而现在，数百万来自中东和非洲的难民与准亚洲国家俄罗斯一道，构成了慢慢削弱欧洲的威胁，而早期现代的若干哲学家早已对此忧心忡忡。

我发现，我在这里见到的一切都是美的，甚至到了性感的程度。这里就像是天堂。

但是，它能够永久存在吗？这里到处都洋溢着一种悲伤的感觉，仿佛我在街道上和咖啡馆里看到的一切都已经被交付给过去。

欧洲是什么？我问自己。欧洲从哪里开始？在哪里结束？未来会走向何方？

这些问题现在正变得清晰起来。里米尼让我开启了一次走向内心的旅程，但其终点在哪里，尚无法预见。

第二章

拉文纳

狄奥多里克和
但丁是如何
塑造西方的

坐在从里米尼一路向北的火车上，我看到车窗外平平无奇的海边城镇，相互交错，但在旅游淡季都或多或少被世人遗忘。雨势依然猛烈。像教堂内半暗半明的环境一样，天气把它内在的秘密都呈现出来，随你怎么猜想。这是一种极为抽象的景观，仿佛天空也转移到了室内，听凭灯光的装扮。后现代世界的大部分既不是城市的也不是乡村的，而是对两者的一种涂抹。在我们生活的这个时代，对过去未遭到毁坏的景观只能进行理想化的凭吊，有时候凭吊者还是极端主义者；否则，过去就会被彻底忘记。旅行的目的就是去好好领略那些正在被丢失的景观。

借用伊莱亚斯·卡内蒂的说法，火车是欧洲的群体象征，就像"海洋"是英国人的群体象征，"绵延不断的森林"是德国人的群体象征一样。[1] 火车就是一个移动的咖啡馆，我至今还难以忘记年轻时乘坐火车旅游的情况：咣当作响、破旧的隔间，往往是六个陌生人不得不挤在一起，三人一排，交叉而坐，膝盖几乎碰到一起，与旧影片里的情景一样。乘客来自不同的国家、不同的城市、不同的年龄段、不同的生活环境。在智能手机兴起的时代之前，临时的亲密无间催生一种悠闲的、忘却时间的对话方式。通过克服距离的干扰，火车创造出了众多可能的幻觉。高高耸立的、铁柱架起来的、空气中满是灰尘的火车站，一直是相遇和告别的典型背景，从火车底盘冒出来的水蒸气像河流一样，平添了某种梦幻的效果。犹太人坐着火车去了死亡集中营。难道相互交叉的铁轨不正是大屠杀的一个简略符号吗？欧洲军队坐着火车上前线；列宁结束流放返回其祖国时也是在火车上。火车是美好

---

① 伊莱亚斯·卡内蒂，《群体与权力》，第 199、202 页。

生活和令人发指的恐怖的切割点。火车使得欧洲的国家体系贯通起来，但也帮助穆斯林移民踏上了他们的绝望旅程，从而削弱了这个体系。火车依然是国家权力的符号，这与汽车在美国代表个人的自主与孤独是一个道理。火车启动的那一刹那，与出行相关的奔忙和焦虑就消失得无影无踪。火车是思索和阅读的最佳场所。

哪怕是只有一天，旅行也能构成一个让人感觉情舒意畅的片刻，冲破令人窒息的日常习惯的重负，从而清理自己的内心，不再自欺欺人。我之所以旅行，就是为了不受欺骗。加缪说："我意识到……一个人，哪怕是只生活过一天，就能够很容易在监狱中过上一百年。他拥有足够多的回忆，从而不会感到厌倦。"①或许其辞过甚，但如果那一天是在旅游中度过，他的话就不过分。

人的一生究竟如何？是成年累月地忙碌、工作，为你并不想要的但你却必须为之承担的道德责任，并且决定着你一生的若干事故和行为而忧心忡忡吗？如果真是那样，这类事故就和你较上了劲，因为它们在一个暴露了你最糟糕的或者至少是最不幸的意图的时刻抓住了你。我想起了亨利·皮朗对波爱修斯素朴而典雅的评价：

波爱修斯480年生于罗马，属于著名的阿尼契家族。他在510年时已是执政官，被任命为狄奥多里克的教长，负责对僧侣体系进行改革。525年被以与拜占庭秘密勾结的罪名处决。他翻译了亚里士多德，所撰写的评论对中世纪的思想产生了影响，他

① 阿尔伯特·加缪，《局外人》，约瑟夫·拉瑞多译自法语版，皮特·邓伍迪为译本撰写了"导论"，第73页。

还翻译了普菲力欧斯的《导论》以及希腊音乐家和数学家的著作。最后，在监狱里，他撰写了《哲学的慰藉》，他在书中用一种斯多葛-罗马式的道德对基督教进行了调和。他是一个具有崇高精神高度的人，而且是一个思想家。[1]

然而，仅仅因为一次糟糕的判断，他就被处死，他的一生就是一场厄运。

什么是恶？我扪心自问。（旅行就像是清醒地躺在暗处，这类问题就会向你袭来。）没有达到自己的标准可能是恶。如果你必须到老年才能感到舒适如意和心满意足，那么，这可能意味着你对自己的青年和中年感到后悔，或多不少存在不满。你后悔成为你所是的那个人。毫无疑问，你有所成就，而且无论你的信念是如何不受欢迎，你坚守了自己的信念，但对你自己来说，你是一个失败者。没有破解的方法，没有补救的可能。你想得到每一个人都想得到的东西，希望在人生中能够早一些时候就像现在你自己感觉的这样成熟。你希望自己像契诃夫一样，能够在 29 岁时就以作家的身份深刻地想象一个濒临死亡的老年人的怀旧之感，想象着他在观察他那"肌肉松弛的""腿脚迟缓的""郁郁寡欢的"妻子，突然，他灵光一现，又意识到了他的妻子——那个苗条的、热情洋溢的、他爱恋不已的年轻姑娘——所经历的一切转化。[2] 我是到了六十五六岁的时候才真正懂得了契诃夫 29 岁时就明白的道理（尽管他的艺术造诣始终是我无法企及的）。而且，由于没有办法补救，忏悔是唯一的选择。

① 亨利·皮朗，《穆罕默德与查理大帝》，第 120 页。
② 契诃夫，《没有意思的故事》，康斯坦斯·加内特译自俄语版。

我的生活并非一部悲剧。按照惯常标准,我的一生相当成功。我知道,这个地球上的大部分人过着痛苦的生活,在劳碌和失望中度过自己的一生。我的失望属于过度忧虑者的失望。因为独自旅行就是刺激孤独的产生,我希望旅行能够帮助我防范自负和自大,而且使我的内在生活能够抵御网络世界恶意的、一览无余的曝光。

过了中年之后,审美成为我用来替代宗教的手段。"审美的世界,是一个抛弃了任何原则的世界,因而是一个混乱的……和绝望的世界,"已故哲学家、现代希腊诗歌的翻译者菲利普·谢拉德这样写道。"审美境界最为绝对的、最难抗拒的敌人,就是对于有限人生的意识。"因为唯美主义者"最为珍惜和看重的东西"都是"转瞬即逝的",因而也是"注定要灭亡的"。① 那很可能是对的。我真幸运,竟然在实际生活中能够澄心静气,进入审美的境界,而正是由此获得的知识让我对自己的好运心存更大的感激之情,因而也更能够接受死亡的来临。因为审美与道德之间存在着必然联系,这与谢拉德的看法恰好相反。美可以成为善行的鞭策。美是其精神性的自身形式。美提升了我们,使我们超越了自身,哪怕只是短暂一瞬,让我们能够看到另外的生活和可能性。基于审美的欣赏能够激发你想成为一个更好的人,对美的欣赏会唤醒内疚,而内疚是自我约束的一种形式。审美帮我补偿犯下的过错,因而稍稍逃避了对于死亡的恐惧。

当然,除非这一切都是自我标榜,当我果真接近死亡时,我会崩溃,重新匍匐在伴我出生并随之一起长大的宗教的脚下。

---

① 菲利普·谢拉德,《大理石打谷场》,第101、117页。

但是因为我不可能知道这种情况，我必须继续坚守我的勇气。在我家的书房里，我聆听科伦布、蒙特威尔第、巴赫、亨德尔、塔蒂尼、杰米尼亚尼、阿尔比诺尼、帕赫贝尔……我非常喜爱这些作曲家的名字。在寒冷冬天的拂晓，我经常聆听亨德尔的咏叹调。我一直很尊敬独居者，因而，在逐渐变老的过程中，只要我的工作和家庭情况允许，我自己也想过更多的独居生活。但是，要找到独处的时间的确很不容易。或许我参加了太多徒有其名的会议，参会的每一个人竭力展现自己的聪明，想把其他任何人比下去，却把他们相信的东西隐藏起来。我能够记住多年前读过的书中整段整段的内容，但这些嘈杂的高端集会上所谈到的每一样东西却立刻就被忘掉。我现在只做我必须做的事，谢绝越来越多的邀请。这很有可能是一种自我陶醉，或是业已麻痹的自大感，但显然这不是牺牲。我一直很喜欢阅读关于古代晚期埃及沙漠中生活的那些隐修士的故事。我记得上帝把亚当创造成"纯粹的僧人"，他在人间的生活只是"主动的流放"。①

还有什么比拜占庭的图符或巴赫的康塔塔更美？我可以看一看它，或是听一听它，然后承认自己的错误。从一座教堂到另外一座教堂的旅行，始终独自行走，是我长时间的忏悔。途中我避免与人结伴同行，就像我避免温暖的天气一样。你应当跟你的忧伤单独相处，那样便可以得体地释放你的悲痛。当然，这样也有风险，那就是你会为自己感到难过。旅行者必须非常严格地防范他的激情。自我意识必须始终为自我批评服务。

---

① 托马斯·莫顿，《圣奥古斯丁〈上帝之城〉导语》，第 xiv 页。德尼斯·海，《欧洲：一个观念的出现》，第 21 页。

"不要使用鸦片，但在灵魂的伤口上放些盐和醋，"以便获得意识的升华，20世纪早期西班牙哲学家米盖尔·德·乌纳穆诺说。实际上，"痛苦是生活的基本内容，也是人格赖以确立的根本。"[1]

旅行应当养成一种能够塑造更好的自我意识，就我个人而言，那就是成为一个更好的作家。或许一个作家可以通过为人指路，引领他们走过看似无尽黑暗的方式而做更多有价值之事。成熟意味着在怀疑自身的同时，坚守自己的基本信念，因为那是一个人数十年人生经验的结晶。

从火车站过去几个街区，这个城市的巨大魅力就扑面而来，令人沉醉。拉文纳，这个名称的发音——流畅、简洁的三个音节——令人想起一颗蒙尘的红宝石。或许让其他城市难以企及的是，拉文纳构成了古代晚期的一个意符。从公元400年到公元700年间，这座城市经历了罗马皇帝、东哥特国王和拜占庭总督的统治。拉文纳这个词就像是来自埃兹拉·庞德最为浓郁的诗章中的一个声音。T.S.艾略特为它写了一首法语诗《蜜月》。诗歌描述了两个来自美国中西部的游客正在遭受臭虫困扰的情景，他们躺在旅馆的床上无法入睡，忍受着夏日的酷热，却丝毫不知道，不到一英里之外，就有着像克拉西的圣阿波里奈尔教堂这样"精美的"拜占庭瑰宝：一座长方形廊柱式教堂，以"带有叶形装饰的、劲风吹拂的廊柱"遐迩闻名。[2]我想到了博尔赫斯故事中的

① 米盖尔·德·乌纳穆诺，《悲剧的生活意识》，J. E.克劳福德·弗利奇译自西班牙语版，第163、216页。
② T. S.艾略特，《诗集》，谢默思·吉尔里翻译，发布在他的博客里（2009年11月21日），第40页。威尔逊，《阿克塞尔的城堡》，第115页。

伦巴第勇士，他抛弃了自己的军队转而捍卫他此前一直在围攻的城市——因为他看到了"柏树和大理石"，"那些雕塑、庙宇、花园……柱头和三角形楣饰"，而这一切在他看来都昭示着一种秩序，一个城市，一个有生命之物，从而构成了一种启示，让他有所领悟，胜过他之前的所有经历。因为，堪称典范的文明蕴含着强大的精神力量。①

在过去的几年乃至几十年中，我作为记者曾从巴格达、德黑兰、加尔各答、河内等地发过报道，这些城市也对我具有吸引力，但我始终梦想着有一天能够造访拉文纳。其中一个原因是，普林斯顿大学历史学家彼得·布朗激发了我的灵感，希望我在被岁月完全吞噬之前能够有机会仔细欣赏艺术与神秘氛围的完美融合。

拉文纳在公元 8 世纪短暂统治过威尼斯数年，现在它平静地躺在离亚得里亚海几英里远的陆地上，尽管在罗马和拜占庭时代，它就在海边，处在波河三角洲的南边。事实上，用历史学家约翰·裘力斯·诺维奇的话说，它是一个"如威尼斯一般、有着众多岛屿的环礁湖"，而这使得它"几乎是坚不可摧的"。②拉文纳可能是由奥古斯都皇帝于公元前 1 世纪建立，他把这个港口扩建成一个打击海盗行为的基地。尤利乌斯·恺撒在跨越卢比孔河开始内战的前一夜，就驻扎于此。在西罗马崩溃，意大利蛮族国王奥多埃塞，特别是东哥特的狄奥多里克，维持了某种程度的秩序时，拉文纳逐渐成为历史的枢纽地带。但是，关键的时间是公元 540 年 3 月，贝利撒留的拜占庭军队从东哥特人手里抢占了这个城市，尽管那次西部扩张的借口是狄奥多里克的女儿阿玛拉松

---

① 博尔赫斯，《博尔赫斯小说集》，安德鲁·赫里译，第 208—211 页。
② 约翰·裘力斯·诺维奇，《拜占庭》，第 144 页。

莎被谋杀,而阿玛拉松莎也曾向拜占庭的查士丁尼皇帝求助过。拜占庭人——那些称呼自己为罗马人的希腊人——接管的这个城市,从未遭受过哥特战争给意大利半岛绝大部分地区带来的毁灭性瘟疫和破坏。这就开启了建造和完善拉文纳那些伟大的典范性建筑物的序幕,而这些建筑丰碑正是我旅程的目标。

拉文纳有许多非常珍贵的拜占庭时代筒形穹顶的砖砌建筑物,像极了暮秋落叶那微妙而复杂的色调。典雅的商铺、拱门之下和发黄的、覆盖着深黑色黏土瓦片的砖墙之内尖细的石头与大理石柱子,带有圆形浅穹顶的、几乎要变成化石的钟楼,以及柏树下布满苔藓的石棺,拉文纳的这一切都给人带来极大的慰藉,因为它以一种微妙的方式呈现了伴随着岁月而来的、洗尽铅华后的那种优雅。

冬雨中的街道空荡荡的,漫步其中,你会情不自禁地陷入冥想。拉文纳是一个仅次于修道院的好地方。拜占庭时代的陵墓和教堂就像是浓缩版的雅典或伊斯坦布尔,但却是放置在一个修剪整齐的、具有意大利风格的环境之中,比例协调,而不是淹没在一个嘈杂而巨大的闹市里。我感觉自己像是身在索菲亚,那个城市在共产主义时代仿佛成为另外一个具有拜占庭风格的神秘寂静之城。

从旅馆窗户往外看,我看到了一个锈红色的、圆锥状黏土瓦片的屋顶,随着时间的推移和霉变而越发漂亮。这个屋顶的上方是一个用极薄的砖砌成的长方形烟囱,顶部分成了三个弧形结构,其上装饰着一个三角形斜顶,覆盖着同样不断老化的黏土瓦片。现代建筑大量使用金属和玻璃,而这些材料的产地可能来自任何地方,因而也就说不清究竟来自哪里,所以这些建筑就没有什么地域性和特质可言。但是，从这个小小的烟囱开始，我知道自己身在何处。这样的烟囱在拉文纳很普通，但却能从中发现历史过程自身在运动的踪迹。

我从《牛津罗马文学选集》里看到了一张描绘公元69年欧洲的地图。[①]这张地图画出了欧洲连绵不断的海滨地区，因而隐含着和平的可能性，给人以灵感。意大利和达尔马提亚都是迦太基和昔兰尼加这同一个政治世界的一部分；顺时针看去，爱琴群岛、腓尼基和尼罗河三角洲也是如此。因为在这一历史关头的罗马帝国包括整个地中海盆地以及南斯拉夫、法国、荷兰、英国和伊比利亚。换而言之，除了中东欧和斯堪的纳维亚之外，罗马帝国几乎囊括了整个欧洲，而中东欧和斯堪的纳维亚随之被证明在空间上是界限模糊的欧亚内陆野蛮地带的一部分。需要重申的是，如20世纪法国优秀的历史学家费尔南德·布罗代尔所暗示的那样，罗马帝国统治下的地中海是连接而不是分界，撒哈拉沙漠才是欧洲真正的南部边界。鉴于21世纪第二个十年所出现的海上移民危机，如我已经指出的那样，布罗代尔的概念既是古老的，又具有后现代的意味。很久以来，欧洲一直在欺骗自己，以为自己得到了地中海这个屏障的保护。

罗马和平时期是整个大地中海地区一个相对平静和稳定的时期。甚至晚至公元200年时，得益于新近去世的皇帝和哲学家马克·奥勒留的巨大影响，罗马帝国依然存在，用历史学家彼得·布朗的说法，这是一个"一小群特别有影响力的、无异议的保守派"

---

① 皮特·E.诺克斯，J.C.麦基翁，《牛津罗马文学选集》，第ix页。

对世界发号施令的时期。[1]但这以后的 500 年里，一切都将发生变化。

到公元 700 年，罗马帝国已从西方的地图上消失，萨珊王朝的波斯帝国也从近东消失，欧洲成为信仰基督教的欧洲，近东和北非的大部分地方则开始信仰伊斯兰教。贫穷的、未受教育的极端主义基督教离经叛道分子和宗派分子（多纳徒派信徒、贝拉基主义者、摩尼教徒、具有煽动性的僧侣等）遍布地中海各地，经常焚烧和恐吓犹太教堂和异教庙宇，直到他们在北非被拥有一种更为严苛的新信仰的阿拉伯军队制服为止。[2]与此同时，哥特帮派在欧洲肆虐，小亚细亚则处在巨大冲突的边缘，一些基督徒极为崇拜圣像和其他神圣的图像，而另外一些基督徒则以毁坏这些圣像为乐趣。布朗终生从事学术研究，非常了解这个被逐渐颠倒的、保守派被激进派制服的世界，并为这个剑拔弩张的时期取了一个名字——古代晚期。

古代晚期从公元 150 年开始到 750 年为止，充满了文明之间的深广变化，尽管许多变化在当时并没有被标记出来甚至被注意到。[3]已故牛津大学历史学家 R.W. 萨瑟恩同样关注随后到来的中世纪，他注意到，"历史大变化中的沉寂，是我们到处可以遇到的事情……"[4]这个时期的亚得里亚海既是这个沉寂然而巨大的历史性转折的一个象征，又是其浓缩的呈现，它充满了连绵不断的激流，但你必须后退一两步才能观察到关键性变换。简而言之，

---

① 彼得·布朗，《古代晚期的世界》，第 24 页。
② 这只能是一些概括性的说法。例如，尽管阿拉伯人征服了北非，但他们与基督徒、穆斯林和犹太人商业上的往来仍然存在。
③ 这个词语和时间都是彼得·布朗的首创。
④ R.W. 萨瑟恩，《中世纪的创造》，第 12—13 页。卡普兰，《奥古斯丁的世界》，载于《外交政策》，2013 年 12 月。

亚得里亚海是一个浓缩版崩溃的古典世界，有很多供古文物研究者和地缘分析家研究的宝贵财富，尤其是当它被嵌入一种更具世界性的非洲-欧洲文明之后，这个地区对于一个内部正在不断分裂、外部不断崩溃的 21 世纪的欧洲，具有更为特别的意义。

由于这个原因，通过聚焦亚得里亚海，我可以更好地理解整个欧洲正在发生的事情，而不必产生应接不暇的忧虑。我的旅程就像是一次延长的研讨会，我所阅读的书籍和目睹的景观就是我的师长。

我在拉文纳宾馆的房间里看了更多的地图：大亚得里亚海地区的地图。罗马最终被西罗马和东罗马取代；后又被西哥特人、东哥特人、奥多埃塞王国、东罗马王国取代，它们都对其领土提出要求；接着是阿里乌派和罗马教廷，尽管到公元 6 世纪，整个亚得里亚海都属于东罗马。公元 8 世纪早期，对峙存在于伦巴第人和东罗马之间；在 9 世纪早期，对峙则是存在于法兰克人与拜占庭之间。在中世纪，斯堪的纳维亚人、匈牙利人、塞尔维亚人，以及日耳曼帝国、萨勒诺、那不勒斯和威尼斯，都曾显赫一时；直到 15 世纪晚期，文艺复兴达到鼎盛之时，与奥斯曼帝国对峙的是威尼斯，尽管当时意大利北部群雄割据，分为萨伏伊、米兰、热那亚、曼图亚、佛罗伦萨和锡耶纳，而南部则分为教皇辖区和那不勒斯王国。

这些政体以后也都成为烟云，直接消失在过往的历史之中。伏尔泰说罗马崩溃"是因为一切都崩溃了"。[1]事实上，各种帝国不具备合法性，并不仅仅是因为帝国最终都覆灭了，令人惊

---

① 科林·麦克艾文迪，《新企鹅中世纪历史地图》，第 9 页。

奇的是，许多帝国竟然能够持续存在那么长的时间。罗马的普世文明，包括其残酷而理性的，也就是有影响力的、保守的多神教，最终在其腹地无法持续下去；罗马的分崩离析导致了全景式的人口迁移，以及宗教激情和排他主义。而我们通常把这一切都跟古代晚期和中世纪，跟这两个时期政治和领土的复杂性联系在一起。尽管如此，地域宽广的罗马竟然能够持续如此多的世纪，依然是一个令人惊讶的事情，很难想象能够以任何形式把如此庞大的帝国疆域整合在一起。只有全球治理才能与之相提并论或超过它。

总之，从古代到古代晚期的过渡，呈现出一种更为混乱的伦理和领土变化，值得在历史著作中用专门章节来探讨的巨大转变，却在当时几乎没有人注意到。例如，公元476年，罗慕路斯·奥古斯都被蛮族国王奥多埃塞——其出身不甚分明，有日耳曼和匈奴血统，是一个信仰阿里乌派基督教的士兵——废黜，这通常被认为是西罗马帝国消亡的标志，尽管这个事件并没有引起这一历史时期任何编年史家的兴趣，其意义是在很晚之后通过追溯才被人们认识到。毕竟，即便是在公元477年从汪达尔人手中重新征服西西里，在公元480年兼并达尔提亚时，奥多埃塞并没有彻底摧毁西罗马帝国的残骸，而是给它带来了某种表面上的秩序和稳定。与古典的过去真正决裂是在后来才出现的，以公元535—555年的哥特战争为标志，那场战争引发的饥荒和瘟疫让意大利毁坏殆尽，紧接着则是公元568年伦巴第人的入侵，于是，到公元605年，意大利差不多有70年一直处于战乱状态。直到近代，意大利再也没有得到统一。伦巴族是一个带有强烈的阿里乌派色彩的日耳曼人同盟，包括撒克逊人、格皮德人、保加利亚人、苏维汇人等，是由塔西佗首次记载的一个有趣的人群，他们才是从古代晚期到所谓黑暗时代的真正预言者。

到此时为止，戏剧显然已从罗马转移到了拉文纳这个地处亚得里亚海、被沼泽护佑的海港城市。公元5世纪初，拉文纳已经取代米兰，成为罗马的世俗行政中心。罗马和拉文纳将分别代表古代和古代晚期；罗马鹰所体现的是务实的、世俗的统治方式，拜占庭圣像所体现的是香雾缭绕的、彼岸的信仰，也就是说，过去与现在、官方权威与逐渐显露出来的实际权力的对峙：一个城市和一个时代的相互对峙，尽管该时代的文化和价值观正在悄悄让位给也同时深刻影响着其他的时代。选择从拉文纳进行统治，就是有意识地抵制罗马的元老院和教皇；在拉文纳建造纪念性建筑物，就是对罗马象征性权威的挑战。

在筹划这次旅程时，同时吸引我注意力的是哥特战争以及那些令人爱不释手的小巧的、绿色封面的洛布经典丛书，里面有普罗科匹厄斯对于哥特战争的描述，还有对于波斯和汪达尔战役的描述。拉文纳被烟熏的艺术和建筑最开始让我注意到该市的拜占庭根基，并思索拜占庭何以在这个从君士但丁堡西行如此之远的亚得里亚海海港盘踞相当之长的秘密。而拉文纳则又让我注意到更宽泛意义上的意大利的古代晚期，并最终注意到普罗科匹厄斯讲述他作为拜占庭将军贝利撒留顾问的亲身经历有关哥特战争的描述。普罗科匹厄斯有关的描述篇幅相当长，叙述生动而清晰，其感知方式几乎是现代的，因而当我沉浸其中之时，根本没有感觉到岁月的距离。当时与现在的差异虽然的确难以衡量，但其相同之处也极具吸引力。我记得仔细打量过一个公元4世纪金质十字架的内嵌物——一家三口人的肖像画，画中人物的表情和举止，与当代人几乎一致，令人惊讶。[1]他们的眼睛和面部特征非常逼真，简直达到了栩栩如生的程度。我几乎在想象如何跟他们对话交谈。阅读普罗科匹厄斯的书就仿佛是在打量着那一家人。

也就是说，普罗科匹厄斯记录了公元536年那不勒斯的陷落，引用了贝利撒留对于战争时期平民所遭受的残暴行为而发出的悲叹，而这种悲叹可能引起我们的共鸣：

> 我多次目睹城市被攻陷……他们会屠杀所有年龄段的男人，至于女人，尽管她们哀求去死，却得不到死亡的恩赐，而是被带走并施以暴行，因而她们不得不遭受最为残暴的、令人发指的虐待。儿童因此被剥夺了由父母养育的机会，被迫沦为奴隶，而奴隶中的男孩又是最为不幸的，他们被迫去看沾在自己手上的父辈的血液。[2]

在东哥特人于公元537年抛弃里米尼之后，针对当时人们的过度自信，贝利撒留又给出了这样的警告：

> 相对于那些在事实上遭受意外逆转，却从此而畏惧并极其敬重其敌人的人，那些认为自己获得了胜利的人，因为沉浸在所取得的成就之中，反倒更有可能遭受灭顶之灾。[3]

命运也是思索的对象：尽管人们不乏"智慧"与"卓越"，

---

① 这幅画片作为卷首插图出现在彼得·布朗的《古代晚期的世界》一书中。
② 普罗科匹厄斯，《战争史》第5卷，第 ix、18-25 页。
③ 普罗科匹厄斯，《战争史》第6卷，第 xviii、11-19 页。

却"始终存在着某种神圣的力量，使他们难以如愿以偿"。[①] 直到今天，命运、决定论和人事机构的问题依然是军事和外交讨论的主要内容。哥特战争的教训始终是有现实意义的。虽然拜占庭人在六世纪中期的战斗中取得了胜利，却损失了金钱与人力，并最终丧失了对意大利的战略控制，因而在 7 世纪到来之际，不得不屈从于伦巴第人对于此地的占领。在现代历史上，与此类似的例子何其多！费尽心机的战术胜利却导致战略性失败的例子又是何其之多！

当然，普罗科匹厄斯笔下戏剧的重头戏是哥特人，或者更准确地说是东哥特人。也就是说，是那些起源于现在的乌克兰境内黑海北部地区的东哥特人，黑海北部是或者说曾经是一个非常成熟的、多种族的人口转运地，包括锡西厄人、萨尔玛西亚人以及庞德在《诗章》开篇提到的辛梅里安人。

在狄奥多里克漫长的执政期（493—526）内，东哥特人的统治迎来了世俗的罗马文化的最后一次繁荣。狄奥多里克对于法律和土地所有制的尊重以及对于艺术的支持，创造出某种那个时期所特有的自由，从而吸引了来自东部的基督教和异教流放者以及来自那不勒斯和热那亚的犹太人。狄奥多里克有着温和的阿里乌派信仰，他写信给热那亚的犹太人说："我不可以对你们的信仰发号施令，因为没有人会被迫信仰违背自己意愿的东西。"因此，他对排犹主义的行为实施了严厉的惩罚措施。[②]

狄奥多里克的统治起到了更加坚实奠定拉文纳和亚得里亚海

① 普罗科匹厄斯，《战争史》第 6 卷，第 xxix、32-37 页。
② 卡西奥多鲁斯，《信札》，第 II 卷，第 27 页。德博拉·毛斯科波夫·德利彦尼斯，《古代晚期的拉文纳》，第 142 页。诺维奇，《威尼斯的历史》，第 7 页。

作为意大利政治与文化轴心地位的作用。在重建罗马城的同时，他就着手在拉文纳和阿尔卑斯山之间建造城市和要塞。狄奥多里克在拉文纳修复和新建了大量的建筑物，其中包括为阿里乌派基督徒和正统派教徒建造的教堂。尽管晚年颇为偏执，狄奥多里克的事迹证明，公元476年西罗马的正式灭亡并没有多大的实际意义，因为在他的统治之下，秩序和文化的水准高于罗马帝国晚期若干皇帝统治时期。西罗马的衰亡是一个微妙的、渐次发生的过程，因而公元476年西罗马灭亡的说法仅仅是一个武断的标志而已。

出生于潘诺尼亚的狄奥多里克很可能在君士坦丁堡接受过希腊文和拉丁文教育，以一种典型的残暴方式攫取了权力。公元493年，刚刚与奥多埃塞在和平条约上签字之后，他邀请后者参加宴会，席间他挥剑刺穿了奥多埃塞的锁骨并杀死了奥多埃塞。从此之后，他就被称作"君主"，这是一个野蛮人习惯使用的称呼。"狄奥多里克是一个篡位者，但是，从一开始，他就的确是一位君主，跟那些在这个位置上有卓越成就的君主一样，"拜占庭历史的记录者普罗科匹厄斯这样说。① 马基雅维利在其《佛罗伦萨史及意大利事件始末》中告诉我们说，狄奥多里克是一个罕见的统治者，在战争与和平两方面都有着非凡的才能。"狄奥多里克在西罗马帝国的废墟上建立起了自己的王位，日耳曼的任何其他统治者都不具备哪怕是一丁点儿像他那样的治国之术，"历史学家约翰·裘力斯·诺维奇这样说。② 吉本则这样说："可以更有把握地说，狄奥多里克的名声依赖于他在长达33年统治

---

① 普罗科匹厄斯，《战争史》第5卷，第i、28—35页。
② 约翰·裘力斯·诺维奇，《拜占庭》，第180页。

期间创造出的显而易见的和平与繁荣，那个时代对他的一致敬重，以及他的智慧与勇气、正义和仁慈留给人们的记忆，而这一切都已深深地铭刻在哥特人和意大利人的心中。"①

狄奥多里克的陵墓在他活着的时候就已建造完成，使用的是石灰岩料石。陵墓孤零零地立着，经历了数个世纪的剥蚀，其周围是宽阔的草地，地上发育不良的杂草跟深色的海藻颜色一样。墓碑具有缓慢的催眠作用。尽管有雨，我还是感觉自己已经进入状态。墓碑并不特别高，但就像是一个散发着领袖气质的矮个子一样，带给人一种庄严巍峨之势。如果说拉文纳这个城市是古代晚期的最佳代表，那么则可以说，狄奥多里克的陵墓把那个奇特的转折时期所有的文明元素都浓缩到这个厚重敦实的纪念碑上。陵墓的底部有着厚实笨拙的拱门，象征着罗马帝国晚期。上部有着令人诧异的平整的、布满霉菌的穹顶，穹顶四周是一圈用浅浮雕雕刻出来的盔甲状的火钳，压顶独石上的马刺雕塑看起来像是令人恐怖的夹钳——这一切都散发出强烈的哥特式和中世纪气息。陵墓内摆放着狄奥多里克的敞口斑岩棺具，棺具已有裂纹，狄奥多里克的遗体曾经被安葬于此；陵墓的内部也是安放狄奥多里克那些视死如归、英勇杀敌士兵的灵魂之地。置身于冬季的寒冷和细雨中，感受着褐煤发出的似有若无的声音，你就会明白，不论有多么遥远，过去依旧是真实的，可以从微妙而又实在的转化中领略其踪迹，而任何人短暂的一生却无法容纳如此之多的风云变幻。

---

① 爱德华·吉本，《罗马帝国衰亡史》，第139页。

这个屋顶极为独特的建筑物，尽管外表设计笨拙，却容纳了从古代晚期到文艺复兴的所有世纪：一个粗野、令人恐怖的时代，却同时又在其灵活的、封建的契约中包含了即将到来的现代西方最为微小的萌芽。在任何其他修道院，我都不会感觉到中世纪会如此浓缩，如此具有日耳曼色彩——因为出现了后来的纳粹思想这个病态变种，中世纪显得如此残暴和浪漫——因为中世纪以罗马帝国为基础，更加强大有力。这些关联都在建筑物上有着显而易见的表现：从罗马到20世纪的恐怖事件，从罗马到推动大一统的早期基督教世界产生的各种各样的仪式、教派和异端邪说。历史意味着叙述，而叙述则要求有过渡和启示——在眼睛从这座陵墓的底部下意识移动到上部的刹那之间就可以领悟到的启示。

狄奥多里克是一个阿里乌派的基督徒，这个教派是由亚历山大时代的一个牧师阿里乌创立的。阿里乌生活在公元256—336年之间，不承认基督具有全然的神性，认为耶稣只是上帝之子，因而受上帝的约束，算得上是一个了不起的、献身于神的人，但也仅此而已。在公元5世纪末和6世纪初，狄奥多里克在拉文纳建造了阿里乌洗礼堂，而我这就要到那里去。走进这座沉入地下的矮小却不朽的红砖纪念馆，镶嵌画构成的圆屋顶让我惊讶不已：仿佛是踏入了一种时间之旅，开启了一扇逼真的、通往古代晚期拉文纳基督教世界的窗户。在画面的中央，孩子气的基督胖乎乎的，全身裸露着，正在接受施洗者约翰的洗礼，约翰站在一块突起的石头上，手里拿着牧羊人的曲柄杖。基督的另外一边是约旦河的化身，是一个留着络腮胡子、长着角的老人的样子。整个背景是金灿灿的镶嵌物。中间的圆形图案四周则是12个穿着短袖束腰外衣和斗篷、手上布满茧子的使徒，他们各自的背景也都是金色镶嵌物。对考古学、建筑学和中世纪历史均有研究的印第安纳大学的德博拉·毛斯科波夫·德利彦尼斯指出，是什么把这里有关传统的画像与拉文纳传统的东正教教堂中的画像区分了开来，并不容易说清楚，但无论如何，这座洗礼堂后来被作为东正教的教堂再度献给上帝时，内部的镶嵌画并没有被毁坏，这就意味着，在更大的基督教信仰范围内，这些艺术是可以接受的。[①]然而，这里的画像触动我的地方正是其显而易见的天真，反映了一种早先的、未曾明确表达的信仰，一种没有任何先期的传统可以依傍的信仰，因为阿里乌派拒绝有意识地接受异教信仰。这幅画像中的人物没有传统的东正教画像中那种严厉的、盛气凌人的笔触。我想到了里米尼的马拉泰斯塔神庙中那幅令人感动的耶稣诞生图。在两种情况下，人们必定会深有感触，即便是它们的艺术价值不足或没有得到充分呈现。毕竟，强烈的信仰和良好的审美品位并不总是能够恰当吻合。

　　阿里乌派教义创始于埃及，是由一个生于利比亚、死于君士坦丁堡的人创立，成为东方塑造欧洲的一部分。它后来被一种以小亚细亚的边界为根据地的、敢于挑战罗马教皇统治的拜占庭东正教所淹没。欧洲的基督教尽管是抵抗伊斯兰教的一个堡垒，其早期的政治发展却受到了东方元素的影响。阿里乌派教义、多纳图派教义和基督教一性论等，都是纷繁复杂的教义论争的一部分，而这正是当时地中海盆地的一个特色，其时罗马帝国虽然已处在风雨飘摇之际，其南岸和北岸却仍旧是一个统一的世界。狄奥多里克的陵墓以及他建造的阿里乌洗礼堂虽然历经漫长的岁月而依

---

① 德博拉·毛斯科波夫·德利彦尼斯，《古代晚期的拉文纳》，第187页。

旧矗立在那里，是见证着欧洲处在湍急的不断演化过程中的例证：从古代到古代晚期；从一个意大利人的半岛，经由早期历任教皇，经由各式各样鼓吹战争的教派，经由拜占庭的挑战，而渐渐成为一个统一的基督教世界，当然，这个基督教世界也将发生转变，达到几乎无法辨认的程度。[①] 这一切变幻中唯一稳定的因素是由穆斯林越过黎凡特和北非进军时建造的部分屏障。我问自己，既然欧盟仅仅是一个过渡，特别是当地中海越来越不成其为一个障碍时，为什么这些转变不继续下去？

在我的心目中，意大利的古代晚期和中世纪最为奇特的方面在于拜占庭本身，而拉文纳不仅仅是其在亚得里亚海西岸的一个前哨，它自身羽翼丰满，相当于第二个君士坦丁堡，尽管从地理上说，它与拜占庭在小亚细亚本土的主要部分和巴尔干半岛都是分隔开的。拜占庭是罗马的继承者，因而也是古典世界和大地中海"已知世界"（地球上有人定居的、文明开化的世界）的继承者。此外，拜占庭还将凭借其在君士坦丁堡标志性的政治再生能力不断证明其与中世纪的水乳交融。尽管由于阿瓦尔人和斯拉夫人入侵巴尔干以及西罗马希腊语的逐渐丧失而造成了东、西罗马的分裂，拜占庭帝国的拉文纳仍旧存续至公元 8 世纪中期，从而成为古代罗马的一个精神和文化堡垒，超过了同时代的罗马。

拜占庭对于西方世界的出现、存亡和界定都至关重要。在伊斯兰教扩张的巅峰时刻，君士坦丁堡为阻挡穆斯林的进军贡献最大，尽管拜占庭帝国的海上力量对保全意大利也非常重要。牛津

---

① 穆斯林的进军并没有完全消除北非的基督教，基督教仍在一些狭小地域存在，尤其是在尼罗河河谷的科普特人社群中。

大学学者约翰·达尔文指出："拜占庭帝国在集权的、独裁的政府和陆军、海军的建制等方面创立的模式，给后罗马时代的西欧国家带来了启发。"[1]威尼斯的兴起，与君士坦丁堡持续的经济活力以及它所刺激的东西方贸易有着密不可分的关系。因此，到奥斯曼土耳其人在1453年最终攻克君士坦丁堡时，权力的平衡已经向拉丁西方发生了倾斜。

进一步说，是近东的隐修生活方式（这也是拜占庭帝国的一项文化成就，因为它具有"简朴性和大众性"，并在面对阿拉伯入侵时展现出英勇顽强的生命力），帮助塑造了西欧虔诚的修行习俗。[2]普林斯顿大学的彼得·布朗指出："虔诚的人的出现以庙宇的利益受损为代价，但这标志着古典世界的终结。"[3]虔诚的人是近东沙漠中东正教的隐居修道者，也可能是一个不那么孤单的僧侣，一个极为虔诚而纯粹的人，或许会倚靠在一根柱子旁，向那些前来拜访他的人展现智慧，提出建议。与此同时，庙宇尽管是一个举行异教拜神仪式的地方，却是罗马国家世俗权力的象征。虔诚的人标志着对于个体的克制与完善的追寻（从本质上说，这正是中世纪的主要关注点所在），而庙宇代表的则是与实际存在的物质世界的妥协。拜占庭同时是对东正教教会虔诚的人和教会建筑的成全，而教会建筑则是异教的罗马庙宇在建筑上的派生物。通过帮助恢复古代希腊人和罗马人的学术并掺入中世纪教会的道德目的，意大利的文艺复兴把这两个世界连接在一起，这是朝着我们所知的现代西方的产生迈出了一步。哲学家普莱桑是拜

---

[1] 约翰·达尔文，《全球帝国史：帖木儿之后帝国的兴与衰，1400—2000》，第29页。
[2] 乔治·霍尔姆斯，《牛津中世纪欧洲史》，第44页。
[3] 彼得·布朗，《古代晚期的世界》，第103页。

占庭最后的思想巨擘之一，我曾在里米尼瞻仰过他的石棺。他把经典的古代知识带到了15世纪的佛罗伦萨，对文艺复兴的产生发挥了巨大的推动作用。因此，拜占庭是一个重要的知识与传统传播之地，因为它涵盖了从古代希腊到西欧的全部旅程。

伟大的艺术应当让我们产生切身的感受，应当"让我们感觉酣畅淋漓，仿佛化身为乐器"，因为绘画是对物质世界的强化，而不是歪曲。"我们必须屏息静气，一遍又一遍地看，直到我们仿佛已经置身画中，而且有一瞬间与它完全融为一体，"伯纳德·贝伦森这样说道，"一个行之有效的检验方法就是看它能否让我们与生活协调一致。"我还有贝伦森的另外一本书，他在那本破损老旧的平装书中把这个方法称作"审美的契机"，就是"那个稍纵即逝的瞬间，如此短暂，以至几乎是不受时间的约束，观赏者便和艺术作品融为一体"，于是他"就不再是平常的那个自己"。

我在拜占庭艺术中感受到了这一境界，为了表述更为准确，贝伦森把这种艺术称作"中世纪仿照希腊风俗习惯的艺术"。在他看来，这种艺术是"宝贵的、灿烂的、单调的"，"像是一个绚丽的盛放木乃伊的箱子"，大约在公元1200年画上了句号。[①]我不在乎其单调，而且，可以肯定，这种艺术带有某种视死如归、以死为美的境界。但是，恰如贝伦森所暗示的那样，拜占庭艺术对于我来说，始终是古典的，因为这种艺术让人想起了它在古希腊的先驱。因此，它是东西方的融合，也是亚得里亚海的意义之

① 伯纳德·贝伦森，《美学与历史》，第68、93、201、263—264页。《文艺复兴时期的意大利画家》，1952年版"前言"部分。

所在，是我旅程的一个路标。我在踏入圣维塔莱教堂时，仍在思索着贝伦森的这些话。

　　圣维塔莱教堂始建于公元 540 年后，奠定了圣维塔莱作为拉文纳大殉难者的地位。这可能跟拉文纳与其他意大利城市（米兰、博洛尼亚和佛罗伦萨）的对抗有关，因为那些城市安放着公元 4 世纪早期在戴克里先迫害基督徒事件中两位死难的圣者的遗物。我知道圣维塔莱教堂镶嵌画的名声已有数年，但是只有等到拜读了德利彦尼斯的《古代晚期的拉文纳》一书我才明白，何以拉文纳才真正是拜占庭美学的体现和结晶。此处画像所呈现出来的令人愉快的美，肯定也曾为君士坦丁堡的圣索菲亚大教堂增色不少，不幸的是，它们在 15 世纪中期被入侵的土耳其人破坏。

　　就让我们从这座教堂的建筑式样开始吧。德利彦尼斯说，圣维塔莱教堂是"一座双壳的八角形建筑，也就是说，这座教堂的内核是一个带有穹顶的八角形建筑，外面则有走廊环绕"。她接着描述那个八角形和走廊以及附带的两层柱廊是如何跟一侧的带有高拱顶的内殿和多边形的壁龛联系在一起的。这座教堂旁边的建筑有着桶状的红砖穹顶、圆屋顶或半圆屋顶。至于那些带有清晰纹路的荷花和叶形装饰的廊柱，由于在柱头和拱门之间放置的那些金字塔状的巨大支墩，显得令人望而生畏，这种处理方式具有增加拱门和整座建筑物高度的效果。[①] 这是一个由曲线和球体构造出来的世界，令人想起宇宙的数学之美，这种图景在伊斯兰教最初几个世纪的大清真寺中得到了繁复详尽的描绘。我想，这

---

① 德博拉·毛斯科波夫·德利彦尼斯，《古代晚期的拉文纳》，第 227、230、232 页。

种依据充足、酝酿详尽的确定性，显现出的是力量与美、政治权力与巨额的帝国预算。借助于绘制和镶嵌而成的形象，拜占庭帝国在君士坦丁堡和巴尔干的画像所关注的是对于上帝的崇拜；尽管从地理意义上讲，处在西部的拉文纳与拜占庭帝国相距很远，同样的画像艺术关注的焦点仍然与帝国相关。

我很少在哪里见到东正教的画像比圣维塔莱教堂的内殿和壁龛中的这些更有穿透力。这些画像是用小块的石头和玻璃镶嵌而成，描绘的是帝国人物、教会人物、《旧约》和《新约》中的圣徒，都被定格在某一个永恒的时刻。他们之所以令人难忘，恰恰是因为面无表情，并被安放在一种黄金和倾泻如注的朴实的绿色背景之中。这里的艺术是一份基于史实的地缘政治记录。画面中有摆出醒目姿势的查士丁尼皇帝，他穿着白色的短袖束腰外衣，紫色的短氅，带着布满宝石的、有光环萦绕的皇冠——他镇定自若、永恒而神秘。他在圣维塔莱教堂中的这幅肖像画被广泛复制，出现在各地的艺术和历史书籍中。但是，在这里，在壁龛的北墙上，他一点儿也不比他两侧的人物形象高大。画面上的人物如此之多，你要是不知道查士丁尼的位置，几乎会找不到他。

查士丁尼试图进行扩张，使帝国深入西部。如果没有他，很可能我们在历史上所知道的拉文纳就不会存在。他从未到过拉文纳，但是拉文纳总督辖区是以他的名义建立的。作为君士坦丁堡圣索菲亚大教堂的建造者，以其名字命名的、至今在西方仍有影响的民法法典，令他更为著名。查士丁尼是一个政治巨人，他代表着古代晚期东方对欧洲西部的影响，他高高矗立在圣维塔莱教堂的顶部，尽管他的肖像还算不上是等身像。

在壁龛南墙上与查士丁尼相对的正好是他握有政治实权的妻

子狄奥多拉皇后，她也同样荣光加身。这位曾经的演员、舞者和单身母亲满身珠宝，翡翠耳饰遮盖了整个脖颈。她犀利瘦削的相貌透出一种令人恐怖的、属于彼岸的美。她也和她的侍从们融为一体，并不显眼。镶嵌工艺非常精细，以至从远处看去就像是一块精美的东方挂毯。她的皇冠上，靠近手部的位置以及其他地方，最为生动的颜色是赭石色——老实说，赭石属于拉文纳的颜色。赭石是一种带有若干铁矿石的颜料，与土地的颜色几乎相同。壁龛穹顶上的查士丁尼、狄奥多拉与年轻的基督是如此亲密无间，两侧是长着翅膀的天使和圣维塔莱。天国与俗世的权力如此融洽，实属罕见。

这是宗教艺术，因而现实主义就被回避。人物面容已经失真，眼睛过大，鼻子过长。因此，甚至人间的皇帝和皇后都被描绘成圣徒。被虚化之后，他们就被处理成了抽象的、被崇拜的符号。凝望他们就能看到上帝。

帝国若要成功，就要求有不受质疑的道德合法性。在拜占庭（东罗马），那种合法性就存在于教会本身之内，因为教会与国家几乎就是同一的，基督近乎既是国家又是帝国的概念。因此，作为一个政治概念，基督教世界在东部甚至比在西部被体验得更为深刻。当拜占庭被奥斯曼苏丹攻占时，欧洲感觉自己跟伊斯兰世界的冲突达到了极限，尽管基督教两个分支之间血腥的冲突始终如火如荼，未曾间断。

仅仅在圣维塔莱教堂逗留了数个小时，我就意识到，拜占庭人尽管没有留下什么超过基督教本身的普世性道德成就，却给我们留下了一种精心打造、信仰确定的美，这种美实现了信仰与美学的完美统一，换而言之，就是贝伦森诙谐地讥讽为"绚丽的盛放木乃伊的箱子"。当然，处在现代和后现代的我们绝对不会做类似的事情。米兰·昆德拉在《不能承受的生命之轻》中触及了这个话题：

> 欧洲所说的美，始终带有某种预谋的特征。我们总是有一种审美意图，有一种长远的规划。正是这个特点促使西方人花上几十年的工夫去建造一座哥特式大教堂或是一个文艺复兴时代的广场。纽约的美建立在一种完全不同的基础之上。它是没有意图的。它的出现不依靠人的设计，而像是长满石笋的山洞……换种说法而言，可以说是"意外的美"。在美从地球上完全消失之前，它还会以这种方式持续存在一段时间……这是美的历史的最终阶段。[1]

圣维塔莱与古老的拉文纳，与昆德拉所说的哥特式大教堂或文艺复兴时代的广场一样，都是有意图的美，而非意外之美。因此，其效果将会持续很久。

艾略特的描述是正确的。克拉西的圣阿波里奈尔教堂是一座拜占庭艺术瑰宝，用尤里安红砖和马尔马拉大理石建造而成，其柱头雕刻成迎风招展的老鼠勒叶子的形状。中殿非常宽敞，让人想起北欧那些宏伟的哥特大教堂，但在这里很容易有一种户外风景画的即视感，由于高耸的木屋顶，仿佛整个建筑物向天空敞开，从而营造出一种朝圣场所才具有的庄严与肃穆，让人感觉必须领略一番才能无愧于心。安德烈斯·阿格奈乐斯是公元 9 世纪的

---

① 米兰·昆德拉，《不能承受的生命之轻》，迈克·亨利·海姆译自捷克语版，第 101 页。

历史学家，我们关于古代晚期拉文纳的许多知识都应当归功于他。他在描述这座公元6世纪的建筑以及照射到廊柱上的光线时说："就名贵的石材而言，意大利任何地方的教堂都不能跟这一座相提并论，因为夜晚的它们如同白天一样流光溢彩。"[1]壁龛穹顶和凯旋拱门上有镶嵌画，刻画的是一个镶嵌着宝石的十字和留着络腮胡子、顶着光环的基督，他像一个皇帝那样穿着紫色的衣服，再加上斑斓夺目的金色和其他颜色，这一切就像是在监狱的墙上出现的一个裂缝，向人展示了天国最为波诡云谲的一面。这些场景让观者感到自由，也会让观者感到震惊，但观者往往觉察不到这些场景所隐含的艺术技巧。

就像在阿里乌洗礼堂一样，我再一次被创造出这件艺术作品的欧洲、北非和黎凡特之间那多变的地理环境和地缘政治所震撼：这件艺术作品起源于东方，在西方的此处得以完全呈现，结果"东方"和"西方"（以及它们所代表的对峙）这些术语变得模糊起来，不再像我们习惯于理解的那样可靠。这幅画像的变体不仅可以在地中海沿海地区发现，也可以在尼罗河河谷和阿比西尼亚发现，还可以在往东远至格鲁吉亚和亚美尼亚所在的高加索地区发现，只要是东正教以某种形式发生影响的地区就可能发现。在波兰的罗马天主教教堂里，置身于那些离你很近的耶稣受难像和密密麻麻的摇曳不定的烛光里，透过那些狂暴的、咄咄逼人的身躯和铺张的金属艺术品，你会感觉自己站在一条断层线上，此时此刻，必须依靠出于同情的魔力，西方的基督教才能够抵挡住来自东方的袭击。但是，在这里，离

---

① 德博拉·毛斯科波夫·德利彦尼斯，《古代晚期的拉文纳》，第263页。

西方更近的地方，东方尽管仍然占据优势，却跟西方最著名的咖啡文化之一吻合得相当严实。

拉文纳指向一系列反事实。它揭示了一个比欧洲次大陆更宏阔但却不那么重要的欧洲观念。要是那些高举伊斯兰教旗帜的阿拉伯人，在整个北非展示的武装势力比他们实际展示的哪怕是略少一点儿；要是拜占庭帝国和萨珊王朝主宰的波斯帝国没有发生激烈冲突，从而导致两败俱伤，让阿拉伯人在征服地中海盆地的大部分区域时赢得先机，那么，这个欧洲就会具备在地中海周围所可能出现的不同互动的所有可能性（事实上，穆斯林入侵者在9世纪中期劫掠了克拉西）。而且，因为过去不仅如此依赖势不可挡的文化和地理环境的力量，而且依赖最为简单的个体条件，所以未来也会是这样。拉文纳尽管是一个时代文物密藏器，关注的仍然是变化。

可惜的是，拜占庭对于它在意大利的殖民地逐渐失去了兴趣。如我们所知，斯拉夫人、阿瓦尔人、保加利亚人和波斯人对巴尔干和近东的入侵，不仅切断了通往西方的陆上路线，减少了在地中海航行的船只数量，而且还在君士坦丁堡引发了一场国内财政危机。接着，来侵略的不仅有波斯人，还有阿拉伯人，于是，从中亚内陆开始的移民和军事活动对欧洲产生了直接影响。在查理曼大帝出现之前的数十年，欧洲军事实力较为薄弱，是拜占庭拯救了欧洲（地中海以北），使其免受7世纪和8世纪阿拉伯入侵者的侵扰。[1]拉文纳也和这些复杂事物相关。

欧洲的命运与欧亚大陆交织在一起，对于这一观点的梳理，

---

① 戴维·吉尔莫，《意大利的追求》，第11、53页。

没有人比吉本做得更好。他的《罗马帝国衰亡史》主要因为前三卷而为人所知，这三卷以公元476年西罗马帝国的灭亡为终结。在最后三卷中，吉本一直讲到1453年奥斯曼土耳其人占领东罗马帝国为止。正是在这三卷中吉本的叙述本领才得到了极佳展示。他的这三卷著作盛意迭出，他对于伊斯兰教如何在萨珊王朝和罗马帝国的废墟上得以立足，十字军如何减轻封建制度带来的负担，保加利亚如何起源于俄罗斯的伏尔加地区，以及起源于中亚腹地的蒙古人和土耳其人如何塑造了欧洲的东部边界和中国的西部边界等问题的叙述，都非常富有启发意义。已故的休·特雷弗-罗珀在其著述中说："吉本学问广博，如同站在毗斯迦之巅，能够清楚地看到东西方如何相互影响，因而能够漫不经心地把貌似毫不相关的事情捉置一处。"①

一个下着雨的冬天的上午，但丁·阿利吉耶里的墓园刚刚开放，我便走了进去，立刻沐浴在倾洒于高耸大理石围场内那一片金色的光辉之中。一盏吊在穹顶上的灯，燃着托斯卡纳山地出产的橄榄油。在一幅于1483年由彼特罗·隆巴尔多完成的浅浮雕上，1321年9月13至14日夜间去世的诗人面前摆放着一本书。诗人在凝神沉思，于煎熬的痛苦中透出一种克制的优雅。墓园外，紧挨着那些白色和玫瑰色大理石的是月桂树和柏树。

我合上眼睛，朗诵起《神曲》第一部分《地狱》的前三个诗节：

---

① 休·特雷弗-罗珀，为吉本的《罗马帝国衰亡史》第4—6卷撰写的"导语"。

在我们人生旅程的半途

我醒后发现身在黑暗的树林，

因为我无意中偏离了直道。

此间感受难以诉说，

荒野的树林危机四伏，出路难寻

（一念及此，各种恐惧蜂拥而至），

一个痛苦的地方！死亡也很难比这更痛苦。

但我若能拿出由此而来的什么好处，

我一定多谈一下那些事情。①

有多少饱经岁月沧桑之人，已经深刻理解并极大受益于这些诗，这些看似简单却蕴藏丰富内涵的诗行，竟然写于14世纪早期！发现自己处在"黑暗的树林"，猛然间陷入深深的痛苦危机——不论是道德的、精神的、心理的、职业的，甚至是政治的，或者这些种类的组合——之中，而且绝对是要"一个人孤单独自"面对它②，此时你已经没有了青年人的韧劲，不得不背负各种任务以及一路走来所犯错误造成的重担，于是，这一切就构成了一种看起来不可改变的命运；然而，尽管如此，主动落入可怕的深渊，接受最为屈辱的、最为个性的错误，为的是像但丁在诗的结尾处所说，"再一次看到星辰"③：那是终极的旅程，也是终极的史诗。

---

① 但丁·阿利吉耶里，《神曲》，马克·穆萨翻译、撰写导语、注释和评论，第 I 章，第 1—9 页。

② 但丁，《神曲》第 1 卷，《地狱》，第 XX 篇，第 3 页。

③ 但丁，《神曲》第 1 卷，《地狱》，第 XXXIX 篇，第 139 页。

但丁实际上已经与我进行了对话。我在诗人的墓前长久跪立。诗人是从他的故乡佛罗伦萨被驱逐到拉文纳来的，因为他所属的归尔甫派失宠——这期间有许多密谋和波折，现在虽然早已被忘记，但在当时却左右着人们的生活。但丁为我们指出了一条走出"黑暗的树林"的路，恰好是他笔下的所有人物死后在上帝面前被审判，而且被判有难以推卸的责任之时。认罪可能是牧师最伟大、最必需的品质。愧疚的内省对于个人来说是艰难的，尤其是如果这种内省持续数月乃至数年——有时候确实必须持续如此之久。但要是足够幸运，最终会出现轻松宽慰的心态，有很多年幸福的生活可以期待（我可以证明这一点）。由于事关某人性格的真相可以被（由其本人或上帝）了解和评判，所以根本就不存在不可抗拒的、我们只能无力听之任之的命运之类的东西。我们都秉持自由意志，生活中或好或坏的结局由我们自己铸就，我们真正的本性也由此得以被揭示出来。但丁斥责那些把中世纪的意大利带向深渊的当政者，恰恰是因为他相信，即便是如一首诗也能够匡正世界，从而改变处在纷纭世事中个体的命运。

《神曲》对我来说始终不仅仅是一部富有哲理的作品：它也同时是一种历史和地理意义上的探险活动，无愧于一部史诗。因为就其实质而言，史诗关注的是在特定的地貌背景中呈现的对于知识的渴求。

在第一章中，维吉尔就作为引领朝圣者到达地狱的向导而出现，我们得知，维吉尔的《埃涅阿斯纪》所刻画的异教世界与圣奥古斯丁（St. Augustine）的罗马天主教所允诺的上帝之城并不是真正处于冲突的状态，因为两者并列存在，相互交织，都在寻求道德和精神完善的某种形式，共同引领但丁笔下城邦制的意大利政治走向更好的结局。在第四章，我们在地狱的边境遇到了荷马、贺拉斯和奥维德，很快又遇到了阿维森纳和阿威罗伊：因为正如布克哈特所说，但丁让经典的古代（我认为，或许还可以加上伊斯兰教的黄金时代）重新回到"欧洲文化的前沿"。[1] 用瓦尔特·佩特的话说，但丁推动"重新建立"与最初的"原始的基督教信仰"之间的"连续性"。[2] 在但丁那里，过去始终在当下发挥作用。考虑到《神曲》中时常出现的经典引文，就非常容易明白，如果没有但丁，不论是艾略特还是庞德的诗歌都不可能出现；但丁尽管引用了很多文学典故，却仍可以说是最具有欧洲特点的诗人。艾略特在一本论及但丁的小册子甚至暗示说，现代诗歌从总体上说都需要具备关于荷马、但丁和莎士比亚的知识。"我几乎像喜爱《圣经》一样喜爱但丁，"乔伊斯说，"他是我的精神食粮，其他的都是压舱物。"[3]

但丁笔下的人物都被安放在栩栩如生的地狱中。但丁叙述的地狱是一种奇特的、可以触摸的地理空间，其辽阔与复杂堪比一个大洲。这里有"脏乱不堪、沾满烂泥的鬼魂残骸和残雪"，有沼泽、滚烫的泉水、着火的塔、灼热的沙土、壕沟和石棺，一切都充斥着"惊人的恶臭……"。这里有掩埋邪恶教士的坑，他们的头被竖着放进坑里；有"成群的人，以及数不清的、各式各样的残骸"；还有一大群被嵌入坚冰中的鬼魂，他们冻得牙齿哆嗦不停，"就像双喙噼啪作响的鹳"。[4] 如我们所知，朝圣者沿着

① 雅各布·布克哈特，《意大利文艺复兴时期的文化》，第149页。
② 瓦尔特·佩特，《欧洲人马略》，第294页。
③ T.S.艾略特，《但丁》，第12页。理查德·埃尔曼，《詹姆斯·乔伊斯》，第218页。
④ 但丁，《地狱》，第Ⅵ章，第100—101页；第Ⅸ章，第31页；第ⅩⅩⅨ章，第1页以及第ⅩⅩⅫ章，第36页。

撒旦多毛的三头身躯穿过冰层爬了下来，又找到了一条通向地面的路，并看到了群星闪耀的星空。

经历最为糟糕的状况之后，希望出现在眼前：

> 此刻，那凭借我的诗歌之力的小船
> 向着平稳的水域，升起了风帆，
> 把最为汹涌的大海抛在了后边。

> 接着我要歌颂众人期待的第二界，
> 人的灵魂在那里可以得到净化，
> 从而有资格升入天堂[1]。

没有时间徘徊，因为如维吉尔对朝圣者所说的那样，"学习得越多，就会越舍不得浪费时间"。即便是在我们绝望之时，我们也要奋斗才能生存下来，但是，如但丁建议的那样，"回头看一看"我们所攀登的路，"能够鼓舞我们的心灵"。[2] 与此同时，

> 跟上我的步伐，让人民说话！
> 要像一座高耸入云却又稳如磐石的塔
> 敢于迎接八面来风而从不惧怕……[3]

换而言之，一定不要分心，分心是我们这个时代的祸根，也

---

① 但丁，《神曲》第 2 卷，《炼狱》第 I 章，第 1—6 页。
② 但丁，《炼狱》第 III 章，第 77—78 页；第 IV 章，第 53—54 页。
③ 但丁，《炼狱》第 V 章，第 13—15 页。

是我们在这个星球上的祸根。"如果这个世界在今天偏离了方向，原因就在你们自身，而且只在你们自身！"因此，我们一定不能向命运屈服，而应当在整个生命的旅程中，都小心谨慎，始终依其实而不是以其名来判断任何事和任何人。①

探险即将达到高潮。但丁恳求太阳神阿波罗做他的向导，引领他探索基督教的天堂。②于是，

> 我开启了通向从未涉足的水域的航程；
> 智慧女神密涅瓦为我扬帆，阿波罗掌舵，
> 所有九位缪斯都指引我去凝望双熊星座。③

在"天堂"中，像在"地狱"和"炼狱"中一样。总之，在但丁探索的每一界中，不可或缺的组合从未停止，不论是异教与基督教的组合，还是希腊人、罗马人和拜占庭人的组合；因为真正的智慧是相通的，终将汇聚在一起，而智慧就是在所有事物、文化和宗教之中发现相同和并行之处（我此刻想到的是《天堂》第Ⅵ章的全部，该章专门描述查士丁尼明智的建议）。但丁的"天堂"尽管有各式各样的乐园以及"高深莫测的轮盘"，让人对"那个伟大的艺术家"的作品敬佩不已，但让我首先想到的却是爱因斯坦对于斯宾诺莎设想的著名描述，即在万物和谐共存中彰显其自身的上帝。令人震惊的是"万物的融合"，就像是海神尼普顿凝望阿尔戈号的龙骨一样。④

---

① 但丁，《炼狱》第 XVI 章，第 82—83 页；第 XXVI 章，第 118—123 页。
② 但丁，《神曲》第 3 卷，《天堂》第 I 章，第 13—15 页。
③ 但丁，《天堂》第 II 章，第 7—9 页。
④ 但丁，《天堂》第 X 章，第 7—12 页以及第 XXXIII 章，第 91—96 页。

与普莱桑一样，但丁帮助把更多古典希腊和罗马的哲学与美学内容介绍给了中世纪晚期的欧洲，从而使其能够在基督教世界之外和中世纪之后得到进一步发展。他唤醒了马拉泰斯塔和杜乔在里米尼的教堂中所赞美的那种普世文明——给20世纪早期的现代诗人和作家带来灵感的，也是这同一种文明。由于欧洲仍在困惑中摸索其前行的道路，所以，但丁不但不会消失，反而会长久地活在人们的意识之中。

第三章

威尼斯

弗雷泽的《金枝》和命运的失败

所谓时来运转往往跟你遇到的人联系在一起，那些人因此改变了你的生活。我也把这种现象跟偶然碰到的书籍联系在一起。一段时间前，在地处马萨诸塞州威廉斯敦的克拉克艺术学院，我注意到了一套三卷本著作的第三卷，书名为《西方政治思想在拉丁中世纪的产生》。这是一部学术著作，作者是威廉姆斯学院退休教授弗朗西斯·奥克利。虽然只是一本薄薄的小册子，零售价却超过 70 美元，显然是由于其印数有限。

我最终买下并阅读了这一卷以及前两卷。在通俗意义上说，这本书不容易读，因为所谈内容极为抽象，涉及的细节微妙复杂，信息量巨大。但是，我发现，对待最好的学术著作，如果你能够静下心来，慢慢阅读，一次哪怕只读上几页，所获得的财富也将是难以估量的。尽管人文学科的著述大部分都充斥着晦涩难懂的空洞词语已是人所共知的事实，高端权威学术（奥克利就是一个代表）的标志却仍然是雅致朴实、措辞考究和涉猎广博。一月份寒冷的一天，我坐上了从拉文纳通往威尼斯的火车，对我来说，这是浏览我阅读奥克利的三卷本著作时所记笔记的最佳节点：因为这些著作重建了一座理解欧洲和西方起源的大厦，而我在里米尼和拉文纳不过是勉强把一些碎片拼接在一起。越是认真对待旅行的经验，越是热切期盼新的景观，我阅读书籍的劲头就越大。书和书中阐述的观点为领略风景提供了一种额外的视角。

奥克利是在牛津和耶鲁接受的学术训练，其著作的第一卷从古希腊开始，第三卷则终结于现代初期的欧洲。在西方内部，未曾有人觉察到，欧洲作为一种观念是如何被发明出来的。奥克利开篇引用罗马尼亚知识分子米尔恰·伊利亚德的观点，后者认为，希腊哲学实际上是远古心智的总结。这是因为，在远古时代，自然被认为是有生命力的，而个人则被认为与自然不可分割，尽管国王和统治者好似具有神性，因而在人与自然之间充当调停人。不仅在古希腊，在埃及、波斯和美索不达米亚，神灵与凡人之间的空间比我们能够想象到的要狭窄得多。王国完全可以称得上是神圣宇宙的"相似物"，甚至那些"有意识地讲求智慧的"希腊城邦也跟后来实行帝国制的罗马一样，都符合这个标准。尽管如此，作为犹太教的后继者，更注重思想表述的基督教将会动摇奥克利所说的"神圣君主制"的整个结构。①

是希伯来人的上帝概念首先破坏了远古的人与自然之间那种不属于道德范畴的关系。但是，当上帝告诫说他的王国"不属于这个世界"时，他隐含了一种"全新的区分'宗教的'和'政治的'忠诚的做法……"。奥克利引用19世纪法国历史学家古朗士的观点，后者解释说，基督教"区分了古代错认"或混淆的东西。由于这个故事有许多波折、转弯和微妙难言之处，远非我简短的说明所能穷尽，从拜占庭这个城市的历史来看，基督教调整自身以便适应神圣君主统治体制，因而帝国的权威能够与神职人员和谐共存：我在圣维塔莱教堂的镶嵌画中见证了这个观念的存在，因为像大卫和麦基洗德等《圣经》中的人物在画面上穿着帝国的服饰。当然，在西哥特人洗劫罗马之后，圣奥古斯丁用他的著作否认这个观念的合法性，认为政治权威是真实存在的，然而与他所设想的"上帝之城"是分离的，只是作为亚当堕落之后必须忍受的一种"惩罚"而存在。②

<hr/>

① 弗朗西斯·奥克利，《非犹太教的空瓶子》，第34、39页。
② 弗朗西斯·奥克利，《非犹太教的空瓶子》，第58—59、128页。

与此同时，深受基督教影响的凯尔特人和日耳曼人的部落也逐步形成了一种神圣王权制，但因为部落内部达成共识的方法过于不成熟，这种制度有很多限制和约束。事实上，到 5 世纪末至 10 世纪的墨洛温王朝和卡洛林王朝时，国王和他的臣民形成了某种类似于"联合的教会-王国"的政体，其统治的维系有赖于国王与地方伯爵的关系。这些复杂的关系，加上来自外部——维京人、马扎尔人和阿拉伯人——入侵的压力，以及来自内部卡洛林王朝治下的帝国解体的压力，更不必提日耳曼过去的狂暴遗产，都对专制政体的形成极为不利。如奥克利所论证的那样，封建主义是一个包涵甚广的术语，可以有"政治权力的碎片化"、置"公共权力于私人手中"、部分地"通过个人和私自的约定"操纵武装团体等含义，但却成为西方立宪主义演变中的一个有机的元素：毕竟，《大宪章》"从根本上说，是一个封建主义的文件"。[①]

　　换言之，"西方"是一个平缓的偶然创造，在这个过程中，构成中世纪的数百年，于古代希腊和罗马以及文艺复兴时期发挥了同样不可小觑的作用（更不必提在近东和北非的帝国之间的冲突所发挥的作用，使欧洲的版图北扩，超出了地中海盆地）。如奥克利指出，"中世纪"这个术语是文艺复兴时期的人文主义者提出来的，指称他们自身与他们极其敬重的古代时期的荣光之间的漫长过渡期。但是，对欧洲历史采取这种"分期法"（分为古代、中世纪和现代）显然不够准确。也就是说，洛克的启蒙主义的治理哲学"是建立在封建法律的基础之上的"，而封建法律是在中世纪演变而成，因此，是中世纪卡洛林王朝时代的人们保存了古

---

① 弗朗西斯·奥克利，《非犹太教的空瓶子》，第 172、188、198 页。

代大部分经典文献。①

简而言之，欧洲并不只是绕开了古代晚期和文艺复兴之间的这一千年。文艺复兴也不是仅仅从罗马止步的地方起步。事实要比那复杂得多。如果没有中世纪，我们所知道的"西方"根本就不可能存在。

在第二卷中，奥克利详尽地阐述了从神圣王权制到寡头统治和共识主义，最终到民族君主制和个人主义的转折过程：大致说来，这个转折过程发生在中世纪，而且是再次发生在欧洲北部。在11世纪，教皇权威与神圣罗马帝国之间的争端，也就是国王与牧师之间的争端，"如果将其拿来与以宪法的形式对权力进行分离的现代政治体制中政府的不同部门来进行类比的话，能够得到最好的理解"。到12世纪末，教皇本人"受从基督教共同体的共识衍生而来的'信仰和秩序规范的约束'"。与此同时，一种尊重法律的文化，"培育出了众多衍生物，其中包括个体自然的、作为主体的权利这一观念"，而这一观念在早期现代哲学家那里全面开花。这是一个故事，在更大意义上说，这个故事讲述的是教皇统治制度如何挑战国王的神圣性，尽管教皇自己的权力越来越受到约束；因此，奥克利长篇故事的真正主题是权威的碎片化。②

尽管从11世纪中期到14世纪早期，"历史的推动力"是教皇和世俗政权之间的冲突以及"对于希腊和罗马文化遗产的重新

① 弗朗西斯·奥克利，《非犹太教的空瓶子》，第200页。弗朗西斯·奥克利，《重塑古代的政治遗产》，第45—46、140页。亚里士多德等古代思想家的作品也被翻译到阿拉伯世界，并且通过摩西·迈蒙尼德等犹太思想家的影响，传播到了欧洲。
② 弗朗西斯·奥克利，《重塑古代的政治遗产》，第26、89—90页。布莱恩·蒂尔尼，《宗教、法律与宪政思想的生成》，第14—16页。

熟悉"，但是到 14 世纪末和 15 世纪，要求拥有教皇职位的竞争者使得梵蒂冈的权力部分地失去了合法性，拉丁基督教世界随之分裂为争执不断的阵营。接着，在 16 世纪早期，你会看到由马丁·路德发起的对于整个基督教会结构的挑战。颇有讽刺意味的是，基督教世界的分裂最终导致了宽容以及宗教情怀从公共领域向"个人良心"的转移。奥克利的著作第三卷结尾讲述的是 1793 年法国路易十六被处死的故事，因为路易十六仍然与神圣王权制有关系，这个事件构成了对于基督教的直接攻击，因此，用艾尔伯特·加缪的话说，象征着"我们历史的世俗化和基督教上帝肉身的丧失"。[1] 因此，现代世俗的西方主要出现在北欧，有着直接的、不那么明显的封建源头。

我真后悔没有继续接受大学后的正规教育，并去攻读一个博士学位！到了我现在的年纪，人们通常都会幻想过另外的生活。这类幻想显然暴露了实际度过的生活中的失败和失望。的确如此，我宁愿走一条更为扎实的路，而不是成为一个多面手，通过当新闻记者、游记作家和地缘政治分析家而涉猎很多话题和领域的表层。比方说，我很想成为一个研究中世纪中国的学者，就唐代中亚的贸易之路进行撰述；或者成为罗马尼亚研究的学者，专门研究帝国在巴尔干的冲突；或者像弗朗西斯·奥克利本人一样，成为拉丁中世纪的学者。我宁愿自己精通一门或许两门语言，而不是硬着头皮去啃很多种语言的语法，熟悉很多种的同时也逐渐忘掉了很多种。我宁愿自己像一个考古学家那样深耕细作，从而能够对某种深刻的、牵涉广泛的事物进行透彻的解释。但是，我现

① 弗朗西斯·奥克利，《现代政治的分水岭》，第 4—5、50、286 页。艾尔伯特·加缪，《叛逆者》，安东尼·鲍尔翻译，第 120 页。

在最好的选择就是继续扮演一个写作者的角色，对这类学术研究进行报道，以让更多读者知晓。我这样做是出于喜悦，因为旅行不仅仅是即时感受的强化，在过去数十年之后仍然带来了生动的回忆，而且点燃了思想上的好奇，让你先是去阅读像奥克利撰写的著作，然后按图索骥，继续前行。

说实话，我旅行的目的是阅读。我没有办法对两者进行取舍。我行李箱中的衣物让我感觉多有不便，里面的书籍则让我心旷神怡。

我认为，如果你活得足够久，记忆的过程就会对你的阅历进行编辑，使之被完全遗忘。近半个世纪以前我在威尼斯逗留过几天，然而，说实话，我对这段经历的记忆仅仅剩下偶尔的几个闪回和持续数秒钟的回味：宏伟的、年久发黑的拱廊，从窗户往对面看，商店、咖啡店和饭店的内部都很豪华，光顾其中的男男女女衣着都很雅致，让我不禁有些自惭形秽。这座伟大的城市没有一辆汽车，何等奢华，而我在一条又一条水道中不停穿梭，踏进圣马可大教堂凌乱黢黑的珍藏室，我不得不面对自己对于艺术和历史的无知。威尼斯让我心服口服地低下了头，现在的威尼斯仍然具有这种能力。

年纪越大，威尼斯似乎就越难以企及，尽管原因各有不同。虽然早年那次旅行的记忆已遗忘殆尽，我却清晰地记得，那次旅行是幸福愉快的，我完全沉浸其中。此刻，我到达威尼斯的圣塔露西亚火车站，尽管一路上很顺利，内心却充满了上年纪的成年人常有的焦虑和恐惧，电子通信以及生活中积攒起来的许多其他的、我越来越感到疏远的事情，都把我和威尼斯之外的世界捆绑在一起。尽管我知之甚少，但那时在威尼斯的我并不那么孤独。是的，杂念太多是通病。现在，我必须有意识地建构一种关于威尼斯的观念来驱赶我心中乱七八糟的思想。

我不记得有过被蜂拥而至的游客淹没的感受，尽管那是近五十年前的九月。那时根本看不到成群结队的游客，跟现在完全不一样。现在已是十月底，我跟我相濡以沫近四十年的妻子在一起——没错，我根本不能算得上是一个隐士，这里似乎除了游客再也没有别的什么人。威尼斯是全球化的完美典型，而全球化虽然不乏残忍无情的一面，却也在欧洲和亚洲创造出了中上阶层，这些人在他们家族的历史上首次拥有了外出旅游的条件。如果欧洲如他们所言是一座室外博物馆，那么威尼斯就是一个娱乐场所和考古遗址的结合地，游客们在墙壁和教堂构成的迷宫中穿梭，而当地居民则似乎从各处消失，进入了时空的深处。今日的威尼斯部分是一个幻境。它代表着高度文明的遗产，而这种文明全球化的色彩越来越浓厚，因而成为仍然深陷民族国家中的欧洲的终极威胁。

然而，关于这一切，我必须小心谨慎。因为我用来进行对比的只有我自己的一生。如已故剑桥大学学者托尼·坦纳所指出的那样，事实上，是在"拜伦的时代与罗斯金的时代（19世纪早期和19世纪中期）之间"，威尼斯才真正成为一个旅游城市，而之前它不过是旅行中的一个临时落脚点而已。[1] 因此，我所注意到的并不是一种新的现象。

在 10 月底，威尼斯多雨的天空和被时间剥蚀的建筑物看起来像是被烟雾漂染熏黑。像时光一样，天气也在墙砖、灰泥和石头上留下了痕迹，令哥特式和文艺复兴时代建筑物的外观变得更加深邃，成为一种由赭石色和灰色主宰的盛宴。没有了阳光，环礁湖和运河就显得模糊、虚幻，比颜色本身更加内敛、神秘。它们寂静无声，仿佛你穿越其中。甚至在最为空荡的小巷中，从海上飘过来散发着咸味的空气也能让你为之一振。我独自一人租了一艘船，沿着环礁湖走了一圈。让我感到惊讶的是，极目四望，茜草红色的墙壁和低矮的穹状建筑物扑面而来，虽然仅仅比肮脏的鱼鳞般的波浪略高一点，却阵势浩大，似乎无穷无尽，可以无限延展下去。我想起了君士坦丁堡那些从海上看去低矮的墙壁。圣母安康教堂那凹凸不平的银色圆顶与伊斯坦布尔圣索菲亚大教堂的穹顶相似，就像一个高高在上的半球体，在船刚刚进入大运河时，从远处就能看得见。海浪的每一次冲刷，都暗示着另外一次来自远方征服的到来。帝国就是一种囊括一切、无所畏惧的雄

---

[1] 托尼·坦纳，《被期待的威尼斯》，第 75 页。正是在这个时期，即 19 世纪早期和中期之间，英国画家特纳三次游览威尼斯。其结果是一系列的画作问世，其中批评家约翰·罗斯金特别钟爱的一些现在仍悬挂在伦敦的泰特美术馆之中。这些画作中的光线仿佛是经过了纱幔的过滤，又经过了水的折射。这些绝对值得重视的画作呈现出即将诞生的印象主义绘画才具有的氛围，特纳的传记作家弗兰妮·莫伊尔认为其早期画作蕴含了"一种极为独特的静穆和一种飘忽的鉴赏力"，艺术家因此得以捕捉到了"所有有难以捕捉到的东西"。在泰特美术馆，特纳后期的绘画给我留下了强烈的印象，莫伊尔认为这些画作描绘的"不是真实的世界中那些坚实的材料，而是在光粒子中捕捉到的这个世界的倒影，更加虚无缥缈"。弗兰妮·莫伊尔，《特纳》，第 310、395—396 页。

心壮志。水是空间的化身，比铺路用的板石更有气魄，更无所畏惧。事实上，很少有什么地方能够比圣乔治马焦雷教堂那古典主义的、伊斯特里亚风格的石砌外墙更有吸引力。圣乔治马焦雷教堂位置突兀显著，与圣马可广场隔水斜对。每一次你瞥见通往大海的水道时，往往预示着更广阔的世界，也是在指引着来一场旅行。因为与任何陆地通道相比，海洋意味着更恢宏的文明，所以威尼斯看上去俨然一副帝国模样。在人类历史上，城市与帝国几乎是永恒的，尽管国家在最近几个世纪占据了主导地位。威尼斯把这两个更为古老的历史产物融合在了一起。

在威尼斯，我不过是一名游客而已，所有的体验都由旅游产业为我做好了准备。我穿越数英里的各式高端国际时装店，仅仅只是见了成千上万的人已见之物，做了成千上万的人已做之事。游客有一种从他们日常的存在中沿着社会和经济的阶梯略有攀升的幻觉。但是，我们依然处在流水装配线上，过着简单重复的机械生活。我感觉，威尼斯有一种俗气的成分，令人想起拉斯维加斯。尽管如此，由于对此已有清醒的认识，所以我并不因此而沮丧，倒是相信我能够在某种程度上克制自己的本能，把所有其他游客从我的心理世界中消除，无视他们的存在。是的，我会踏上一场如同旅游一般绚丽多彩的心灵之旅。我之所以能够享受其中，仅仅是因为我所阅读的书，书能够让人心旷神怡，这是又一个例证。与旅游业不同，只有文学才能够造就旅行。在这个全球化已经破坏掉大部分具有独特性东西的时代，要想寻找具有特色的景观，必须从书籍中寻找其踪迹。

那么，就请允许我以我所阅读的书籍为依据，来探索威尼斯，或者更为准确地说，来探索关于威尼斯的观念吧。在这一点上，我并没有什么特别之处。其他旅行者已经做过类似的事情。从外表看，我们并没有什么与众不同之处，但是，是我们内在的生命和思想赋予各自极为珍贵而神圣的独特性。

"激情就像是犯罪，"托马斯·曼在《魂断威尼斯》中说，"激情不可能从既定的秩序和循规蹈矩的做法中衍生出来；它欢迎瞄准资产阶级体系的每一次撞击，也欢迎社会结构的每一次削弱……"于是，如我们所知，曼的小说中那个上了年纪的主人公，尽管他的职业生涯是那么出类拔萃，却对那个充满朝气的波兰男孩塔奇奥情有独钟，因为塔奇奥有着"爱神厄洛斯的头颅"和"帕里安大理石一样健美的光彩"，而恰好当时整个城市笼罩在疾病的阴霾里，随后就陷入一派混乱之中。[①]激情与注重实际和实利主义相冲突，而具有讽刺意味的是，这恰好是这个中世纪和早期现代的城邦所奉行的操作原则。伟大的艺术和文学是激情的化身，以追求道德的完美为鹄的（无论如何，这是伯纳德·贝伦森《美学与历史》一书的重要议题）。

然而，中世纪威尼斯的道德观是一种非常严酷的道德观，通过不断强化外交手腕、极端保密和历史上最为庞大的情报服务（好在威尼斯避免了成为一个警察之邦），来维护集体的存亡、政治和经济的适度以及实用政治。威尼斯是一个"贵族寡头统治体系"，把折磨人的种种技巧都发挥到了极致，而且假定"每个人都是极端邪恶的"，于是就把犬儒主义奉为圭臬，历史学家简·莫

---

① 托马斯·曼，《魂断威尼斯》，第 29、53—54 页。

里斯这样说道。①威尼斯人不像美国人那样有传教布道的冲动，也不是像西班牙人那样的狂热分子。②其结果是，足足超过一个千年的独立状态，以及更为重要的是，极度富足：当嫁接到一种条件有限但却依水而建，因而有水路纵横交错贯穿其间的土地之上时，这种富足就创造出了一种无与伦比的、前工业时代的建筑之美。布克哈特和撒贝里克把威尼斯称作"世界的宝石盒子"，威尼斯的圆屋顶、塔楼和异想天开的大理石制品，使得壮丽之美的终极呈现浓缩于此。③因为艺术无论在什么情况下都要千方百计寻求更高的理想，而理想是一种并不真正存在的东西，但这个城市独一无二的美和雅致完全有资格充当其隐喻，所以，艺术家们钟爱威尼斯或许并不自相矛盾。

而且，不爱威尼斯是一件不可思议的事。威尼斯的艺术风格在其最伟大的画家那里得到了完美的表现，其特点是关注幻境和手法而不是布局和分析。因此，它诉之于人的更多的是趣味而不是理智。④威尼斯就是一层又一层的颜料，像提香的作品那样富丽堂皇、鲜亮透红、光彩夺目。

威尼斯人的审美甚至还延展到了声音上。蒙特威尔第的音乐与威尼斯关系最为密切，超过了其他城市，其音乐是信仰与感官享受的圆满混合，还有什么感受能够比它更加完美、更加优雅？蒙特威尔第的音乐就像是最为昂贵的、紧贴皮肤的织物。当然，还有维瓦尔第，他也是威尼斯人，不论有多少背景音乐，都难以抵消他的音乐带给人的那种纯粹、轻松的快乐。威尼斯的声音可

① 简·莫里斯，《威尼斯的世界》，作者撰写了新的"前言"，第22、50-51页。
② 简·莫里斯，《威尼斯帝国》，第2页。
③ 雅各布·布克哈特，《意大利文艺复兴时期的文化》，第51页。
④ 希拉·黑尔，《提香》，第52页。

能都是从钟楼的钟声响起开始。河道里水流舒缓的拍打声替代了汽车那令人痛苦的噪声，威尼斯是唯——个有此幸运的城市。除了它，能够听到自己脚步声的城市有多少个？

1888年初秋，23岁的伯纳德·贝伦森翻过阿尔卑斯山，平生第一次看到了威尼斯："我以为那钟楼和圣马可教堂会倒下来，压在我身上。后来在阅读时，突然恢复视力的人在重见光明时就是那种感受。"[①] 他随后的著作《文艺复兴时代的威尼斯画家》，对于这位犹太裔美国人职业生涯的开创很有帮助，他可以说是20世纪最为著名的艺术鉴赏家。英国的约翰·罗斯金在19世纪的地位与贝伦森旗鼓相当，也从威尼斯及其经典建筑中获得了灵感，他所撰写的论述哥特式建筑的专论，可能是所有就这个话题发表的论述中最为著名的。他赞美"强权的辉煌，而且，因为来自北方的凛冽寒风使得那些细腻的手法根本无从施展，所以强权在这里就得到了更为张扬的表现"，而寒风的源头正是哥特式建筑的发源地。总督宫可以算得上欧洲最伟大的哥特式建筑，罗斯金在瞻仰这座宫殿时发现"它有一种独特的能量，使运动具有张力，使抵抗变得顽强，于是，最为锐利的闪电宁肯撕裂也不会弯曲，最为坚固的橡树枝宁肯生出棱角也不会蜷曲"。在罗斯金看来，威尼斯不仅仅是基督教的西方和伊斯兰教的东方的混合，而且像总督宫所展示的那样，是伦巴第人的北方和阿拉伯人的南方的混合。[②]

历史学家莫里斯列举了过去数个世纪中近50位广受赞誉的、对威尼斯情有独钟的艺术家和作家，威尼斯让他们获得了浪漫的

① 蕾切尔·科恩，《伯纳德·贝伦森》，第67页。
② 托尼·坦纳，《被期待的威尼斯》，第80页。

灵感，使他们在细细品评之时仍掩饰不住狂喜之情。你可以从歌德、普鲁斯特、罗塞蒂、彼特拉克、海明威、里尔克、狄更斯、布朗宁、芙瑞雅·斯塔克和奥斯卡·科柯施卡这个名单中进行挑选。亨利·詹姆斯以其世界主义和细致入微的意识流而著称，是通向乔伊斯和艾略特的现代主义的一座桥梁，他在《鸽翼》中把威尼斯看作是一个哪怕死也要栖息于此的地方，想置身于即将"倒塌"的宫殿里华丽房间的"半透明的美"之中，透过那些"古老的……暴风雨吹打的廊柱"去看外面的世界。[1]不论是要表现肉欲、欺骗，还是救赎，没有什么地方比威尼斯更具有戏剧性的背景。在《阿斯本文稿及其他故事》中所描述的威尼斯，詹姆斯谈到了"与在过去所有从事艺术的人所具有的那种神秘的伴侣关系，一种道德上的手足之情。"[2]

然而，很有可能，最难以超越的对威尼斯的描述是在莫里斯的著作出版三十年之后才出现的，俄裔美国诗人约瑟夫·布罗茨基的《水印》。这本书仅有薄薄的 135 页，却可以算得上是一本史诗，因为书中摧枯拉朽的隐喻和旁白极为有力，尽管从体例上算是一本散文，但实际更像是一首长诗。它简直就是庞德《诗章》的对立面。《诗章》寻求凌乱的宏伟和博学，却在大部分地方都未能如愿，而布罗茨基的小册子不动声色地臻于完美，而且作者的本意显然不过是略施小技而已。当然，隐喻之妙通常不过是个艺术技巧的问题，与艰辛的努力无关。听一听布罗茨基是如何描绘他作为一名游客眼中的威尼斯最为本质的地方吧。夜晚的"水

---

① 亨利·詹姆斯，《鸽翼》，约翰·贝利撰写"导论"，第 404、416 页。罗塞拉·玛茂里·佐齐，《亨利·詹姆斯》，第 68 页。
② 亨利·詹姆斯，《阿斯本文稿及其他故事》，迈克·戈拉编辑、导读和注释，第 76—77 页。

面犹如一层油布般漆黑"，"凝固成冰的海草散发出熟悉的味道"，这才是真正的幸福，"凛冽之美才是美"。"水是时间的镜像"，而音乐令人想到时间，所以，"水也能应声合唱……"。从火车站坐上船，"仿佛迈入了一个神话世界，一切尽收眼底"，而文艺复兴时代的哥特式建筑则像是"一群蛰伏在黑色水域中的独眼巨人，不时眨巴一下眼睛"。大理石镶嵌物、柱头、檐口、三角形楣饰和阳台，"会让你心猿意马。因为这是一个令人大饱眼福的城市，其他感官会变得无所适从"。① 因此，威尼斯就是显而易见的实利主义和浅薄。在这里，外在美就是一切。威尼斯容易诱发偶像崇拜。

布罗茨基让你自知，他用自己高明的隐喻暴露出你的不足，而他使用的隐喻简单朴素，恰到好处。（他厌恶那些"拥有很多整齐书架和非洲饰品"的作家和学者。说到这一点，我有些惭愧。）因为布罗茨基处在顶峰，我们难以望其项背。而且，因为他是一个伟大的天才，所以他漫不经心说出来的每一句话都分量十足。毫无疑问，他会无声嗤笑我的职业准则、我整齐的书桌、我做的尾注以及我对条分缕析所做的忧心忡忡而又不厌其烦的追求，因为具有他那种才干的人不需要这一切。他们的天赋可以应对杂乱无章，也远远超出了任何体系的羁绊。他们甚至有偷懒的资本（尽管他绝对没有懒惰）。他们可能很少发表东西，数量也不多，但却会比我们这些人留下更为深刻、更为持久的影响（尽管就布罗茨基而言，他的产出十分巨大）。至于辛勤的、一直在努力的庞德，在布罗茨基的眼中，不足挂齿。从任何俄国

---

① 约瑟夫·布罗茨基，《水印》，第5、7-8、13、23、27、43、96 页。

人的立场看，庞德为轴心国卖命，"战时在电台所发表的油嘴滑舌的言论"早就应当为他赢得"九克铅"[①]的待遇了。

布罗茨基接着说，《诗章》"让我感觉心寒，其主要缺陷也是屡见不鲜：对美的追求"。美"始终是其他的、往往十分普通的追求的一个副产品"。[②]说到这里，我又感觉非常惭愧。年岁渐长，对于我来说，就是意味着目睹罗伯特·康奎斯特和约瑟夫·布罗茨基驳斥埃兹拉·庞德，甚至有时候我也觉得他们做得太过。（进一步说，米兰·昆德拉难道没有把欧洲城市的壮丽归因于一种"预先谋划的"美，归因于一种就其式样而言是有意图的但布罗茨基似乎对此加以否定的美吗？威尼斯难道不是一种预先谋划的美吗？）值得注意的是，庞德传记作家汉弗莱·卡朋特和 A.D.穆迪想尽办法避免提及康奎斯特的名字，尽管他们的著作是在康奎斯特毁灭性的批判之后数年才出版，而他们在著作中试图应对康奎斯特的若干批评。[③]随着年龄增长，我告诫自己说：不要祈求太多，尽力做好，只写你自己熟悉的东西，或者真诚地、满怀热情地去学习更多的知识就好。这是一种古老的、没有什么新意的观念："努力争取适合你的东西。"贺拉斯这样说。[④]

即便是这种说法对布罗茨基不合适，对于其余的我们这些人来说，威尼斯是一座过去根植其中的城市，玛丽·麦卡锡这样说道："在这个城市，所言所语都是过去的回响。'怎么跟巴黎一样贵

---

① 子弹。——译者注
② 约瑟夫·布罗茨基，《水印》，第62、70页。
③ 英国诗人唐纳德·戴维在他1964年出版的《埃兹拉·庞德》一书中点名道姓地回应了康奎斯特，算是为庞德进行了部分的辩护。康奎斯特的论文尽管在1979年才以书的形式出现，却比戴维的著作问世要早。唐纳德·戴维，《埃兹拉·庞德》，第79—81、86页。
④ 贺拉斯，《颂词与长短句集》，尼尔·拉德翻译，第11页。

啊！'一个法国人在参观时嚷道，但他却没有意识到他不过是在重复蒙田的一句话而已。"的确，关于威尼斯，没有什么新的东西可以作为谈资，或者说，甚至可以想到的新东西也没有。"'我羡慕你，能写关于威尼斯的事情'，毫无经验的人会这样说。'我可怜你'，阅历丰富的人则会这样说。"麦卡锡是小说家、批评家，是20世纪中期美国的一个卓越的知识分子，也拥有一种令人羡慕的优雅且精确使用隐喻的天赋，令那些单纯辛勤用功者绝望。"没有人会抱怨卡纳莱托的作品，说它们都是'相似的'。那恰好是它们的意义所在。它们通过重复而给我们带来愉快，就像镜子一样。"那也正是人们的眼睛从不会对威尼斯感到疲倦的原因。[1]威尼斯让我感到压抑，因为我知道，当我要就它进行写作时，我是在跟巨人竞争，处于劣势。"关于威尼斯，已经说道和撰写了太多太多！"这是歌德在1786年时说的！[2]但因为它就是在我的行程中，我怎么能够避开它？

我无法绕开威尼斯，还有另外一个原因，它是我关于历史、文化和国际关系的信念中一个不可或缺的部分。玛丽·麦卡锡关于威尼斯的著作《威尼斯观察》篇幅不长，出版于1956年，这本犀利、透彻、无与伦比的著作，对这个问题进行了介绍。"威尼斯不加区别地强行向基督徒和异教徒索取战利品和贸易优惠。这种做法……是他们招致人们痛恨的原因，就像犹太人有时候也被人痛恨一样……"也就是说，"十字军东征，对威尼斯而言是一次发财的机遇，因而威尼斯……把整个事件当作是一次商业运作"。

① 玛丽·麦卡锡，《威尼斯观察》，第177、180—181、275页。
② 歌德，《意大利之行》，由奥登和伊丽莎白·迈耶译自德语版，第77页。

威尼斯派出军队时索要的价格非常高昂，把一支十字军的部队运输到"海外"或宗教圣地，而当十字军不能按时付款时，他们立刻就以十字军精神为借口占领与之有商业利益的亚得里亚海港口。为了买进"禁止基督徒使用的商品"，威尼斯人与穆斯林土耳其人签订了条约，但接着就在1204年劫掠了土耳其首都君士坦丁堡，其中包括三天的谋杀、强奸和抢劫。这是除了致富之外别无其他目的的实用政治，而威尼斯正是通过这类无情而残忍的行为才成为艺术家和作家敬仰的梦幻城市，尽管他们也承认君士坦丁堡的毁灭是威尼斯历史上的最低谷。因为威尼斯的外交政策和政治体制是以一种排他性的方法建立在为商业而设计的原则之上，强调像往常一样进行商业往来。"离别、冒险、获利、荣光"，历史学家罗杰·克劳利认为威尼斯人海上航行遵循这样的模式，其中"获利"是唯一重要的元素。因为威尼斯没有农耕用地，所以也就没有封建制度。它用以交换的是货币而不是农作物。[1]谈到其结果时，麦卡锡认为，"一个完全逐利的城市，只能是一个梦想的化身"。"威尼斯是一个守财奴金灿灿的秘藏，由一只用白色玛瑙做眼睛的野兽守护着……"[2]

实用主义是中世纪威尼斯的主导精神，既冷酷无情，又通达开明。威尼斯政体是一架官僚主义的机器，"人的意志和情感在其中无法发挥作用"，构成了麦卡锡所说的"政治科学领域中的一项发明，一种享有专利的手段"，其中权力的每一个分支机构都能够制衡其他分支，创造出了美国现有体制的一种早期变体。威尼斯的神职人员集中体现了最为宁静的共和政体的精神。如麦

---

① 罗杰·克劳利，《财富之城》，第xxvi-xxviii、5页。
② 玛丽·麦卡锡，《威尼斯观察》，第190—193、196页。

卡锡所说，"这里没有殉道者"，没有托马斯·贝克特那样的人，也没有托马斯·莫尔那样的人。像所有真正的威尼斯人一样，神职人员都"生活在当下和此刻"。也就意味着，这里没有神，也没有异端裁判所。实用主义意味着没有痴迷，也就意味着没有狂热。历史学家约翰·裘力斯·诺维奇指出，与天主教欧洲其他城邦不一样的是，威尼斯从来没有在火刑柱上烧死一个异教徒。威尼斯热衷于权术而蔑视道德的完美，以注重实效而著称——这也是它从黑暗时代的终结到现代的第一阵鼓点响起时一直能够绵延存活的秘密。麦卡锡在这里把威尼斯与另外一个城邦佛罗伦萨做了一个有说服力的对比。佛罗伦萨虽然没有能够管理好自己，却诞生了一位伟大深刻的政治学理论家马基雅维利。威尼斯没有这样的理论家，但却逐渐形成了一个"模范共和政体"。因为在关于威尼斯的所有事物中，都存在着这样一种对于"具体"之物的尊崇之情。①宗教争端不会引起威尼斯人的兴趣，只有政治争端才会。他们实践马基雅维利主义的能力超过了佛罗伦萨人。威尼斯人是实干家而非空想家。

半个世纪以前，我在威尼斯时本应更加留心一些，从而使我的这次旧地重游之旅更充实，但我当时的确还没有发现麦卡锡和其他许多著作家。

就艺术家和作家在过去数个世纪中关于威尼斯的所有精彩描述而言，我永远忘不掉麦卡锡最初所说的关于圣马可教堂、关于那延展不已的金叶上柔和的荚、关于拜占庭画像的那些话，至于

---

① 玛丽·麦卡锡，《威尼斯观察》，第205—206、216、219、246、249页。约翰·裘力斯·诺维奇，《威尼斯史》，第594页。

教堂内如地下墓室一般黑暗，我认为与君士坦丁堡更为寒冷的气候有关。

从外面看，它"像是一个东方风格的凉亭，一半像是个游乐场，一半像是个军事帐篷，属于某个有来头的总督"。从里面看，闪闪发光的珠宝和黄金，琳琅满目的珍贵东方大理石、碧玉、条纹大理岩、斑岩和杂蛇纹石，还有一眼望不到边的拜占庭廊柱……几乎没有一对柱子是相似的，这个十字形洞穴看起来像是一个强盗的窝巢。原来，这种贯穿始终的讲求实际、注重实利的做法旨在追求奢侈，一种特别雅致的、物欲的奢侈，其源头在于东方，从拜占庭而来。甚至从阿维尼翁和佛兰德斯等地渗透而来的哥特风格的影响力，尚不足以取代威尼斯以拜占庭趣味为底色的艺术性格。麦卡锡说，威尼斯人从心底里一直是偶像的制造者和娴熟的镶嵌画制作者，"沉浸在一种静止的辉煌之中"。[①] 然而，如值得信赖的、发人深省的英国历史学家约翰·裘力斯·诺维奇所言，使这一切最终成功运转的是"用大理石尖柱和卷叶形花饰制作而成的哥特式王冠，而这也正是让罗斯金着迷的东西"。[②]

东方并非在威尼斯开始，因为那等于承认了一种文化分裂，而且会将"东方"固化，但那并不符合事实。事实是，在威尼斯，如在亚得里亚海周边其他地方一样，东西方首先相遇，而且直到今天仍然在相互碰撞，并彼此消融，即便是它们会作为从前自我的独特元素而重新出现在石雕和蛋彩画上。在这些中世纪和早期现代的港口城市，由于得到了从海上而来的世界主义的推动，东西方感知能力的传播使得我们有机会窥探些许我们未来世界的状

① 玛丽·麦卡锡，《威尼斯观察》，第 193、228、244 页。
② 约翰·裘力斯·诺维奇，《威尼斯史》，第 280 页。

况。东方在威尼斯占有突出地位，一个特别的原因是东方被放置在西方哥特和文艺复兴的影响力框架中，并得到了后者的烘托。如罗斯金所指出的那样，在威尼斯，哥特建筑取代了拜占庭风格的建筑，接着又被文艺复兴风格所取代，尽管只是部分取代，而文艺复兴风格之所以产生巨大影响，其实应当归功于那云雾缭绕、碧波荡漾的水流不断拍打着它的根基，[①] 产生了一种我们都可以沉浸于其中的独特的审美鉴赏力。

中世纪的威尼斯与黎凡特的贸易是如此全面而深入，所以，相比于欧洲任何其他城市或大国，威尼斯更能够理解和囊括整个欧亚大陆。"它是关键的齿轮，能够啮合欧洲和东方两种经济制度。"克劳利说。[②] 当然，威尼斯的东方性是一种陈腐的说法。"在威尼斯，像任何镀金的鸡身蛇尾兽所展现的那样，东方开始出现。"简·莫里斯说，而她的著作对威尼斯的记述是如此真实，以至连街头数量庞大的野猫也囊括其中，这也提供了一个例证：关于威尼斯已经没有什么新鲜的事情可以言说。她引用了意大利15世纪画家安德烈亚·曼特尼亚的一段铭文："只有上帝持久存在，其他都是云烟。"[③] 威尼斯不利于自我中心主义的产生，也不利于野心的产生。如我所说，在威尼斯，你得学会放弃。但是，你会成长，也就是说，你会接受真实的自己，永远不会成为伟人。作为一名作家，你将始终处在一群人的中间：有能力凭借这一点过上很好的日子，对于一个像我这样的仅接受过工薪阶层教育而没有获得高级学位的人来说，就已是很好的奖

---

① 约翰·罗斯金，《威尼斯的石头》，第141—142、191页。
② 罗杰·克劳利，《财富之城》，第377页。
③ 简·莫里斯，《威尼斯的世界》，第214页。

赏。在那个意义上说，威尼斯就是一种伴随着年岁增长而来的启示。因岁月蹉跎而产生懊悔，而懊悔则催生洞察力。

不过，威尼斯的故事中又是什么让我觉得如此重要，并让我继续完成这段旅程呢？那便是，文化统治一切，即便文化处在不断的演变之中，并与其他文化不断融合；地理环境非常重要；争夺空间和权力的地缘政治斗争是永恒的；建立在现实主义的、讲求实际原则之上的国家，其存活能力高于那些建立在理想主义和道德主义原则上的国家。因此，我们必须有忧患意识，居安思危，才能够避免悲剧。这也意味着，秩序先于自由，利益先于价值观，因为若没有秩序，便没有任何人的自由，而没有利益，价值观就无从产生，难以运作。然而，讲求实际也要求有美，否则，它就会堕落为粗野和庸俗：这也是威尼斯的创造力所在。

诺维奇说："威尼斯诞生于希腊文化之中，受希腊文化滋养，这在意大利那些伟大的城市中是独一无二的……在摆脱对君士坦丁堡的依赖很久之后，威尼斯继续疏远意大利，把目光坚定地投向东方；中世纪意大利政治、归尔甫派与吉伯林之间、皇帝与教皇之间噩梦般的纠缠……所有这一切，都不是威尼斯关心的事情。"总督们使用拜占庭帝国的敬语。威尼斯统治者的服装模仿的是拜占庭帝国总督的服装式样。拜占庭帝国的姑娘们被送到威尼斯嫁人，威尼斯人则送他们的子弟去君士坦丁堡完成教育。威尼斯与拜占庭的政治往来有助于它免受意大利其他城邦纷争的牵连，而它们之间变化迅速的策略性结盟成为道德无涉行为的典型。因为由阿拉伯人操控的一种竞争性商业体系遍布北非和中东，威尼斯对于君士坦丁堡的作用就变得至关重要，成为拜占庭帝国在欧洲的一个出口。威尼斯人美的标准主要是一种东方风格，这在圣马可教堂那低矮的圆屋顶和小窗户上得到了充分体现，令人想起君士坦丁堡的圣索菲亚大教堂。①

当然，威尼斯与意大利的偶然分离之所以得到强化，从根本上说，还是与地理环境有关。那个巨大的环礁湖以及使威尼斯四面八方都与大陆分离开来的、数英里宽的浅水海域，使得它能够专心向东发展与拜占庭的关系，并且在威尼斯独立的最初几个世纪里，还成为抵挡撒拉森人、马扎尔人和其他入侵者的极佳屏障。环礁湖在把威尼斯人局限在一个狭窄空间内的同时，也培育了其内部的凝聚力。"威尼斯那些富有的商业贵族之间，"诺维奇解释说，"大家相互认识，极为熟悉，也就有了某种互信，而在其他城市，这种互信很少超出家族的圈子之外。"其结果是高效的经营管理，而凭借这一点，要动用巨额资金投入高风险的贸易投机活动，"几个小时之内就能在里阿尔托安排好"。威尼斯人不羡慕好高骛远的空想，也不追求理想主义的人人平等，威尼斯标志着一个封闭的精英群体的胜利。乐观主义是被禁止的，除非是建立在事实和赢利的基础之上。②（马可·波罗这位13世纪晚期的威尼斯探险家，正是从这样一个联系紧密的商业贵族群体中开启了他的中亚探索之旅。关于他，后文还有更多描述。）

如果没有环礁湖和运河，威尼斯便不会拥有独特的美，而这种美则赋予它的居民一种对于其城邦独特的爱：这是一种对于政体的爱，而不是对于某一个人或国王的爱。这种爱，以及他们所

---

① 约翰·裘力斯·诺维奇，《威尼斯史》，第 xxvi、16、25 页。弗雷德里克·C. 莱恩，《威尼斯：海上共和国》，第 5、203 页。
② 约翰·裘力斯·诺维奇，《威尼斯史》，第 155、606 页。弗雷德里克·C. 莱恩，《威尼斯：海上共和国》，第 92 页。

享受到的内在和平，养成了一种"贯穿于情感之中的善良"，而如贝伦森所暗示的那样，这种善良使得威尼斯人成为"欧洲最早的真正现代人"。①

"威尼斯神话"是一种典范性体系——"君主制、寡头政治和民主"融为一个彻底流动的组合。正是彼特拉克把威尼斯与"正义"相提并论。总督宫中所陈列的保罗·委罗内塞绘于16世纪的画，展示了这个城邦从好战到帝国主义到和平的道德进程。总督宫中陈列的另外一幅画作是多梅尼科·丁托列托17世纪早期的作品，画中显示威尼斯正在从基督一侧接受血液，而根据哥伦比亚大学艺术史学者戴维·洛萨德的解释，这意味着"与圣体有着直接的融洽关系"。② 在这里，最酣畅的体验之美与臻于极致的自信融为一体，而这种自信则建立在务实的治理原则的基础上。

随之而来的是长达千年的历史，从726年到1797年间经历了84位总督，其历史的悠久、复杂和紧张令人陶醉，令人欲罢不能，丝毫不亚于拜占庭。而拜占庭的历史因为经常有密谋和周期性暴动而达到令人难以想象的程度。威尼斯的历史是一幅相比较而言暗淡、模糊的画面，没有诞生多少巨人和超脱于生活的神人（在10世纪末统治威尼斯的佩德罗·奥赛罗二世是一个例外）：因为贸易和商业尽管单调乏味，却也冲淡了杀戮与犯罪的长期影响。威尼斯的历史因为缺乏跌宕起伏的故事，让人感觉无趣，所以不容易记住。因而，对于那些有阅读能力而又非专业的大众来说，莎士比亚的作品就是了解威尼斯的最佳途径：莎士比亚将威尼斯描绘成一个不讲廉耻、翻云覆雨之地，以便揭示每一个人——

① 伯纳德·贝伦森，《文艺复兴时代的威尼斯画家》。
② 戴维·洛萨德，《威尼斯的神话》，第3、7、26、39—40、146—149页。

不论是摩尔人还是犹太人——身上的脆弱与激情，而在其他情况下的人都被描绘成单调的人，生活中了无意趣。

玛丽·麦卡锡说："那些健硕的老总督们……在我们眼里，似乎是一种奇特的海洋动物，他们把培育出来用以保护自己的盘旋状的螺壳留在身后，而这就是威尼斯。"[1]像诺维奇告诉我们的那样，在近1100年总督统治的岁月中，这种体制所滋养起来的巧妙筹划仅仅遭遇了三次战略性灾难：1499年，经由好望角去印度的海上贸易之路的开通，使得威尼斯与黎凡特及中亚的贸易通道相形见绌；1453年，拜占庭陷落之后，土耳其人的势力在地中海东部逐渐蔓延开来；16世纪早期，康布雷联盟对威尼斯发动了袭击。三者都不是威尼斯的过错。现实主义能够创造奇迹，而这才是威尼斯唯一真实的宗教。作为一个地方和政体，威尼斯崇拜拜占庭，但当机会合适时，它围攻了拜占庭，而且后来仅仅给予拜占庭帝国皇帝有限的支持，为的是不刺激已赫然成为君士坦丁堡继任统治者的奥斯曼土耳其人。[2]威尼斯的总督们始终懂得察言观色。

威尼斯是一个建立在权力分立（尤其是教会与国家之间权力分立）基础上的独立共和国，同时也是一个帝国：国内开明通达，国外则强取豪夺。帝国产生于专制基础这样的观念，只能部分得到历史的证明。威尼斯是"理论上的民主"与"寡头政治"的混合物：说它是"理论上的民主"，是因为总督这个角色是一个选举出来的职位；说它是"寡头政治"，是因为权力属于一群富有的家族。如已故约翰斯·霍普金斯大学历史学家弗雷德里克·C.

① 玛丽·麦卡锡，《威尼斯观察》，第183页。
② 约翰·裘力斯·诺维奇，《威尼斯史》，第330、635—636页。

莱恩指出的那样，威尼斯是一种彻头彻尾的贵族体制。① 然而，如莱恩接下来所说的那样：

"几乎在（16世纪意大利的）所有其他地方，从市镇政府演变而来，并得到具有公共意识的人文主义者颂扬的共和原则，都被抛弃，即便在理论上不完全是这样，至少在实践上是这样。只有威尼斯存活下来，既享有了独立，又坚持着共和制度。"②

威尼斯的统治机构是"十人议会"：总督、具有公爵地位的议员、四十人团（高级立宪机构）的首脑，这些人共同组成"执政团"，即政府行政机构。布克哈特在出版于1860年《意大利文艺复兴时期的文化》一书中，提供了关于这个机构的最佳描述：

"十人议会插手所有事情，无须请示即可裁夺生死，处理财政事务，进行军事任命……十人议会每年都从全权施政机构'大议会'中重新选举，因而也是其意志的直接表现。在这些选举中出现严重的阴谋是极为不可能的，因为短暂的任职时间以及随之而来的责任，都使它成为一种不会产生强烈的欲望的对象……它运作的动力是理性的动机而不是对于杀戮的渴望。事实上，没有任何别的国家曾经对其国民施加过更大的道德影响力……"③ 由于周围满是金质的叶子、奢华的深色木料，在最后的几个世纪里，又有大量赞美上帝、荣耀和军事征服的丁托列托、委罗内塞的画作，威尼斯的统治者们时刻都在接受一种坚定不移的使命感的熏陶，而其使命则几乎达到了神秘思维的境界。没有这样一个共和

① 约翰·裘力斯·诺维奇，《威尼斯史》，第34、66、282页。弗雷德里克·C.莱恩，《威尼斯：海上共和国》第101页。
② 弗雷德里克·C.莱恩，《威尼斯：海上共和国》，第251页。
③ 雅各布·布克哈特，《意大利文艺复兴时期的文化》，第55页。

国存在的世界，是不可想象的。

高效的治理加上旺盛的经济活力，使得贸易和权益相关者走得越来越远，因而维护帝国权益就是顺理成章之事。帝国并非起始于一伙人在高度戒备的密室中的密谋。它是以一种有机的方式，仿佛在一个民族的睡梦中自然而然地发生。随着一个国家在商业上的扩张，它新近在国外所引发的安全问题便会显现。威尼斯帝国大概是从公元 1000 年开始，当时威尼斯派出了一支打击海盗的远征军沿着亚得里亚海的达尔马提亚海岸开展行动（海盗是克罗地亚人）。作为一个居民少于十万人的城邦，威尼斯最终拥有了强大的海军力量，从而能够立足于"那个帝国林立、相互间联系松散的中世纪"，莱恩说道。到 14 世纪末期，为了遏制奥斯曼土耳其人在地中海东部地区持续不断的向西扩张活动（如费尔南德·布罗代尔所提醒我们的那样，还有竞争对手热那亚的扩张），出于商业和战略的双重考虑，威尼斯在摩里亚半岛、克里特岛、基克拉底群岛和多德卡尼斯群岛获得了达尔马提亚南部和爱琴海的许多出口。再往东，在 15 世纪末和 16 世纪，威尼斯还夺取了塞浦路斯，但由于腐败，治理得非常差。

与美国类似，当然是以极为不同的方式，威尼斯是一个共和国，也算得上是一个依靠海运的帝国，在文艺复兴晚期和早期现代，东部地中海构成了一个广阔如今日全球的所在。当 1797 年拿破仑最终以政变的方式推翻威尼斯共和国时，它持续存在的时间是比美国的历史长四倍还要多。威尼斯之所以能做到这一点，部分原因是它奉行最为精明的外交政策。例如，威尼斯玩弄莱恩所说的"双重平衡术"，一方面挑动法国反对西班牙，一方面挑动西班牙反对奥斯曼帝国。威尼斯尽管分享了基督教联盟 1571

年在希腊西部近海发动的打击奥斯曼帝国的勒班陀海战的巨大胜利，却还是主要通过在战后的妥协而赢得了和平。[①] 美国如果能够仿效威尼斯这种用当时的标准来看非常开明的务实精神，那将是再好不过的事情。

当然，在近代早期和现代，欧洲权力政治的演变最终还是对威尼斯产生了影响。如莱恩所解释的那样，"当西班牙和法国成为联合王国之后，意大利对于权力的平衡就被淹没在欧洲国家系统之中"。[②] 于是，威尼斯就被西欧的竞争对手和海上的奥斯曼帝国所包围。另外，由于工业革命伴随着现代资本主义的诞生而出现，威尼斯的统治阶级灵活性不足，未能吸纳新的财富与才智加入其成员之中。威尼斯共和国尽管在早期相当开明通达，却未能应对好这种新出现的民主精神。因此，像所有帝国一样，威尼斯衰落了。

在《阿斯本文稿及其他故事》中，亨利·詹姆斯说：

我站在圣约翰和圣保罗教堂前面，凝视着巴尔托洛梅奥·科莱奥尼那张方下巴的小脸，这位令人恐怖的雇佣兵首领气宇轩昂地骑跨在他那高大的青铜骏马上，整个雕塑安放在一个高大的基座上，寄托着威尼斯人对他的感激之情。这座雕塑是无与伦比的，在所有骑马人物像中最为精美，只不过马可·奥勒留在罗马的朱庇特神庙前安详的骑马雕像可能更为精美……[③]

---

① 弗雷德里克·C. 莱恩，《威尼斯：海上共和国》，第 21、36、246、248 页。
② 弗雷德里克·C. 莱恩，《威尼斯：海上共和国》，第 225、427 页。
③ 亨利·詹姆斯，《阿斯本文稿及其他故事》，第 141—142 页。

我此刻就站在相同的地方。科莱奥尼戴着头盔、手扶利剑的雕塑，是力与美的完美结合。人和马的每一块肌肉看起来都是紧绷绷的。即便是圣约翰和圣保罗教堂那些哥特式高高的、剥落的砖墙，也没有使这座雕像显得矮小。像马拉泰斯塔一样，科莱奥尼也是一个残忍无情的命运斗士，一生中为不同的阵营战斗过，其原则就是看谁出价最高，而威尼斯这个城市的风光依然是美与文明的最佳象征。

从早先的野蛮到后来逐渐开化的过渡，在文学中得到了最有效的讲述，于是，我的视线从雕塑以及我身边的咖啡桌上收回，以前背诵过的詹姆斯·乔治·弗雷泽爵士的《金枝》开头那些有名的文字几乎历历在目，而那段文字也影响了艾略特的《荒原》：

有谁不知道特纳的画作《金枝》？画面的场景洋溢着想象力发出的灿烂光芒，凭借这金子般的想象力，特纳神圣的心灵便倾注在哪怕是最平常的自然景观之中，并为之增光添彩，因此，画面中那个林中小小的湖泊奈米——古人称之为"狄安娜的镜子"——就给人一种如梦似幻的感觉……在古代，这种林地景观是发生奇怪的悲剧且一再重演的地方。①

如弗雷泽告诉我们的那样，在这片神圣的树林里面，"有人发现一个面目狰狞的人时常出没"，深夜时分，他会靠近某棵树，手里拿着剑。因为他一直担任祭司的角色，直到另外一个人袭扰并谋杀了他；接着，这个人也在这同一棵树周围潜伏，手里拿

---

① 詹姆斯·乔治·弗雷泽，《金枝》，第 1 页。

着剑，直到他也被谋杀。这个模式会一直持续下去。"圣所的规定就是这样……年复一年，从不间断，不论冬夏，不论天气好坏，他都得独自一人巡视，而一旦他抵挡不住睡意的侵扰跌入梦乡，就要付出生命的代价。"

在拥有文明的城市和帝国的古典时代，与这样粗暴而野蛮的风俗类似的东西是不存在的。"它一定是从人类记忆之外的某个时间遗留下来的。"弗雷泽说道，森林之王是一个携带武器的祭司，负责保护一棵神圣的桦树或橡树，为罗马女神狄安娜（希腊神话中的阿尔忒弥斯）服务。根据这个寓言的逻辑，祭司的早逝虽然充满血腥，却使得他避免了年老带来的肉体腐朽，他那年轻的灵魂连带其全部活力都传递给了一个更为强大的继任者。在这个阴气沉沉的幻想故事中，生命是次要的，只要那棵长着一个槲寄生小枝（a mistletoe，"金枝"）的树完好无损就可以。这便是在时间开启之时自然的残忍无情的状态。①

但是，弗雷泽的巨著并不仅仅是对野蛮的一种重新描述，尽管他的著作开篇就是这个样子。这部著作也关注交感巫术（禁忌的创设、邪恶的转移、使用火来驱散黑暗等）是如何成为人们开启挑战无情的自然之力和战胜命运的尝试和途径：换言之，不论有多么原始，这些都是在构建一个合乎道德与伦理的世界的过程中所经历的最初阶段。这个旅程从恐惧开始，以美为终点，借用古典文学艺术研究者伊迪斯·汉密尔顿的观点，也可以说，这个旅程从"野兽-神灵"和人祭开始，逐渐进步到多里克立柱和荷马与维吉尔那些具有针砭匡正作用的史诗。②

---

① 詹姆斯·乔治·弗雷泽，《金枝》，第1—2、6、9、344、815页。
② 伊迪斯·汉密尔顿，《神话学》，第11—12页。

我们清楚这一切应当导向哪里——导向能够自行决定其意志的个体、学会征服自然本身，并且在完成这些之后，持之以恒、不畏艰难险阻地为建设一个更加善良的世界而努力。它开始于最为粗糙的政治和权力分配形式，这从森林之王的故事中可以看出来；接着它经历了令人恐怖的雇佣兵首领科莱奥尼和马拉泰斯塔；终结于议会体制，或者说，终结于最为开明的、仁慈的贵族统治。用政治术语来说，它再次意味着，秩序先于自由，但是，一旦秩序确立起来，就应当立即开展工作，分阶段完善秩序自身，使专横的色彩越来越少。

再次重申，这一意义深远的旅程开始于黑暗之中：首先是在奈米围绕"金枝"展开的血腥仪式，其次是凶残的死亡这个严酷的宿命论的结果，以及对于直接陷入自然状态的那个孤独的人的描述。这就是为什么马基雅维利的《君主论》，至少对它问世的那个时代而言，并不是一本愤世嫉俗的政治哲学著作，恰恰相反，它是一本关于如何征服命运的教学指南。而且，因为命运如此强大，所以个体的政治实践者就不得不足智多谋。事实上，普鲁塔克撰写《名人传记》就是为了呈现其传主的生平所能够提供的道德指导：伟人如何运用他们掌控的手段改变历史的方向。谈到亚历山大时，普鲁塔克指出，与他那些最为辉煌的——甚至是跨越格拉尼卡斯河那样的——伟绩相比，他的"一句话或是一个玩笑"，都能够让我们更好地了解他的性格和脾气。这就是莎士比亚式的看待历史的方式。①

然而，无论一个个体如何足智多谋，如何矢志不移，如何英

---

① 普鲁塔克，《普鲁塔克的名人传记》，约翰·德莱登译，亚瑟·休·克拉夫编选和修订，第 139 页。

勇无畏，总会存在局限，因此，真正经过历练、具有才干的政治人物必须明白如何在其局限之内成就其伟业。下面是法国伟大的地理学家费尔南德·布罗代尔的说法，或许他对在自然的世界中能够或不能够有什么样的成就有着最为高明的理解：

申明行动所受的紧迫而严重的局限，就是否认个体在历史中的作用吗？我认为不是这样……真正具有才干的人，是能够最为真切地衡量他所受到的约束的人，是主动选择留在局限之内，甚至能够充分利用不可避免之事物造成的重负，顺势施加自身影响的人。所有逆历史大潮——历史大潮往往并不明显——而动的努力，都注定要失败。[1]

这里的关键词是"往往并不明显"。我们不能向命运屈服，恰恰是因为历史的结局往往是无法知道的：因此，是个体的奋斗首先创造了"历史大潮"，因为个体的数量往往可以扩充至十分巨大。森林之王在他的生存斗争中从没有放弃过，因为他每多存活一天都是一场胜利。科莱奥尼和马拉泰斯塔也没有放弃，凭借他们源源不断的能量、决心和智谋，他们最终造就了一个时代。庞德的悲剧在于，无论是从思想上还是从道德上，他都没有超越他们所树立的榜样。

庞德对威尼斯十分痴迷，他在"第十七章"中这样写道：

---

[1] 费尔南德·布罗代尔，《菲利普二世时的地中海及地中海的世界》，西恩·雷诺兹译自法文版，第1243—1244页。

水比玻璃色彩更为丰富，

金铜色，火焰在银色之上，

颜料罐子在火炬光里。①

在这首诗中，威尼斯看起来像是"一个大理石森林，枝叶繁茂"——是大自然和神灵的胜利。② 正是这一首诗最初把庞德带到了阿德里安·斯托克斯那里，而在这之前，斯托克斯甚至还没有阅读过《马拉泰斯塔诗章》，也还没有考虑过撰写一本关于里米尼教堂的书。

我现在正要坐船去圣米迦勒岛，是威尼斯市公墓所在地，也在环礁湖之内，离威尼斯不到半英里远，庞德就安葬在其中狭小的新教徒区。圣米迦勒岛嵌在水中：几乎是一片极为方正的地块，四周是砖墙，偶尔有几个白色的拱门点缀着，到处都是柏树，使得小岛看起来肃穆了很多。

你极为爱惜的将继续存留，

其他的都不要放在心上

你极为珍惜的都不会从你那里被夺走

你极为珍惜的将成为你的真正宝藏……③

这些令人难忘、初次读到时便如此令人陶醉——对于许多对怀旧有着错误认识的年轻人来说，尤其有吸引力——的诗行，都

---

① 埃兹拉·庞德，《诗章》，第78页。
② 托尼·坦纳，《被期待的威尼斯》，第306—308页。
③ 埃兹拉·庞德，《诗章》，第540—541页。

来自庞德的"第八十一章"。它们构成了庞德的《比萨诗章》，他创作此诗章时第二次世界大战已经结束，他被美国军队作为敌方参战人员和宣传人员关押在比萨城外。庞德醉心的世界刚刚坍塌。他是残留之物，似乎他所剩下的只是对一种史诗般生活的无尽回忆。生活在一个阴冷的、时常遭受风吹雨打的帐篷里，回味着之前在热那亚附近的拉帕洛惬意雅致的美好生活，他告诉自己：

放下你的高傲，

你不过是一条挨打的狗，无人理睬，

一只阴晴未定时飞出来的自负的肥鸟……[1]

诗人罗伯特·洛厄尔虽然对《比萨诗章》有着极为复杂的情感，却对其"可爱"不吝赞美之词。[2] 然而，这些诗太过于以自我为中心，没完没了。这是一个刚刚遭遇了历史上最惨烈灾难的世界，数千万人悲惨地失去了生命，而这场灾难就是由庞德公开赞美过的法西斯所引起的。的确，他写下过这样的诗句：

你痛恨的事物有多么卑鄙

都在虚妄中日渐恣肆 [3]

然而，涉及真正的悔恨或同情时，这差不多就是其全部，以及很晚才在"第一百一十六章"出现的几个令人感动的段落。庞

---

① 埃兹拉·庞德，《诗章》，第 540—541 页。

② 汉弗莱·卡朋特，《一个严肃的人》，第 680 页。

③ 同上。

德用很有节奏感的、更优雅的诗行结束了这首诗，不过这次感叹的是，他的真正错误还不足以转化成为诗人的灵感，不足以转化成为诗人的决心。约翰·罗斯金说："要是我们能够一直留心观看上帝的作为，那么，拼命干自己的工作，让别人来敬佩我们，不过是可怜巴巴的沾沾自喜，是对我们明明极为痛苦的作为的一种满足。因此，所有无上的光荣，"罗斯金接着说，"就是摒除杂念，密切关注上帝的世界。"① 就庞德的情况而言，由此可以推断，他或许应当深刻反思欧洲所遭受的煎熬和破坏，因为那非常令人触目惊心，并检讨他对此应负的道德责任。用威廉·卡洛斯·威廉姆斯的话说，考虑到那只"人世间绝对最好的耳朵"，这种反思绝对能够带来若干优秀的诗篇。用批评家托尼·坦纳的话说，庞德是一个真正理解天堂，但却为地狱的形成做出了贡献的一个诗人。②

　　在生命晚期，当听到一个关于伯纳德·贝伦森犹太身份的故事时，据说庞德"顿时变脸，呈现出一副由极度的痛苦、羞耻和内疚混合而成的面孔"。后来，庞德承认他的"最为糟糕的错误"就在于他那"愚蠢的、缺乏见识的反犹主义偏见，而那种偏见就……把一切都给搞砸了"。③ 你必须相信他的话里有几分真诚，但《诗章》中并未充分体现。

　　然而……关于庞德，总是有说不尽的话题。如批评家迈克·德尔达指出，庞德直率而难以匹敌的能量和对文学自身那富有感染力的热情，是有目共睹的，因为那些品质为我们留下了这样一些

---

① 约翰·罗斯金，《威尼斯的石头》，第 101 页。
② 托尼·坦纳，《被期待的威尼斯》，第 342 页。
③ 弗洛里·温迪，《庞德与反犹主义》，载于《剑桥埃兹拉·庞德指南》，第 296 页。

难以磨灭的富有哲理的话语："许多作家之所以失败，不是由于缺少才智，而是由于缺少个性。""美的一个定义是：达到目的的敏捷性。"[1] 当然，人们很难忘记他1913年写下的那首著名的、让人感到敬畏的意象主义诗歌，《在地铁站》。

眼前一群人的面孔幽灵般若隐若现；
湿漉漉黑乎乎树枝上的片片花瓣。[2]

若是不那么好高骛远，他的确能够成为一个伟大的诗人。

他的墓穴是一块朴素的、躺在地里的厚石板，上面只有他的名字，用拉丁风格写成。一丛疯长的灌木和一簇葡萄藤几乎遮挡住了整个石板，即便走近了也不容易发现。我摸索着找了一刻钟，但还是我妻子玛利亚先找到了它。（她目光敏锐，而且做事机灵，和我很不一样，因此，她让我的旅程更加顺遂，而没有制造任何牵绊。）一个人的墓碑可以算是他最后的签名。这个墓穴给人一种被遗弃的凄凉感，尤其是对于一个受到如此多蔑视的诗人来说，它更有象征的意义。我移步去参拜离这里仅有约20英尺的约瑟夫·布罗茨基的墓穴。他墓穴上的厚石板竖立在那里，他的名字分别用俄文和英文刻在上面，处理得极为精细，整齐地摆放着小小的盆栽植物、玫瑰花、蔷薇丛，看起来都像是新近采摘的。显然，这是一个人们钟爱的、经常到访的场所。

庞德处心积虑想成就一番伟业，但天赋更高的布罗茨基却只是想记录自己的激情，并如实描绘他眼前的这个物质世界。庞德

① 迈克·德尔达，《埃兹拉·庞德〈阅读基础〉导读》，第7—8页。
② 芝加哥，《诗歌》杂志，1913年。

满脑子想的是强权、理论和计谋，而布罗茨基却先被内部流放到俄罗斯欧洲部分的最北部，艰苦劳作长达 18 个月，然后又被强迫离开他的祖国，对这类抽象的东西有的只是轻蔑。庞德那些敏锐的历史全景画，尽管也着重刻画了伟大的英雄人物，却几乎没有为个人生活留下空间；而布罗茨基的内在生活和爱，尽管私密到令人十分痛苦的程度，却在他的诗中几乎达到了一种近乎神圣的境界。布罗茨基关心的是个体，不像庞德那样仅仅关心典型人物。在布罗茨基看来，爱人的拥抱是神圣的；而在庞德看来，有时候只有一场血腥的战役才似乎是神圣的。布罗茨基对历史有着浓厚的兴趣。在一首关于俄国军事英雄朱可夫的诗中，在仅有三个诗行的篇幅内，汉尼拔、庞培和贝利撒留的名字接连出现。另外，还有他关于提比略的那首著名的诗、关于拜占庭的散文等。

也许，布罗茨基之所以伟大，是因为没有其他诗人拥有他那样无法遏止的才华，从而娴熟地驾驭令人惊讶而又精辟的隐喻。"灰尘是时间的血肉……"老年男人牙齿的龋洞"堪比阴雨连绵的特洛伊古城"……一个挤挤巴巴的花园就像是"一些密密麻麻摆在一起的珠宝"……"黑暗修复了光明修补不了的东西。"[1] 布罗茨基在试图对他的技巧进行解释时说，一首诗"应当让名词黑压压地"布满诗笺。[2] 另外，布罗茨基能够"在其他人习焉不察的地方看到事物的相同（通）之处"，诗人查尔斯·斯米克这样说道，而且认为这与布罗茨基对于人性的透彻理解有关。布罗茨基，"是一个懂得旅行的诗人……想成为一个普世的诗人，

---

① 约瑟夫·布罗茨基，《英文诗集》，第 44、50、67、87 页。
② 琼·阿科彻拉，《一个鬼故事》。

一个能够四海为家的人，而且他基本做到了这一点"。[1] 这恰好是布罗茨基对于当今欧洲至关重要的原因：在这个危急关头，欧洲应当渴求什么。

布罗茨基钟情于普世主义和个体的私密生活，代表着强调法律国家高于民族国家、法治高于武断命令的欧洲。庞德则痴迷于具有实干能力和男性气概的强人，现在他代表的是数年来欧洲一直在积聚的民粹主义的阴暗力量。在威尼斯这座公墓里，欧洲有两条路可走。希望欧洲能够选择正确的道路。

要是我年轻时能够早点明白这个道理就好了。对我来说，这种觉悟来得太迟。从意识的一个层面上升到另外一个层面，需要穿越巨大的距离，而其益处非亲自走过这个行程则绝不可能得到。前行之时回望来路，心中往往充满自我谴责。除了使视野拓展而不是使其变得狭隘，内在生命还能够再提供些什么呢？尽管如此，要是能了解布罗茨基更多一些，在关于他的重要影响这一点上得到足够多的教诲，肯定会对我大有帮助。当然，要是我能早一些拜读他的诗歌就好了。

我现在就站在布罗茨基的墓前，读着他的《提比略的胸像》，该诗写于 1981 年，即庞德在这个城市去世 9 年之后：

> ……所有
> 匍匐在那个巨大的下巴骨下面的——罗马：
> 各行省，大庄园主，各军团。
> 还有成群的婴儿吐着口水

---

[1] 查尔斯·斯米克，《为词典而工作》。

要拿腌制好的

硬邦邦的腊肠……

一切都无所谓，

就让苏埃托尼乌斯

和塔西佗随便嘟囔什么好了，

他们想弄明白你为什么那么残暴……

看起来你更有可能淹死也不会沉溺于稍有深度的思想……

啊，提比略！

我们可以这样评判你吗？

你真的是一个怪物啊……①

　　庞德若是知道肯定会嫉妒的。试想一下，庞德在他擅长的描绘历史的世俗特质的游戏中被打败。诗歌中还有很多东西我在这里没有抄录。提比略骇人听闻的残暴集中在他在位的后半段，即从公元23年到他公元37年去世，这位年迈的皇帝，或许因为遭受心理疾病，把权力托付给了禁卫军。从公元14年到公元23年，他是一个言行谨慎的典范，取消了角斗游戏，几乎没有建造城市，也没有兼并领地，采取外交手段对付日耳曼部落。② 当然，布罗茨基用来激发人们思想不受约束的权力符号的威力，并没有因此而受到削弱。

　　然而，我还是情不自禁地想起英国历史学家约翰·贝奥为卡斯尔雷所进行的辩护，后者曾是拜伦和雪莱道德谴责的对象。

① 约瑟夫·布罗茨基，《英文诗集》，第282—283页。

② 詹姆斯·斯密斯·里德，载于《大不列颠百科全书》第11版。芭芭拉·利伟科，《政客提比略》，第138—139、142、144页。罗伯特·D.卡普兰，《武士政治》，第150—152页。

"他在拿破仑战争期间所担任的职位遭遇了前所未有的压力，各大臣都面临着现实的和道德的困境，找不到书本上或思想上的现成方案。"[1] 提比略和卡斯尔雷显然有天壤之别：卡斯尔雷是一个后启蒙主义时代的国务活动家，提比略是一个古代的专制君主。尽管如此，艺术家有其擅长的领域，掌握权力的人也一样，即便是后者的良心往往更容易受到煎熬，甚至那些对掌握权力者产生影响的人的良心也同样会受到煎熬，对此我有着相当多的了解。

看到丹尼尔里皇家奢华酒店那略带粉色的哥特式外观，我就想起了约翰·裘力斯·诺维奇那本权威著作《威尼斯史》中那些动人的段落。1172年，就是在这个地点，一群乌合之众中的一个成员把总督维塔莱·米歇尔刺死，而此时这里杂乱地分布着兜售T恤衫、明信片和廉价化装舞会面具的摊位。维塔莱·米歇尔总督在位共16年，其中的15年都把威尼斯的事情处理得相当高明，尽管他受到了弗雷德里克·巴巴罗萨从一个方向上和曼奴埃尔·康尼努斯从另外一个方向上的围攻，此时的意大利北部控制在伦巴第族联盟手中，南部则控制在由诺曼人的西西里和12世纪最伟大的教皇亚历山大三世缔结的同盟手中。但是，在他生命的最后一年，出于想让他治下的城邦做得好一点这一初衷，同时也不想回避道德责任，维塔莱·米歇尔组建了一个由120艘船组成的舰队，沿着亚得里亚海向南行驶，这是一次和平之旅，目的地是东方的君士坦丁堡。然而，与拜占庭帝国官员的谈判没有取得效果，

① 约翰·贝奥，《卡斯尔雷传》，第562页。

而他的舰队在爱琴海东部的开俄斯岛等待进展的时候，由于船上人员过于拥挤，瘟疫暴发。接着他的使者从君士坦丁堡返回，带回外交斡旋彻底失败的消息。

遭受拜占庭帝国羞辱的米歇尔总督返回威尼斯，而他的海军大部分因疾病而丧生，那些没有被疾病困扰的士兵则处在哗变的边缘。另外，在威尼斯，总督又被看作是瘟疫的引入者。于是，他就被一群乌合之众盯上。如马基雅维利在《君主论》中所强调的那样，你可以对一个具有内在优秀品质，即具有男子气概的领导者提出建议；对于命运，就只能听之任之了。于是，我们就得面对这样一个悲剧性难题：尽管人不必（事实上，是绝对不能）向命运屈服，人类的进步也依赖于这样的冒险，但是，那些果真敢于冒险的人，却往往注定要失败。其他很多教训暂且不说，威尼斯让我们明白：生活是艰难的。

如诗人所说，美是真理的一种形式。最伟大的现代艺术收藏馆之一就在此处，在大运河附近的已故佩姬·古根海姆的豪华住宅里面，这里靠近大运河与环礁湖的交汇处，也离亨利·詹姆斯居住过的巴尔巴罗宫不远。这里的藏品极为丰富，囊括了从毕加索到布朗库西到马克斯·恩斯特等从事的所有艺术领域，藏有从克利和康定斯基到安迪·沃霍尔等诸多艺术家的作品。事实上，因为立体主义、超现实主义及诸如此类的艺术都过于诉诸理智，所以，威尼斯优雅而感性的审美风格与之形成鲜明对立，因而在威尼斯，触目所及，观者的眼睛会感觉轻松舒适，因而容易进入一种沉静的状态，便于仔细品味和欣赏现代艺术。

从佩姬·古根海姆庄园的露台上，你可以欣赏大运河那因地制宜的、极具意大利风格的完美艺术，转过身来，你则可以领略20世纪画家和雕塑家那种冷寂的、普世主义的抽象风格，他们的灵感来源于欧洲，也来源于非洲和美洲，甚至受到了弗洛伊德的影响。你能够明白佩姬·古根海姆为什么需要在这个地方有一处大宅来积聚这样规模的藏品。她作为一名抽象艺术鉴赏家的一生，证明了为什么威尼斯能够为每一种审美风格提供灵感。归根结底，这也是举世闻名的当代艺术展能够在这里找到一个天然适合的处所的原因。

离开威尼斯，就这样的分别而言，没有人能够比劳伦斯·德雷尔在他的游记《苦柠檬》的开头做得更好。这是他写得最好的作品，篇幅比他的《亚历山大四重奏》还要长。对美的痴迷，并没有妨碍他对1950年代衰落的大英帝国在地中海东部的状况进行政治和道德分析。

行程与艺术家一样，是天生的而不是人为的。一千种各不相同的条件促成了它们……它们自发地从我们的天性所必须应对的要求中生发出来——而且其最佳者不仅会把我们带向外在的空间，还会引领我们进入自己的内心……

这些想法属于威尼斯的黎明时分，其时我正乘坐一艘驶向塞浦路斯的船，从一些岛屿旁边走过；此时的威尼斯，在上千种内河倒影中摇曳着，仿佛果冻般凉爽。仿佛是某个伟大的画家，由于精神错乱突然发作，把整个颜料盒奋力扔向天空……历史的碎片就与红酒、焦油、赭石、鲜血和火蛋白石等各式色彩混合在一起……这一切又在同一时刻被舒缓地稀释，渐渐弥漫到天边，幻变出一个黎明时分的天空，那种蓝色是多么滋润，多么匀称，就像是一枚鸽子蛋。[1]

德雷尔是帕特里克·利·弗莫尔的好友，同样也是希腊及其虚幻境界的狂热爱好者。尽管德雷尔没有被列入简·莫里斯那份相当长的描述威尼斯的作家名单，但是，当你准备向这个城市告别时，没有人能够与德雷尔相媲美。

---

[1] 劳伦斯·德雷尔，《苦柠檬》，第 15 页。

第四章
的里雅斯特

意大利地理环境
的复杂性

从陆路离开威尼斯，我便经过亚得里亚海北端一路向东前往的里雅斯特，自然景观呈现出雕饰般的简约气势。整齐划一的葡萄地被杨树分割开来，颜色如富含矿物质的土壤那般深邃，仿佛一切都会立刻生锈一样。每一处农舍都具有颓废之美。

这是典型的意大利景观。然而，地理环境决定论存在的问题是，地理环境讲述了许多相互冲突的故事。在一个技术时代显而易见的事情，在另外一个时代指向却完全相反。例如，在21世纪，再也没有什么比意大利半岛更自然的地理和政治单位，从欧洲大陆向南声势浩大地一直延伸了大约700英里，因此也将地中海显而易见地一分为二。这似乎是毋庸置疑的。还有什么能比意大利更自然！但以前并不总是这样的。有必要看得更仔细一些。

堡垒一般的亚平宁山脉从北到南把意大利半岛一分为二，将两边沿海地区割裂开来，于是东部沿海地区有史以来一直受到东正教、伊斯兰教和黎凡特的影响，而西部沿海则受到了文艺复兴和来自北方的卡洛林王朝统治下的欧洲的影响。两边的沿海斜坡，地势和缓，又有很多天然港口，都很容易受到侵犯，因而受到了来自地中海地区的诸多影响。[1] 这对半岛的割裂无异于雪上加霜。在罗马人统治下建立帝国的驱动力，和19世纪与20世纪早期意大利在非洲和达尔马提亚建立殖民地的驱动力，归根结底，都是源自克服半岛处于地中海核心这个裸露位置所带来的不利的必要性。

西西里岛和撒丁岛是地中海两个最大的岛屿，这加剧了意大利地理环境的碎片化。而半岛地区经济发展的极端不平衡，本身

---

① 克里斯托弗·达根，《意大利简史》，第9、11页。

就是地理环境的产物。波河河谷从阿尔卑斯山延伸到意大利北部的亚得里亚海沿岸，通航条件良好，土壤肥沃，靠近欧洲中部，是意大利工商业的核心地带；在其对面，即半岛南端，气候干燥，只能从事农业，因而陷入贫困之中。[①]都灵和那不勒斯仿佛分属于两个不同的国家：一个几乎是一尘不染，有条不紊；另外一个则是混乱不堪，甚至两地的空气和阳光都不同。这些以及其他差异催生了奥地利政治家克莱门斯·冯·梅特涅亲王的惊人之语，称意大利不是一个国家，而只是一个"地理用语"。如极为优秀的意大利专家戴维·吉尔摩所说："直到18世纪末，意大利依然（只是）一个文学观念，一个抽象的概念，一种想象中的故国或是一种感伤的冲动。"[②]因此，意大利的统一或者说"意大利复兴运动"尽管也以最终成为一个覆盖半岛的国家而告终，却也是一场各地区之间的内战。

从威尼斯到的里雅斯特的路上，我穿过意大利东北角弗留利的东部，此时的我置身于意大利争取地理统一的斗争中最令人痛苦和忧伤的地带。有一部分意大利政客认为，意大利在第一次世界大战中加入协约国，完全是为了把其国界扩张到南蒂罗尔、伊松佐河谷、的里雅斯特、伊斯的利亚，尤其是达尔马提亚——这些地方都在亚得里亚海东岸，以保卫意大利西部的亚得里亚海沿岸。这次扩张的代价是令人恐怖的。英国历史学家马可·汤普森说，19世纪为谋求统一而发动的战争伤亡不到1万人，把那些领土最终并入版图的斗争却让68.9万意大利士兵付出了生命的代价，这个数字超过了奥地利和匈牙利伤亡的总数，还不包括因为

---

① 阿德里安娜·博瑟尼，《理解意大利式蔑视》。
② 戴维·吉尔摩，《意大利的追求》，第7—9、238页。

战争灾难而死亡的 60 万平民。"持久的痛苦感，"汤普森接着说，"是墨索里尼及其黑衫党能够崛起的根本原因。"①

墨索里尼及其支持者的说法是什么呢？"我们将把罗马鹰带到亚的斯亚贝巴，去开化埃塞俄比亚……我们很快就会拥有整个达尔马提亚海岸，直到希腊。"②

毫无疑问，尽管意大利的边界看起来如此浑然天成，但在此前的数个世纪中，世世代代的意大利人却并不这样认为，即便是墨索里尼走得比别人都远。而且，由于欧盟逐渐式微，地理环境不仅助长了带有民粹主义思想的国家主义的死灰复燃，而且刺激了强调区域-国家和城市-国家自治思想的产生，所以，就意大利而言，地理环境在未来可能会产生新的变化。

快到的里雅斯特时，大海倏地出现，浩瀚无际，浅浅的蓝色海面与冬日暗淡的天空融为一体，仿佛是一个遥远星球虚无朦胧的表面。风把其印记打在弯曲的松枝上，高耸入云的杨树却镇定自若地抵御着风的袭扰。

布罗代尔告诉我们，地中海是"一个海洋的组合体"。像爱琴海一样，亚得里亚海是其中最容易从地理上辨认的水域，是一个长 480 英里、宽 100 英里的海湾。它呈西北—东南走向，其轮廓与处在其西部狭长的意大利半岛相仿，是通向原奥斯曼帝国犬牙交错的东部海岸的通道。东部海岸布满礁脉和近海岛屿，参差不齐，"锯齿状交错地带极为密集"，如果能够把海岸线抻成直线，其长度有可能远远不止 2000 英里。在其南端，科孚岛和奥

---

① 马可·汤普森，《白色的战争》，第 26、28、32、381—382 页。
② 埃尔莎·M. 斯潘塞，《再见，的里雅斯特》，第 11、15 页。

特朗托海峡首当其冲，亚得里亚海最终汇入爱奥尼亚海和地中海的主体。

亚得里亚海是威尼斯帝国的心脏，被称作"海洋之国"。因为如果没有对亚得里亚海的控制，威尼斯也许永远不可能得到科孚岛、克里特岛和塞浦路斯岛，更不必说爱琴海的岛屿以及在圣地的停泊地。因为是"海洋之国"，亚得里亚海始终呈现出浓郁的意大利色彩，即便是罗马天主教在那时是一种好斗的宗教，因为信仰东正教的拜占庭人和信仰伊斯兰教的土耳其人几乎抬头可见或者就在近旁。由于威尼斯的贸易活动，黎凡特人遍布亚得里亚海，而由于热那亚和里窝那等地处意大利西海岸作为竞争对手的城邦，西欧的影响也一直存在。亚得里亚是一个种族、文化和宗教的边界地带，但同时又兼收并蓄，因此，根据吉本和布罗代尔等人的观点，这里还容纳了来自相邻的巴尔干半岛山区所谓的"野蛮人"。恰好是因为这些矛盾的存在，亚得里亚海守护着一个它特有的怪异秘密，用罗杰·克劳利那令人难以忘记的话说，其背部"绝境"提供的"月亮引力"也对这个秘密的守护起了推波助澜的作用。贺拉斯说亚得里亚海是"脾气暴躁的"和"恣意妄为的"。已故的波斯尼亚－克罗地亚学者普雷德拉格·马特维耶维奇和迈阿密大学学者多米尼克·基什内尔·雷尔则认为，亚得里亚海也是一个"亲密之海"，像红海一样封闭，因而与地中海的其他任何海域都不相同。①

---

① 费尔南德·布罗代尔，《菲利普二世时的地中海及地中海世界》，西恩·雷诺兹译自法文版，第 17、125、131—133 页。德纳姆，《亚得里亚海》，第 28 页。拉里·沃尔夫，《威尼斯与斯拉夫人》，第 1—3 页。爱德华·吉本，《罗马帝国衰亡史》，第 21 页。罗杰·克劳利，《财富之城》，第 3—4、14、118 页。贺拉斯，《颂诗及长短句集》（颂诗第 111.9 首，《和解》），第 170—171 页。多米尼克·基什内尔·雷尔，《害怕国家的国家主义者》，第 20—22 页。

到达的里雅斯特之前，我在杜伊诺城堡停了下来。环顾四周，茂盛而令人赏心悦目的地中海植被，一直延伸到海边，数不清的花朵、橡树、低矮的松林和针叶柏树相互依偎着，构成了一幅极为华丽的风景画。这是一种只有富足阶层才能够享有的景观。我走过许多雕像，登上城堡内建造的迷宫般的旋转楼梯。在二层的走廊上，我看到了17世纪和18世纪的中提琴和小提琴，都摆放在玻璃盒中的织锦上。接着我走进一间通风的画室，里面摆放着古色古香的家具。我推开一扇油漆剥落严重的门，来到一个布满鲜花并安置着花架子的阳台。往下看去，是一片连绵不断的海湾，海湾是由露出地面的岩溶石形成，上面布满了遗迹，在这里，重力自身似乎消失，因为我在俯视海湾之时也可以看到天空。目之所及，亚得里亚海真是浩瀚无边，宛若一面镜子。在另外一个方向，当冬日的暴风雨过后天空随之放晴时，阿尔卑斯山也便清晰可见。

1911和1912年之交的那个冬天，就是在这里，赖纳·玛利亚·里尔克开始了著名的《杜伊诺哀歌》的创作。其时，他以朋友玛利亚·冯·杜恩·塔克西丝－霍恩洛厄亲王夫人所邀请的客人之名待在那里。这部作品是他十多年后在瑞士完成的。有一次，在海上狂风大作时，一种突然而至、出乎意料的灵感让他萌生了创作这些哀歌的念头。即便是他当时正被一封令人忧愁的商业信函所困扰，他的确在同一天的傍晚完成了第一首哀歌的全部112个诗行的创作。里尔克在布拉格长大，之后就开始了居无定所的生活，从一个临时之家搬到另外一个，大多在意大利、法国、德国和斯堪的纳维亚，因此，他的一个译者迈克·赫尔斯说，里尔克"可以说是第一个真正（现代的）'欧洲'诗人"，因为不同国家的历史和文学都对他那敏锐洞察力的形成产生了积极影响。里尔克的《马尔特·劳里茨·布里格笔记》是一部关于城市大众社会对于自我的攻击的小说，这种攻击普遍存在，不以国家为限，在这部作品中他把写作描述为"抵挡恐惧"的一种手段。而最难以抵挡的恐惧是对于名声的恐惧，里尔克认为："公众对于正在成长中的个体的毁坏，乌合之众冲进建筑的场所，把他的石头扔得到处都是。"于是，他建议道："要充分利用没有人认识你这个事实！"在逐渐接近他的目标时，他说："人们从未把目光放在一个独处的人身上；他们只是仇视他，却对他毫不了解。"他们向他投掷石头，专注于各式各样的残暴行为，为的是分散他的注意力，打破他的独处状态。当这一切都失败后，他们就用"最后的、终极的策略"来虐待他：那就是给他名声。[1]

的确，任何被别人写过的人，即便是被给予了相当积极的评价，看到的都是他真实的自我被扭曲地、有限地呈现在字面上。公众的关注会让你疯狂。

在《第一首哀歌》中，里尔克写道：

……聆听风的声音

和从沉默中形成的无休止的信息。

它正冲着你低语不已，而它来自那些死时

---

[1] 赖纳·玛利亚·里尔克，《杜伊诺哀歌和献给奥尔弗斯的十四行诗》，斯蒂芬·米歇尔编辑并译自德文版，第 xiii 页。里尔克，《马尔特·劳里茨·布里格笔记》，迈克·赫尔斯译自德文版、编辑并撰写导语，第 xii、11、52、119—120 页。

很年轻的人。①

在《第六首哀歌》中，他写道：

英雄不知怎么紧挨着那些死时很年轻的人。

不朽与否，他并不在乎。

他一直在不断地上升，

升入飘忽不定的璀璨星空，

那里危机四伏……

但是命运，

对我们守口如瓶，

却突然灵机一动，

向他哼起了歌曲，

引领着他进入了波诡云谲的世界。

我从未听说过像他这样的人。

突然之间我肝胆俱裂，

因为他那忧郁的、随风飘荡的声音能够穿透一切。②

对于我来说，这些诗歌带来愉悦的同时也让我心情沉重。我也同样被英雄"忧郁的声音"穿透。那些死时很年轻的英雄并非抽象且高不可攀，也不是一些来自希腊和罗马神话的文学中的人物。他们是死于伊拉克的那些美国人，那本是一场不应该发生的战争，只是我太晚才明白这个道理。因为我现在依然

---

① 赖纳·玛利亚·里尔克，《杜伊诺哀歌和献给奥尔弗斯的十四行诗》，第 5 页。
② 赖纳·玛利亚·里尔克，同上，第 7 页。

活着，经历了那场战争，作为到达前线的战争报道者，所以我无法躲避，必须直面它。它始终伴随着我，使我难以欣赏眼前的美景以及我所体验到的其他任何景色，一再把我的精力聚焦于过去带给我们的教训上。我的这些苦心反思肯定会伴我终生。这么多年来，这些思索一天也没有离开过我的心头，我的思维方式也因此而被塑造。

诗歌，与所有的文学一样，不仅应当带给人灵感，还应当带给人忧虑。这是一项严肃的事业。正是通过良心的谴责和羞耻之心的煎熬，我才最终认识到诗歌是多么严肃。知识起始于刻骨铭心的创伤。特瑞西阿斯和俄狄浦斯只有在双目失明后才真正能够看到真相，才最终摆脱了幻觉的困扰。[①]

进入我在的里雅斯特所住旅馆拥挤的前厅时，已是那个阴沉冬日下午的黄昏时分。旅馆的装饰风格是一个私人俱乐部模样，入住的旅客平均年龄应当是 70 岁。迎面而来的是所镶木地板上铺着的紫红色地毯，很多厚重的坐垫和织锦窗帘，镀金的相框，青铜雕塑和古典版画。墙壁是暖黄色。游客们早已离去。在 2016 年，的里雅斯特尚未被旅游业发现。我在威尼斯与太太道别，因为我还要继续我的旅程。

在旅馆里能够看到一个巨大的广场，周围是奥匈帝国遗留下来的新古典主义风格的建筑杰作，喷涂成了各种深浅不一的土色。我冒着刚刚开始下的雨走过这片平坦的、灯光明亮的开阔地，走进了一家咖啡馆。这家咖啡馆像极了维也纳和布达佩斯的咖啡馆，却有着罗马式声情并茂的语言，而且这里的酥皮点心非常多，急

---

① 关于我为什么支持伊拉克战争的解释，请参阅我所写的《在欧洲的阴影下》，第 21—23 页。

促而轻微的交谈声不时出现，很多人在看搁在木架上的报纸。一个非洲侍者在巨大的陈列柜、金色皮沙发和舒适的木桌椅之间灵巧地穿梭着。灯光照射在厚重的窗帘上，驱赶着愈益浓密的夜色。的里雅斯特是典型的中欧风格，但又显现出意大利风味的全球特色。

第二天早上，此地特有的干冷东北风起劲地吹着、咆哮着，毫无停歇的迹象。大海从最为浅淡的蓝色变为最为深沉的墨色，间或有波浪翻滚而来。纯洁无瑕的奥地利式风貌未曾断绝。窗户，建筑物外观，我所见到的每一处景致，塞尔维亚东正教圣斯皮里顿教堂的圣像屏帷，甚至是早上运输卡车的轮子底部，都呈现出一种近乎极致的洁净。涂鸦几乎无迹可寻。中欧让我既感受到了一种胸怀全球的开阔，又感受到了一种深刻的亲切。

我到达了大运河。景致极为平整，取景拍照也变得容易。大运河是一片狭窄、笔直的水域，充盈着耀眼的翡翠绿，两边排列着小船和坚固的19世纪建筑物，运河起于大海，止于19世纪新古典主义风格的新圣安东尼教堂（又称"创造奇迹的地方"），一个能够让人感觉光明和清澈的地方，代表着希腊和罗马对西方的慷慨馈赠。在我看来，大运河、光滑的爱奥尼亚立柱、圆顶、布满咖啡馆的街道，给人的感觉就像是整个世界跨越民族的文明汇聚一堂。的里雅斯特是一个丝毫也不凌乱的城市。它就像是一个沙龙，一个没有陌生人的地方，仿佛大家彼此相识。威尼斯是一个物质主义浓郁的城市，而的里雅斯特则像是一个深孚众望的老贵族，是一个有深色羊毛、百叶窗和巨额银行存款的城市，在这里，明亮闪耀的只有圣诞树上的灯光，而那些灯光令主广场更为醒目：这是一种弥漫在整个城市的自豪，战胜了冬日的阴暗。

我穿过新圣安东尼教堂门前那条狭窄的街道，走进北极星咖啡馆，要了双份浓缩咖啡。我得知，这是地中海地区咖啡贸易规模最大的港口。咖啡馆里充满了衣着入时的人，他们站在摆放着烈酒、巧克力和古巴雪茄的玻璃货架前。后来我才知道，这也是詹姆斯·乔伊斯尤其喜欢光顾的地方，他就是在这里给其兄弟斯坦尼斯劳斯朗读《青年艺术家的肖像》开头那几页文字的。[①]

我的行程现在开始改变风格。在的里雅斯特，沉默开始让位给交谈，而且在这之后的旅程中，谈话的强度和频率都会逐渐加强。正是身处的里雅斯特这个民族和地缘政治的断层带之时，我才发现，做一个博学的、睿智的游客是不够的，我必须与人们交谈。

那天晚上，一个谢顶的、头发花白的男人出现在我住的旅馆。他衣着光鲜，穿着一件竖条衬衣，系着一条丝质领带，两眼炯炯有神，似乎看到了一件伟大的艺术作品。我们在旁边一个有着淡黄色灯光和壁纸的房间内坐下，那里很是安静，播放着1950年代的舒缓乐曲，说话的声音只需稍稍盖过音乐的声音就可以。

马里奥·诺迪欧是一名退休的新闻记者，报道国际新闻的时间长达四十年。他可爱的、讲德语的妻子露丝-玛丽·波隆佳瑟尔和他在一起，也是一名退休的新闻记者，曾经报道过1980年代苏联在阿富汗的战争。马里奥还曾短暂为意大利骑兵部队的一个情报部门工作过，向他在罗马的上司通报有关附近山峰、小山丘、河流等的情况，因为在冷战时期，意大利与南斯拉夫的边界离这里仅有几英里远。"我是阿登纳的一个精神之子，因为从我

---

① 伦佐·S.克莱维利，《詹姆斯·乔伊斯》，第48、126、173、216页。《詹姆斯·乔伊斯的的里雅斯特》，见的里雅斯特市宣传册。

很年轻的时候，他就对哈布斯堡帝国抱有深刻的同情，"他在介绍自己的政治价值观时告诉我说，"为了震慑威尼斯，的里雅斯特投靠了哈布斯堡的奥地利，以为威尼斯是一个竞争对手。"他叙述的欧洲从头到尾都是地区和帝国的名字：伦巴第–威尼西亚、伊斯特里亚、弗留利、施蒂利亚和卡林西亚；威尼斯、哈布斯堡和普鲁士。是的，跟马里奥在一起，我得打破沉默，好好交谈了：我意识到，这是我不太容易实现的理想。我的旅程从此要大有不同了。

后来，我们三人又换到了附近另外一家酒店，那里有普西哥和弗留利白葡萄酒以及大量的贝类海鲜。

"的里雅斯特，"他说，"在宏伟的蓝图下，始终非常兴旺：当然，这里指的是哈布斯堡，因为维也纳看到了为其商业而建设一个大港口的必要性。①然后就有了1930年代意大利的东方政策，也给我们带来实惠。那套政策一直持续到1938年，突然，墨索里尼，就在这家旅馆附近的那个大广场上，"他指了一下，"庆祝他与希特勒建立同盟，并首次宣布反对犹太人的法律。毕竟，在1920年代，墨索里尼在西方还是很有影响的，和温斯顿·丘吉尔一样有影响，丝毫也不比他差。"

"或像萨拉查一样被铭记。"我插话说。

"不！萨拉查就像是一个修道士。他是一个思想者，比佛朗哥或墨索里尼都要严肃得多。葡萄牙地理位置上的隔绝状态，使得萨拉查能够对帝国和社团主义国家抱有一种神秘的看法。离开帝国，萨拉查无法想象葡萄牙的状况。"

---

① 普拉在伊斯特里亚半岛南部，是奥地利的海军基地。

关于墨索里尼和萨拉查，我有很多话可以说但我还是让他一直说下去。记者脑子里总是有很多问题，游客在放弃自己的某种东西之后就只好洗耳恭听了。

"是哈布斯堡人给了塞尔维亚人、希腊人、犹太人和其他人在这里定居的权利。当意大利人占据的城区与其外围的新移民区融为一体时，那才是具有大都市风格的的里雅斯特的真正诞生。其实，的里雅斯特现在已经比较缺少大都市风范了，因为在冷战期间，这个城市的居民不断搬走，取而代之的是来自伊斯特里亚的意大利人——我指的是，来自原海上帝国的那些真正的威尼斯人。这里的塞尔维亚族群，"他接着说，眼睛稍稍扫视了一下周围，"始终很富裕，也始终反对铁托。它是一个由商人组成的群体，你看一看他们的教堂那讲究的状况就能明白这一点！因为与近邻的斯洛文尼亚和克罗地亚相比，塞尔维亚离的里雅斯特相当遥远，所以它始终就没被看作是一个多大的威胁。当然，在地缘政治学中，邻近的国家才是你最需要提防的国家。"

他接着说，"我们是一个真正被孤立的地区，事实上被斯拉夫人包围着。请别忘记，因为我们紧靠着共产主义的南斯拉夫，同盟国在这里的驻扎一直到1954年才结束。是的，在冷战时期，这里是意大利唯一没有反美示威的地域，因为我们感受到了威胁，但意大利其他地方则没有感受到这种威胁。"

"这里最为突出的民族紧张局势，"为了强调要表达的意思，他紧盯着我的眼睛说，"发生在意大利人和斯洛文尼亚人之间，我们这里有斯洛文尼亚人，边界那边也有。意大利自身民族觉醒之后的数十年，哈布斯堡帝国内部也出现了斯拉夫民族的觉醒，这个事实使得民族紧张局势进一步恶化，于是，我们意大利人，在刚刚具有了民族意识之后，突然感受到来自斯洛文尼亚人的威胁，因为他们也具有了民族意识。但是，由于斯洛文尼亚在最近加入了北约和欧盟，两个族群关系的正常化开始了。的里雅斯特当地人的意识始终既属于欧洲又属于意大利，斯洛文尼亚加入欧盟（特别是三年后，即2007年加入《申根协定》的这个事实），进一步强化了我们性格中的包容性。"

根据他的讲述，历史取决于细微的因素、举足轻重的选择和同时存在的不同趋势，但又始终受制于区域势力和经济力量所造成的压力：宿命和人构成的令人难以捉摸的组合。他接着提到，的里雅斯特港口，是跨阿尔卑斯山石油管道的起点，它把船运而来的中东石油输送到巴伐利亚和奥地利的部分地区。的里雅斯特仍然是中欧的港口而且还是土耳其集装箱货运的主要枢纽，其吞吐能力在21世纪可能会继续提升。"但是我对德国持怀疑态度，"他说，"波罗的海和北极地区的居民也是这样。文化会影响地缘政治。是的，普鲁士与俄国打过仗，但他们有共同之处，都有普鲁士族裔的沙皇式指挥官。因此，还不清楚德国会往什么方向走，特别是当美国的投入已经减弱的时候。"

"哦，是的，"他理了理思路，"要是哈布斯堡人在1866年的哥尼格拉兹战役中打败俾斯麦就好了。那么，中欧的统治中心就会是维也纳而不是柏林。那么，就不会有第一次世界大战，也不会有希特勒！"

我插话说《弄臣》正在当地一家剧院上演。他告诉我说，这里的剧院是由一个在苏伊士运河贸易中赚了钱的科普特人的家族建造的，是在1869年运河开通之后，而运河的开通拉近了的里雅斯特港与中东及亚洲的距离。

那些描述的里雅斯特的人经常会引用夏多布里昂粗率的话语："文明最后的气息在这个海岸断绝，野蛮从这里粉墨登场。"①把邻近的奥斯曼帝国——奥斯曼帝国本身就是一种兼收并蓄的文明——称作野蛮的，当然是完全错误的，是自己所属文化优越感的一种反映。但夏多布里昂的话也有一定的道理，因为的里雅斯特是一个断层带的标志。这个城市容纳了来自西方的罗马人，来自东方的拜占庭人，哥特人，威尼斯人，拿破仑帝国，庞杂的多民族哈布斯堡帝国，意大利，纳粹德国，南斯拉夫以及1954年之后的意大利。最后的那次移交花费了数年的外交争吵，似乎是为了确认的里雅斯特的特殊位置——处在一块既可以放进意大利也可以放进南斯拉夫的岬角地域上，而这恰好构成了它在地图上位置并不稳定的证明。20世纪中期的美国记者约翰·冈瑟指出，在1913至1948年之间，的里雅斯特至少有五次被不同势力占领的经历。②1945年5月同盟国与南斯拉夫共产主义武装为争夺的里雅斯特的控制权而进行的斗争，很可能是冷战时期第一次重要的对峙，或许为杜鲁门总统应对后来的柏林封锁以及朝鲜战争的危机提供了一个"基准点"。③

的里雅斯特不仅标志着拉丁世界与斯拉夫世界之间的分界线，还标志着拉丁世界与日耳曼世界之间的分界线。事实上，这个由意大利人、日耳曼人、奥地利人、斯洛文尼亚人、克罗地亚人、塞尔维亚人、希腊人、亚美尼亚人、犹太人等组成的城市，显示

---

① 尼尔·肯特，《的里雅斯特》，第1页。
② 约翰·冈瑟，《铁幕之后》，第18页。
③ 帕米拉·巴林杰，《流放的历史》，第86—87页。

出中欧的特点，再加上其难以匹敌的包容性，其气象愈发宏阔，形成了一种国际性文明。如果说这个新古典主义的、功利主义的、充满商业气息的城市具有某种突出的文化特征或精神，那很可能属于奥地利哈布斯堡人，因为在 1392 至 1918 年之间，除了拿破仑短暂占领之外，是他们一直统治着这个地方。

　　的里雅斯特的确能够让你把帝国的观念印刻于心。我参观了米拉马尔城堡，城堡就在城市北部，其窗户都设计成舷窗的样子，是由弗朗茨·约瑟夫的弟弟马克西米利安建造的，而前者坚信，哈布斯堡人除了控制亚得里亚海别无选择。[1] 它是帝国幻觉的一个纪念碑，其深色的木料和红缎饰物三面都被广袤的地中海海景包围，仿佛这个城堡已经有效地利用了这个有更多阳光的异域环境，尽管它离首都维也纳很遥远。马克西米利安深信，自由改革是保持和维护帝国的手段，但他却偏偏命中注定不得不远离故土，于 1864 年去墨西哥当新任皇帝——他的妻子也鼓励他远行，结果却是三年之后被当地的革命者处死，他隐秘而悲剧性的帝国幻想也无疾而终。

　　的里雅斯特让历史学家和游记作家简·莫里斯"痛苦地想起所有帝国的消亡，而所谓帝国往往指的是那些充满诱惑的关于永恒的幻觉，那些傲慢自大的纪念碑，有好有坏"。因为，顾名思义，帝国是跨越国家和民族的，所以，只有当帝国垮塌之时，"种族过度狂热"才会露头。1919 年意大利人从哈布斯堡人手中夺得的里雅斯特时，他们关闭了斯洛文尼亚人的学校，纵容针对斯拉

---

[1] 蒂莫西·斯奈德，《红色王子》，第 31 页。

夫人的暴力行为。南斯拉夫人1945年到达这个城市的时候,他们让斯洛文尼亚人的学校复校,迫使意大利人改换姓名。1946年,莫里斯第一次到达的里雅斯特时,仍"痛苦地怀念"那个有凝聚力的、"被细心呵护的"欧洲,并把这个城市看作是"那个理想的魂灵"。但是,"民族-国家的错误激情,"莫里斯接着说,"让我思绪中的欧洲成为一个不伦不类的怪物。"

然而,历史并没有结束。如莫里斯在晚年所说:"总有一天,国籍这个观念本身,会像朝代战争或神圣王权一样,变得令人陌生,匪夷所思……只是古代文物研究者或倒行逆施社会的一种癖好。"[1]

的确如此。的里雅斯特港口很快就将与杜伊斯堡港签订合约,杜伊斯堡是世界上最大的内陆港,地处德国西部莱茵河与鲁尔河的交汇处,签约的目的是提升新丝绸之路的贸易额。的里雅斯特将通过杜伊斯堡而获得通往北部丝绸之路的 陆路通道,而丝绸之路的另外一端则是太平洋;杜伊斯堡则将通过的里雅斯特而获得通往南部海上丝绸之路的海路通道,而海上丝绸之路贯穿苏伊士运河和印度洋。一个后现代的跨国帝国体系有可能重新出现,的里雅斯特也被容纳在内。几个月之后,我从一位朋友那里得到相关信息,主要是探讨"俄罗斯、美国和中欧在这个港口竞相建立基地的情况——这是玛利亚·特蕾莎之后这个港口拥有的第二个重要的机会",也正是在她统治期间,的里雅斯特才成为一个蓬勃发展的多民族中心。

---

[1] 简·莫里斯,《的里雅斯特与乌有之乡的意义》,第39、115、121—123、132页。

我所知道的最为博学的游记著作，克劳迪欧·马格里斯的《多瑙河：中欧的山川、历史与文化巡礼》，其精神指引就是的里雅斯特。多瑙河边的每一个地点——马格里斯看到的小山边的每一个巴洛克式圆顶——都为他这个出生在的里雅斯特的学者提供了一个机会，任由他在纸上挥洒其饱学一生所积累的知识。1998 年在日内瓦购买此书之后，我就对它痴迷不已。马格里斯关于中欧的认真思索成为探索这座城市精神的门径。像对待我钦佩的其他作家一样，我想我永远也不会主动去和他见面——因为那会破坏他对我产生的巨大魅力。我只想通过他慎重写下的那些精确文字来认识他。然而，出乎预料的是，我将违背对自己的承诺，一个自首次遇到《多瑙河》之后信守了 18 年的承诺。

马格里斯写道，莱茵河"是齐格弗里德，是一个日耳曼式的卓越与纯粹、尼伯龙根的忠诚、骑士的勇猛等品质的象征"，而多瑙河则"是潘诺尼亚，是阿提拉王国，是东部的亚洲潮汐"。更为突出的是，莱茵河关涉的是一个种族的纯粹性；而多瑙河由于它与奥地利哈布斯堡帝国的联系，唤起的是一种超越民族的"跨国文化"。如此一来，德语这种语言就始终保持着一种"蕴含"普世价值的可能性。这种奥地利式的思想倾向既有帝国的傲慢，也有世界主义的包容，尽管是植根于一种独特的地理环境，却也"在承认后现代主义的不可避免性"的同时，认识到了它所特有的"愚蠢的荒谬"。马格里斯用抽象概念对他的读者进行挑战并非难事，但这本书的美也正在于此。该书是一次大胆的实验，把游记写成了更高境界的内省，让人只有欣羡的份儿。

多瑙河的地理环境使马格里斯有了这样的反思："生活，"借用克尔凯郭尔的话说，"只有在回望的时候才能够被理解，尽管真正生活之时只能向前看。"马格里斯就这样开启了踏入现代历史最为黑暗区域的旅程。[①]

在德国的梅斯基希，他发现了一块标注着马丁·海德格尔童年故居的牌子。海德格尔是20世纪伟大的哲学家之一，也是一个死心塌地的纳粹分子。马格里斯把海德格尔和大屠杀的运作者阿道夫·艾希曼联系在一起。他解释说，二人都缺乏把冰冷、抽象的统计数字想象成真实存在的人的独特能力。而这与马格里斯本人的对照最具说服力。这本书天衣无缝地把地理环境和人格特征的细节编织成富有说服力的抽象概念，即便是这些抽象概念本身又反过来指向真实的事件和人物。"在乌尔姆，"他告诉我们说，"日耳曼人的本性像花朵一样盛开。汉斯与苏菲这对兄妹于1943年在这里被捕、审判和处决。"因为他们有过反对纳粹政权的举动。

当地的一所大学以他们的名字而命名。"他们的故事是一个展示精神与蛮横对峙的例证。"马格里斯这样说道。他引用历史学家戈罗·曼的描述，告诉我们这对兄妹如何仅仅凭借"赤手空拳"和一台"复印机"抗衡周围的所有人和事。如苏菲在被处决之前所说，他们很年轻，他们不想死，让他们放弃如此美好的年华对于他们的诱惑，是很痛苦的。[②]

乌尔姆也是"日耳曼神圣罗马帝国民族主义的核心，是建立在习惯法基础上的古老德国的核心，而习惯法承认历史的传统与差异，反对任何中央集权，反对各种形式的国家干预"。他在提

① 克劳迪欧·马格里斯，《多瑙河》，帕特里克·克雷译自意大利文版，第29、31—32、36、41页。罗伯特·D.卡普兰，《博学的全球展示》。
② 克劳迪欧·马格里斯，《多瑙河》，第70页。

到这一点时带有一丝怀恋不舍的情调。多瑙河的地理环境就是具有如此的魅力，令人想起它与一个传统的，甚至是浪漫的世界之间千丝万缕的联系，即便在他看来，这个世界已被现代性的可怕鬼魂所破坏，而这种破坏从拿破仑开始一路延续到希特勒。然而，复杂的后果让他感到陶醉：在审视英戈尔施塔特附近那些古罗马边界线或边界石时，他认为，帝国关于普世性的种种抱负，一直都是"一种控制欲的面具"，连带其所有可怕的事物，远在现代性之前，就已粉墨登场。①

大屠杀造成的阴影玷污了多瑙河地区的巴洛克式和哥特式的辉煌，从而使马格里斯的这篇游记具有了一种道义的力量。毕竟，马格里斯来自德国的金茨堡，而奥斯威辛集中营的医师——虐人恶魔约瑟夫·门格勒就出生在金茨堡那"整齐而友好的街道上"；正如艾希曼曾在巴伐利亚温德堡的一个修道院接受了一周的精神休养一样，"大屠杀的刽子手十分热爱冥想"。这篇游记的主旨既不是为了骇人听闻，也不是为了获得赞赏，而是为了说明原委。门格勒的心灵是"一个令人莫名其妙之物的大杂烩"，因为他在实施"庸俗之恶"。

马格里斯所描述的是一个完整中欧，尽管柏林墙的倒塌仍然是远在未来的事情——《多瑙河》在那个事件发生前数年就已出版，而该书的酝酿则在此前很多年就已开始。这是一部倾注了马格里斯全部心血的著作，写作此书时他正处在从地区专家转变为百科全书式学者的边缘。该书在字里行间都浸透着关于后冷战时期的想象，尽管如此，它仍然折射出 1970 年代和 1980 年代早

---

① 克劳迪欧·马格里斯，《多瑙河》，第 67、97—98 页。

期业已消失的共产主义的很多微妙之处，而我当记者的时候对此相当熟悉：1968 年的布拉格之春后，斯洛伐克人的命运何以比捷克人略好一些？在冷战的最后数十年，匈牙利国内政治的缓和何以允许有更为自由的氛围，以至于其政府当局竟然想忘掉政治？

艰难的旅程仍在继续。在多瑙河进入巴伐利亚和罗马尼亚地区时，马格里斯解释了讲斯拉夫语的保加利亚人身上的色雷斯和土耳其血统，以及拜占庭传统渗透罗马尼亚民间艺术的方式。来到黑海附近观察，多瑙河四分五裂，"就像是打碎的酒器中喷洒出来的红酒，如诗歌中所说，就像是从战车上摔下来的受伤的英雄"。[1] 这便是旅行的艺术所在：用沉思取代对话，因为最深刻的旅程本质上是内在的。马格里斯的整本书，他对于中欧的芜杂阐述，根植于他的故乡的里雅斯特的精神。

詹姆斯·乔伊斯于 1905 至 1915 年生活在的里雅斯特，以当英语教师勉强维持生计，先后在该市的新城区居住着若干套脏乱差的公寓房，而那时正是的里雅斯特为奥地利控制的最后几十年。在这里，他写下了《都柏林人》的大部分和《青年艺术家的肖像》的全部，并构思了《尤利西斯》的梗概。换言之，的里雅斯特是乔伊斯成为可谓 20 世纪最伟大的英文作家的地方，尽管要等到数十年之后才有人意识到这一点。乔伊斯把的里雅斯特称作"欧洲萃取机"，这个城市及其通晓多种语言的多民族居民，为乔伊斯酝酿其世界主义文学提供了灵感。[2] 当然，灵感并不等于幸福，对乔伊斯来说，这是极为糟糕的、充满挫败的十年。整整十年，

---

① 克劳迪欧·马格里斯，《多瑙河》，第 386 页。
② 简·莫里斯，《的里雅斯特与乌有之乡的意义》，第 99 页。

他都要面对无穷无尽的贫穷和沮丧，以及因连续数年都找不到愿意接受《都柏林人》的出版商所引起的难以遏制的愤懑和自我怀疑。这是一个看不到希望、濒临饥饿和重度酗酒的时期，在此期间他还数次遭受风湿热的重创。他的妻子诺拉·巴纳克尔尽管爱他，却并不理解他和他的所作所为。有一次盛怒之下，他把《青年艺术家的肖像》的手稿扔进了火炉，幸亏他的妹妹艾琳眼疾手快，把它抢救了回来。

在1913年，即乔伊斯在的里雅斯特经历了长达八年苦不堪言的写作生涯之后，才收到了一封埃兹拉·庞德写来的信。庞德从叶芝那里听说了乔伊斯的情况，就主动表示要以任何可能的方式帮助他。第二年，通过庞德的间接支持，乔伊斯为《都柏林人》找到了一个出版商——这花费了将近十年的时间。庞德道义上和精神上的支持被证明对于乔伊斯具有至关重要的作用，他振作了起来，完成了《青年艺术家的肖像》，并开始了《尤利西斯》的创作。乔伊斯似乎在回顾的里雅斯特的生活时更能够感受到幸福，因为他是这样评论那段生活的："奥匈皇帝马马虎虎的统治"要比"民主的乌托邦"更好受一些。[①]

尽管是在的里雅斯特获得了灵感，乔伊斯内心却从未忘却爱尔兰。他始终牢记着他的童年记忆，但又以一种客观视角来描述爱尔兰，这得益于的里雅斯特兼容并包的世界主义。乔伊斯的传记作家理查德·埃尔曼指出："对于他来说，写作本身就是一种流放，是客观超然的一个源头。"[②]

---

① 理查德·埃尔曼，《詹姆斯·乔伊斯》，第355、389页。
② 理查德·埃尔曼，《詹姆斯·乔伊斯》，第110页。威尔逊，《阿克塞尔的城堡》，第217页。

《都柏林人》叙述紧凑，用词精准。小说中的故事既很精彩又具有数学之美，还附有街道和广场的名字。显然，的里雅斯特帮助乔伊斯以一种放大镜般的目光来审视爱尔兰：沾满鼻烟污渍的牧师服装，黄昏时灿烂的天空，布满灰尘的网眼织物，牛肉汤，竖琴发出的尖细声音，如同"被照亮的珍珠"一般的灯。[1]

　　乔伊斯的传记作家埃尔曼这样说：

　　他的作品中能够展示其判断力最初的，也是最具有决定性的行为，就是为寻常事物寻找理由。其他作家不遗余力地去刻画寻常事物，但是，在乔伊斯开始写作之前，没有人真正知道寻常事物是什么。在托尔斯泰的笔下，人物不论多么低微，都过着波澜壮阔的生活，相互之间导引智慧或造成悲剧，因而丝毫也不存在乔伊斯所描写的寻常之物。乔伊斯首次赋予城市里无足轻重的人英雄般的价值。[2]

　　《都柏林人》以及书中令人忧伤的故事来源于真实人物与虚构人物、普通人与超常之人的融合。我们都知道，书中的最后一个故事是《死者》，要比其他的故事长很多。它用长达数十页的篇幅描述了1904年1月初举行的一个宴会。赴宴者充满温情和关切，食物——鹅、布丁、葡萄干、烈性黑啤酒——堆积如山，几乎要贴到枝形吊灯上，谈话的内容五花八门，不时被质疑打断，所有的宴会大致都是如此。这就是生活，人活着无非就是这么回事，时不时聚在一起，吃吃喝喝聊聊天。故事通篇洋溢着亲密和

---

① 詹姆斯·乔伊斯，《都柏林人》，第47页。
② 理查德·埃尔曼，《詹姆斯·乔伊斯》，第5页。

舒适，对于爱尔兰的热爱是其他故事所没有的，仿佛乔伊斯心中对于自己被流放的芥蒂已经涣然冰释。唯一挥之不去的疑惑是主人翁的妻子。她那冷淡的情绪背后到底是什么呢？但是，先暂且把这个问题放在一边吧。接着，当两个人在宴会之后独处时，就像是令人激动的、突然而至的启示，关于死去的、得到其妻子的爱的年轻人的真相都被揭示出来。这个故事突然具有了犹如宇宙般深广的全景式意义。从在全年最为短暂的一夜举行的宴会上所展现出来的人们之间的亲密关系之中，你突然看到爱尔兰的全貌和生与死的真相呈现在眼前。

我初次阅读《死者》时二十五六岁，没有人告诉我要对故事的结局有个心理准备。我从来没有听说过这个故事。那是一个我略有顿悟的时刻——乔伊斯几句简单而令人感动的话就让我明白，我对文学和生活是多么无知。知道自己是无知的，是走向成熟的开始。我对于当时在耶路撒冷生活的许多情况的记忆，远不如我对那天晚上躺在床上读完这个故事那一时刻的记忆深刻。

或许，我从《青年艺术家的肖像》中得到的感悟更多一些。只有读到平装本第 64 页的时候，我才突然明白了前面所有内容的意思，因为主人翁本人突然意识到他，斯蒂芬，"跟别人是不一样的"。这是因为，感受越深，就会越寂寞。斯蒂芬只有在远离他的同学们那"听起来很空旷的"声音时才感觉到幸福，即便是他们正处在一场真正的民族复兴运动的关键时刻。因此，就坚持个体相对于群体的神圣性而言，乔伊斯正是通过这种方式得到了人们的承认。而且，只有当对于自己的个体性意识实现之后，你才能够觉察到人类激情的真相。当然，这是浪漫主义运动的精

155

髓，而在浪漫主义运动中，每一个个体在某种意义上说都是一个叛逆者。由于与群体保持分离状态，斯蒂芬领会到了某些重要的意义。他宣称，不道德的艺术引发"躁动的"激情，鼓动人们去厌恶、攫取和占有，而道德的艺术则引发"宁静的"激情，即对于审美之价值的充分认识，能够使人超越行动和诱惑而进入更高的境界。这些理智的探索最终可以归结为一种既平淡又深刻的领悟——只有母爱才是"真实的"，与之相比，每一种观念和志向，都不过是玩乐而已。[①] 能够明白这个道理，能够清醒地明白这个道理，是在通往觉醒之路上的又一飞跃。

乔伊斯对我的影响大过我那时拥有的大部分朋友。

乔伊斯敦促人们在群体中审视个体，并赋予个体神话英雄般品质的做法，与他从一个爱尔兰人转变为一个欧洲人的历程是一脉相承的。成为一个欧洲人，就是成为一个世界主义者，因而也就摆脱了宗教、民族以及其他形式群体特征的束缚。这一过程在《尤利西斯》中达到了巅峰，这得益于荷马，也得益于但丁，更不必说得益于《旧约》、亚里士多德、弥尔顿、莎士比亚以及其他许多人。小说的主人翁利奥波德·布鲁姆是一个完完全全的普通人，他的文化品味既平庸又靠不住，"是一个纯粹的外行"，内心充满了淫秽的性冲动，脑子里充斥着诸如犹太人、女人、广告业等杂乱事物。布鲁姆是内在于人的这样一个完整的星际宇宙，通过他的声音，乔伊斯发出了他关于存在的最为深刻的人道主义宣言。布鲁姆是一个很温和的人，甚至到了过分的程度。他几乎总是看到事物的两面性，总是犹豫不决，难以做出判断：

---

① 詹姆斯·乔伊斯，《青年艺术家的肖像》，第65、84、205、242页。威尔逊，《阿克塞尔的城堡》，第4—6页。

在乔伊斯看来，这个特征使他成为永恒。通过布鲁姆，乔伊斯对排犹主义和人类境况等所有使历史成为"噩梦"的事情都感到悲痛，而且认为，解决所有这一切问题的答案即在于，宣示人作为一个理性的存在，一个不向命运低头的存在的力量。[①]

乔伊斯在的里雅斯特有一个学生叫埃托雷·施密茨，是一个事业成功的中年人，他出生于斯瓦比亚（Swabia），经营着一家船体防腐漆公司。这个犹太人的父亲是一个匈牙利人，与《尤利西斯》中的布鲁姆一样。因受到了乔伊斯的启发，施密茨成为的里雅斯特前所未有的一名现代主义者和这个城市的文化名人。他以伊塔洛·斯韦沃（Italo Svevo，意为"意大利斯瓦比亚人"）的名义发表的意大利文小说《芝诺的忏悔》于1923年问世，作品以冰冷强硬的审美和记忆的随意折射为特色，几乎获得了被狂热崇拜的地位。《芝诺的忏悔》读起来不像是一个梦，而像是在难以控制地复述梦境，信马由缰的念头左右了叙述的行为，充斥着滑稽而毫无头绪的荒诞。"在拥挤的卡瓦纳大道上，"施密茨写道，"我明白道理的速度快于我独自待在书房里。"这是一种罕见的自述，一种甚至还没有考虑周详的叙述，因为文中对卡瓦纳大道没有进行过描述。

该书是一部完全描述内在世界的小说，几乎既看不到地理环境的描述，也看不到城市风光的描述，因此，反过来说，它是关于某种感受能力的一种精确表达，而这样一种感受能力同时具有全球视野。芝诺·科思尼接受精神分析是为了改掉吸烟的习惯。他是一个疑心病患者，向三个姐妹求婚，而其中的一个竟然接受

① 詹姆斯·乔伊斯，《尤利西斯》，第34、661页。

了他。他被迫结婚，因为他无法面对不确定性。然而他的婚姻——唉，倒是治好了他的忧郁——却以不忠收场，因为他的意中人最终左右了他有意识的生命。他还发现很难和父亲交流，尽管他后来因为父亲的死而遭受了沉重的打击。该书框架清晰，轮廓鲜明，极像是一个患者的独白。书中还充斥着关于手术室临床氛围的描述，从头到尾都飘荡着弗洛伊德和维也纳的味道，芝诺生活环境的荒谬至极会让你忍俊不禁，爆笑不已。

亨利·詹姆斯是一个不知疲倦的现代主义先驱，用他对意识的微妙诠释探索了内在生活的表层，而斯韦沃则纵身一跃，跳进了意识的深处，与意识充满焦虑的、魔怔乖戾的各个方面搏斗，意识如他所说，就像拿破仑的一生那样汹涌澎湃，难有止息。詹姆斯代表的是旧世界，其自然而然的优雅显现出的是一种完成了的文化；斯韦沃代表的则是某种粗陋的、格格不入的东西，就像是现代艺术或极简主义家具。归根结底，身体的痛苦源自有罪的良心，这就是现在的世界。在这样的世界上，孤独的心灵岿然站立，与资产阶级生活的稳定状态对峙：这如果不像斯特拉文斯基的《春之祭》（编舞设计于1913年在巴黎完成）那样，是第一次世界大战那样规模的文明崩溃的前奏，那么，它至少是对于这样一种结局的及早反思。事实上，在该书结尾，斯韦沃说，因为技术弱化了人的身体功能，作为补偿，人类必定会变得更加邪恶和狡诈，其结果就是导致人世的毁灭。这无异于明白无误的预言。

借用克劳迪欧·马格里斯的话来说，亚得里亚海北部是"威尼斯式的轻浮"被"中欧式的严肃"冲淡的地方。在的里雅斯特，"没有人相信这样的幻觉，即认为从来没有人犯下过原罪，生活是纯洁无邪的"。这里存在着一种具有忧患意识的、求真务实的心态。事实上，在的里雅斯特附近的圣萨巴，从1943至1945年，纳粹掌管着意大利唯一的灭绝设施，成千上万的犹太人和其他人被杀死，超过25000人被驱赶到布痕瓦尔德、达豪、奥斯维辛和其他集中营。[①]

的里雅斯特一直是一个民族政治的实验室，罗伯特·穆齐尔在其小说《没有个性的人》中以外科医生的手法令人信服地对此进行了剖析，尽管通常人们并不是公开这样称呼它。如他所解释的那样，类似汉萨同盟的"处在地中海的汉堡"，是奥地利哈布斯堡帝国的一部分，但其内心却属于意大利。皇帝生日那天，除了办公大楼和兵营，其他地方"一面旗子也看不到"，但在意大利国王过生日那一天，每一名职员都会在扣眼上别上一朵鲜花。然而，维也纳对此毫无办法，因为害怕被"指控搞日耳曼化……毕竟，我们不是普鲁士人！"穆齐尔笔下的一个人物喊道。另一方面，庞大的斯拉夫中下阶层"强烈质疑意大利上层阶级所钟爱的把这个城市看作是意大利自己的财产的权利"。尽管如此，如果外面有了传言，说"如果我们在搞日耳曼化，那么，斯洛文尼亚人立刻就会与意大利人站在一起"，即使他们并不愿意这样做。因为真正对哈布斯堡帝国内部和平造成威胁的，往往是奥地利人自己。[②]帝国是民族渊源之间的一场针锋相对的谈判，其最终结果往往是对各种争取更大政治自由的斗争难以掌控。具有讽刺意

---

① 克劳迪欧·马格里斯，《微观宇宙》，伊恩·哈利迪译自意大利文版，第12、155、200、249页。
② 罗伯特·穆齐尔，《没有个性的人》，第913、918页。

味的是，那些取代奥匈帝国的单一民族的现代国家，反倒不如他们削弱的那个帝国对少数民族具有包容精神，而且这种情况并不少见。

"我感觉与中欧特别亲近。我是一个新教教徒。我的家族拥有匈牙利和罗马尼亚血统。我的祖母有一半日耳曼血统，我母亲的祖父来自普拉，在伊斯特里亚南边。"瘦削，衣着雅致，头发银白，蓝灰色的眼睛炯炯有神，喝咖啡的样子与他手里拿着的可多次使用的小型咖啡杯非常吻合。此人是利嘉多·艾莱，是一个咖啡制造商家族的子弟，在 1990 年代中期曾担任过的里雅斯特市长，也到我住的旅馆来见我。

再一次，我仍旧是洗耳恭听。

"请记住，作为帝国的种族大熔炉之地，我们这里非常繁荣，允许使用地方语言，我们的领土从地中海延伸至波兰的加利西亚（Galicia）和乌克兰西部。土耳其人、犹太人、罗马尼亚人等，从东欧各地来到的里雅斯特。即便是今天，还是这样，不妨看一下电话簿或是看一下人口数字细目。我们有 20 万城镇人口，但只有三分之一来自弗留利，另外三分之一来自伊斯特里亚和达尔马提亚，其余的则是斯洛文尼亚人、匈牙利人、克罗地亚人等。"

艾莱接着说：

"但是，第一次世界大战后，那片辽阔的腹地就丧失了。而第二次世界大战后，我们发现自己成了被铁幕包围的一小块飞地。"就在那时，的里雅斯特像柏林和维也纳一样，成为冷战的一个间谍中心。毕竟，尽管铁托和斯大林在 1948 年分道扬镳，南斯拉夫仍然是共产主义阵营的一部分。因此，在 1990 年代，柏林墙倒塌之后，作为的里雅斯特新上任的温和派——独立派市长，艾莱鼓励斯洛文尼亚与欧洲诸多组织进行融合，也鼓励的里雅斯特讲斯洛文尼亚语的人和讲意大利语的人进行和解：目的是为了愈合一场民族之间的冲突，那场冲突的根源主要在于第二次世界大战期间南斯拉夫共产主义的坚定支持者对当地意大利族群施加的攻击。[①]"你看，"他解释说，"斯洛文尼亚事实上包围着我们。于是，我那时就想，如果斯洛文尼亚能够加入欧盟和北约，并且能够加入申根，那么，我们就能够重新得到我们在帝国时代的腹地"——欧盟的功能则相当于事实上的哈布斯堡帝国的替代者。

当然，事情的进展恰好就是那样。但是，艾莱现在担心的是欧洲融合的政治态势，那对的里雅斯特至关重要，因为其自治程度大于意大利本土的任何地区。"这是欧洲的一部分，但其边界线和主权经常变来变去。它们要确定下来。"他解释说，因为的里雅斯特是多民族的汇聚之地，而且这一特征要比意大利其他城市更为突出，所以，在冷战和后冷战时代的几十年后，再度回到曾经截然划分的民族边界，很可能是灾难性的。因为的里雅斯特存在的全部理由就是超越边界的万花筒世界。

我现在来到了一条以19世纪伟大的歌剧作曲家葛塔诺·多尼采蒂的名字命名的街道上，的里雅斯特新古典主义的犹太教堂也坐落于此。它也许是欧洲最为漂亮的犹太教堂，其建筑风格为低调而大气的庄严，错综复杂的装饰图案令人想起晚期罗马帝国在中东的统治，而那时拜占庭式的夸耀风格尚未开始，在圣地建

---

① 铁托和斯大林的分裂，导致了的里雅斯特斯洛文尼亚人内部的痛苦对峙。

造犹太教堂从而取代神殿的功能首次成为普遍的做法。这座教堂建于 1908—1912 年，曾被纳粹用作仓库，现已得到了全面修复。在诸如此类高雅文化的象征物当中，我也找到了圣马可咖啡馆，这是我非常喜爱的《多瑙河》一书作者克劳迪欧·马格里斯经常光顾的地方。这个咖啡馆在第一次世界大战前就开张了，装饰成温暖的黄色和巧克力棕色，与墙面一样大的镜子反射着小球状的灯光、挂在金质奖章中的戏剧面具画，以及大量肉色大理石桌。咖啡馆很大，但私密性比较好；不时发出谈笑声，但又非常安静。这里既有奥匈帝国的元素，也有曼哈顿的元素。在这里，人们慢慢享受时间的流逝，没有人看手表。正是在这里，意大利知识分子密谋反叛哈布斯堡帝国。[1]

马格里斯出现，他解下围巾，坐了下来。他的毛衣和运动夹克是令人感觉舒适的深暗色调。他出生于 1939 年，有着一张饱经风霜、棱角分明的脸，威严中透着智慧。他说话时眉飞色舞，仿佛是为了取代手舞足蹈的必要。他很健谈，不论是谈到生活在的里雅斯特附近腹地的伊斯特里亚-罗马尼亚的奇契人，还是谈到大欧洲的未来，都能够轻松驾驭。

他告诉我说，他和已去世的第一任太太玛丽莎·马迪尔瑞都有意大利和克罗地亚血统，与拉丁和斯拉夫世界都有很深的渊源。这很常见，因为"中世纪时就有诗人既用意大利语又用克罗地亚语写作"。另外，他已故的太太小时候讲克罗地亚语，她亲人的墓地散落在从塞尔维亚到弗留利-威尼斯朱利亚大区的区域。亚得里亚海地区联系紧密的程度远远超出了人们的想象。"民族主

① 帕米拉·巴林杰，《流放的历史》，第 18 页。

义始终是存在的，"他接着说，而民族主义也可以是开明的，就像在 19 世纪那样，"但是，一旦民族主义被强迫塞进徒有其表的、官僚主义的民族国家的硬壳"，便会僵化自闭。

我们谈到了中欧，他认为中欧最初得以持续存在的基础在于"日耳曼和犹太文化的无边界融合"。由此来看，希特勒对于犹太人的灭绝，极大地摧毁了中欧，因为希特勒的做法也削弱了德意志精神本身。尽管如此，关于中欧的观念和记忆，仍然在冷战时期贫穷与镇压的"层层重压之下"得以保存下来。虽然中欧作为一种观念曾短暂回归，"但是现在，全球化却在摧毁其本已不多的剩余之物……不论你是在布拉格还是在华沙，华尔街才是重要的"。

不过，下面这个事实还是让马格里斯感到乐观：他可以开车到斯洛文尼亚——以前属于铁幕的另一边——而且不需要跨越任何边界线，并继续使用同样的货币。他说，过去的就永远回不来了，这是千真万确的。毕竟，犹太人几乎走干净了，奥地利 - 日耳曼文化永远不再可能是完整的，要是欧盟能够存活下来，欧洲作为一种理念将会长久存在。

他费力地从一个破旧不堪的公文包中拿出两本书，一本是他写的小说，一本是他已故太太的回忆录。他在两本书上题了字，然后都给了我。同一天早些时候，在一个小博物馆里，一位女士出乎意料地赠给我一本关于乔伊斯在的里雅斯特经历的书。我把这三本珍贵的书当作我的奇遇图腾带回了家中。

马格里斯在他给我的那本小说中写道，"对于已经失败的认识和接受，是理解历史之客观性这一能力的一部分"，因为这样的知识"只能来自对于失败有相当漫长的熟悉"。[1] 的确，只有当你被证明是错误的，你才能够真正理解：历史既不是游戏，也不是消遣，供你晚间坐在火炉边轻松阅读；历史是某种真实而可怕的东西，它不仅有可能毁灭别人的生活，也有可能毁灭你的生活。

我现在又到了的里雅斯特另外一家咖啡馆，跟另外一个男士见面。他穿着时尚的牛仔服和一件运动夹克，有些秃顶，戴着眼镜，留着修剪得很短的白色络腮胡子，面部表情像刀子般犀利。他递过来几本书给我做礼物，其中包括他自己写的从芬兰到乌克兰等地游览的游记。那天晚上，我在旅馆里开始读这本书，书中别有风味的细节让我惊讶不已：穿越整洁有序的、信仰新教的爱沙尼亚，到泥泞的、乱糟糟的拉脱维亚，就像是穿越一种景观而来到另外一种。"你要想搞清楚这个世界走的是哪一条路，就必须到火车站而不是到机场去，"他在书中写道，"但是，因为外交官偏爱机场，所以他们的政府就不再能够对事态有预见能力。"[2] 这位非凡的男士叫保罗·卢米兹，是当地的一名意大利记者，成就很多，从头到尾报道过在前南斯拉夫发生的战争。"那要都说起来可就话长了。"他用那令人难忘而独特的低沉声音说道。

"我的祖母视历史为一系列惊心动魄的事件的组合。毕竟，在她的一生中，的里雅斯特的边界线更改了六次。当然，与犹太人不一样的是，她从来没经受过任何一次更改所带来的恐惧。我

---

[1] 克劳迪欧·马格里斯，《盲人瞎马》，安妮·米兰诺译自意大利文版，第26页。
[2] 保罗·卢米兹，《断层线》，格里高利·康蒂译自意大利文版，第2页。

出生于 1947 年 12 月 20 日，就在那一天，从法西斯主义的意大利和纳粹德国解放出来之后，的里雅斯特自由区又被分割成英美管辖地和南斯拉夫管辖地。我家处在英国人和美国人的管辖之下。"他接着说，"2007 年，又是在我过生日那天，斯洛文尼亚成为申根成员国的一员。于是我到了斯洛文尼亚的边界线，离我家就几英里远，加入了一个意大利人和斯洛文尼亚人的集会，在那里，每一个人都分得了以前边界栅栏的一小部分。突然之间，自哈布斯堡帝国崩溃后，在的里雅斯特的我们首次处在一个没有边界线的区域。但是我有些恐惧。如果不再有边界线，那么就不再有旅游的理由。因为我的旅游癖来自的里雅斯特引发幽闭恐惧症的禁闭状态。于是我决定出去旅游，穿越那个仍存有坚不可摧边界线的欧洲。我想对边界彻底产生厌倦，从而治愈我对边界的心理需求。"

"我的确有不少收获，"他接着说，"我发现，欧洲的灵魂并不真正在欧盟内部。作为一名欧洲人，我在（乌克兰西部的）利沃夫比在巴黎感觉更自在。在利沃夫以及诸如此类的地方，我仍然能够在内心深处感觉到犹太人、日耳曼人、波兰人和其他种族精神的存在：恰恰是因为他们消失了，我才被迫关注他们。"

"关于以前的东部战线，我发现，第一次世界大战，"即那场把 20 世纪的欧洲送进悲剧性轨道的战争，"记忆模糊且紊乱。然而，恰好是因为此以及与共产主义的藕断丝连，才使人感觉与 1914 年关联紧密。但关于西部战线，人们付出了巨大努力来梳理，并将其保存在完好的博物馆里，于是你就不再忌惮它的威力，也丝毫感觉不到它的存在。在西欧，你从来感觉不到恐惧，但是你应当感到恐惧才对。这就是东欧国家不拿北约和欧盟当回事儿的原因，因为他们仍然感到害怕，他们比西欧的人更强烈地感觉到这些组织存在的必要性。"

"的里雅斯特如同西欧其他地方一样，"他解释说，"患有严重的历史失忆症。这里的许多人在第一次世界大战的时候与奥地利哈布斯堡一起攻打协约国。他们从战场上返回之后就把这事抛诸脑后了。只是在最近几年，关于那一段时间的回忆才在这个城市被释放出来。现在，在意大利的问题呈现出堆积如山的趋势时，对于哈布斯堡王朝的怀恋却逐渐强烈起来。布鲁塞尔的政客告诉我们说：'这不要紧，没有必要感到害怕。'但是，我希望的里雅斯特的政客告诉我们要感到害怕，"他反复强调。"他们应当在 2014 年第一次世界大战一百周年之时就明白无误地告诉我们这一点。"除此之外，欧洲没有什么办法避免悲剧，他暗示说。

"然而，（来自中东的）难民让我们回到了历史中。斯洛文尼亚人为防止克罗地亚人越过边境而建造的带有倒钩的电网让人们感到恐怖。突然，与伊斯特里亚之间又有了难以跨越的边界线。实际上，这些难民就是信使，告诉我们，欧洲又将遭遇麻烦。"

他沉默了一会儿，接着又缓慢地开始说话，这一次人情味更加浓厚：

"当难民讲述他们的故事时，他们就成为一个个人，而非一股浪涌，而每一个人，不论贫穷，身上都有可能隐匿着一个神灵。荷马笔下的俄底修斯不正是一个逃难者，一个老兵，在一次穿越地中海东部的绝望旅程中丧失了所有的伙伴，颠沛流离长达数年，饱尝风雨和饥饿，走过很多危险的地方之后，才几乎是赤身裸体地到了一所满是陌生人的房子吗？"

圣安息日米厂集中营纪念馆在离市区驱车 20 分钟远的地方：

Funerali di Dante

1321 年，意大利诗人但丁身患疟疾病逝。但丁（1265—1321），意大利文艺复兴的杰出代表人物，以史诗《神曲》留名后世。1321 年，但丁在意大利拉文纳病逝，当地人为他举行了隆重葬礼，安放遗体的石棺一直保存至今

意大利拉文纳，圣阿波利纳雷教堂马赛克穹顶画

意大利威尼斯，安康圣母教堂

Vlma insignis vrbs sueuie. ad vlteriorem danubij ripam sita. qui fluuius ex hilaro z blauo flumini
bus in. eo loco exoneratur. indeq; nauigabilis redditur. vt Sueuie. baioaria. austria. z panonia. ob
nauigia danubij non parua sentiant comoda. Cum vo hec inclita vrbs in fundatione imperij inter villas
quatuor ponatur. ne ab exteris sine ornatu ac muro esse censeatur. Cum galli ingentes ciuitates veluti pa
risius z thuronem villas nominabant. Ipa vo vlma tu muris fossatis ac mentjs atq; publicis ac priuatis
edibus poznata cristat. Et nobilibus familijs a tribus caroli magni impatozis aucta sit. ideo in eius lau
dem ac descriptionem vrbis metra heroico deducta carmine edita sunt.

Vlma decus sueuie: qua primo ab origine ducat
Principium: nullis sat certum annabilis extat
Et q z antiqua z presignis sit: probat ipsum
Nomen: quod lacio desumptum est fonte. qp apta
Vlmetis plena posita est vligine terra
Nanq; vbi defoditur circu vrbem: glitea crassis
Arboribus tellus abilis reperitur: z inde
Barbarie spzeta: nomen capit vlma latinum:
Vrbs libertima est. romani subdita diuo
Imperio regis: villis ex quatuoz vna:
Non quia villa siet. sed quondam forte reuicta et
Vi belli vastata. iterum constructa carebat
Temporibus certis muris. firmissima tam nunc
Ipsis: contiguo bos a parte danubius alueo
Presluit: hic sapido repletus pisce: breui illum
Per mediam labens vrbem cursu blauus intrat
Preterea cincta est fossatis tpa profundis
Turribus excelsis. domibusq; impleta decoris

中世纪时期的乌尔姆（木刻版画）

Affluūt z pluri populo.q̄ multa per ōzbem
Oppida:que septi spacio perlacius ertāt
Pulcras inter habet structuras grāde laboze z
Arte atq̃ expensis opus ecclesiam genitrici
Sacram diuine:cui vir equabilis ozbe est
Ampla quidem valæ:grandis quoq̃ molis in altū
Sustentat laquearia magna:capaq̃ frequētis
Turbe multa imbi festiuo milia sole
Conueniunt:hic magna dei veneratio crebzo est.
Quo sol eois exurgens montibus ignes
Spargit:vix templum parochos continet vnum
Ulma senatozes prudentes obtinet:illi
Publica sagaci disponūt cōmoda sceptro z
Unde breui creuit:locuples ex paupere serua
Facta bera:q̄ multas iā opulentas censibus vrbes
Perpetuis superat:comitatus tris fere cū m omni
Appendice suo retinet prompto ere coemptos
Unam inter plures:non paruo deniq̃ fructu
Mercem agitat:panno lino lanaq̃ parato
Uescanicā hunc aliqui vocitant tractata frequentat̄
Negociū variū est:hoim hinc pars maxima sese,
Hic nutrit:pereunt multi ditantur in ipso
Sunt alie laudes vime quas pzomere cunctas
Mentio materie pzohibet breuiata valete

ΤΕΛΟΣ · ΜΟΝΟΚΩΛΟΥ · αΠΟΥΡΑΜΜΑΣΤΟΣ ·

意大利威尼斯,圣马可大教堂(局部)

意大利威尼斯,圣马可大教堂

意大利威尼斯，总督宫

意大利的里雅斯特，统一广场（欧洲最大的临海广场）

斯洛文尼亚皮兰，塔蒂尼广场

　　斯洛文尼亚首都卢布尔雅那，圣尼古拉斯大教堂。圣尼古拉斯大教堂也是卢布尔雅那的主教堂，始建于13世纪。教堂入口的大门上有生动复杂的人物青铜雕刻，教堂内部为巴洛克风格，穹顶的壁画庄严又华丽

这是在一个地狱般的原址上建立的一座纪念馆，原本是庞大的纳粹死亡设施的一个外围据点。这个地方之所以有名，是因为这里经营着意大利唯一的一个火葬场，在这里，成千上万的意大利人、斯洛文尼亚人、克罗地亚人被谋杀和焚烧，而数量更多的犹太人在被送往德军占领的波兰和其他地方的死亡集中营之前都被关押在狭小肮脏的牢房里。亚得里亚海东北部和阿尔卑斯山南部地区，的里雅斯特、戈里齐亚、卢布尔雅那、普拉和里耶卡，单独构成了德国直接统治之下大屠杀的另外一个地理环境，与墨索里尼法西斯主义政府狼狈为奸的意大利本土地区有所不同。把这个以前的碾米厂和死亡集中营改造为国家级纪念馆，其效果是直接的、巨大的：当你不得不穿过夹在高大而笨重的水泥板之间的一条漫长而狭窄的小路时，压抑感扑面而来，这条小路引领你来到一个似乎有更多无穷无尽水泥板的院子，钢钉和钢板印证着火葬场的存在。毫无设计，毫不掩饰，只有坚硬突兀的墙壁，无法逾越，令人身陷绝望和毁灭之中。

我想起了汉娜·阿伦特在《极权主义的起源》中关于奥斯维辛及其他集中营的某种认识。她本能地认为，纳粹只能通过建造这类场所而自圆其说。奥斯维辛，以及在那里发生的一切，就是国家社会主义的实验室：它使得国家社会主义化为现实，中欧将永远无法从这里发生的一切中恢复过来。

乘坐出租车从圣安息日纪念馆返回大旅馆的路上，我看到了另外那个更为真实的的里雅斯特：长达数英里的锈迹斑斑的工厂；连绵不断、拥挤不堪的叠加式廉价单元楼；布满商船和塔吊的巨大港口。在这里，涂鸦更加明目张胆。我想起了一位睿智的波兰-意大利摄影家莫妮卡·布莱（Monika Bulaj）几天前跟我一起在大旅馆悠闲地喝咖啡时说的话。她住在的里雅斯特，到过很多地方工作，包括伊拉克、阿富汗以及埃塞俄比亚的科普特人腹地等。她聊天时说，我们此时所在的大旅馆，有着漂亮建筑物的大广场，以及周围布满如梦似幻店铺的街道，"都只不过是一个沙龙，一种幻觉"，而真实的的里雅斯特和欧洲则无处不在，即丑陋的大众社会，也就是那个抹掉了过去和记忆的社会。

里尔克、乔伊斯和斯韦沃都生活在一个更小但却更为亲切的世界，它出现在这个庞大而丑陋的世界之前，尽管他们三人已通过写作预想了这个世界的到来。就在现代世界的潘多拉魔盒即将打开之时，他们成为现代主义者。他们杰出的创作以一种内敛而深刻的方式预示了即将到来的欧洲和西方的危机。

欧洲，西方，究竟是什么？对于我们许多人来说，它是一种文化身份，是普世价值的一种"简略表达方式"，也是文明杰作的诞生地，至少这是我们告诉自己的说法。但是，我们能够定义它吗？

我将从希罗多德开始，他给我们讲述的故事揭示了希腊人和波斯人价值观的区别。在向薛西斯的军队赠送丰厚的礼物之后，吕底亚人皮提俄斯向这位波斯国王提出了唯一的请求：他的五个儿子都想与薛西斯一道去攻打希腊人，但他希望长子能够豁免服役，从而成为其父亲财产的掌管者。这个请求让薛西斯极为愤怒。他命令手下腰斩了皮提俄斯的儿子，"而且还将死者身体的两部分放在道路两边……还命令军队从中鱼贯而过"。换言之，这位波斯帝王的残暴和自负达到了没有任何约束的程度，他甚至命令对大海进行鞭笞，因为大海带来了一场暴风雨，毁掉了他建造的一座桥。不妨把希罗多德书中描述的这类行为跟率军在普拉塔亚战役中打败波斯军队的斯巴达之王波萨尼亚的行为对比一下。因为波斯人在温泉关砍下了列奥尼达斯的头并用矛挑着示众，一位斯巴达同胞督促波萨尼亚以同样的方法对待波斯指挥官马多尼乌斯的遗体。波萨尼亚对此予以拒绝，并解释说：

> 这类行为更适合野蛮人而不是希腊人，而且，即便是野蛮人去做，我们也认为那是犯罪。由于有这类品行的存在，上帝禁止我跟伊吉纳人——或任何赞成这类行为的人——保持友好往来！我能够用体面的行为和体面的言语让斯巴达人感到高兴，就已经足够了。[①]

我们可能把这种行为上的差异仅仅归因于波斯人薛西斯和希腊人波萨尼亚两个自由个体的内在活动。但是，他们是两种文化的象征，不论其行为有多么不完美；其中一种文化把人道主义内化到比另外一种更高的程度。也许，西方就是从这里开始，开始于希腊对个体的萌芽状态的关注，因而也导向了对于自由和启蒙思想的相对关注。西方的界定或许是慢慢开始于罗马的法律与治理遗产，中世纪鼎盛时期和文艺复兴时期开始的对于希腊和罗马价值观认识的逐步提高，新教的宗教改革及其工作伦理（新教崇尚工作的伦理，是对决定论的一种隐性的反驳，也是犹太教及其道德准则的一种遥远而间接的遗产），启蒙运动及其倡导的理性主义与科学的精确性，这些是我们通常不那么严谨地界定为西方

---

① 希罗多德，《历史》，戴维·格伦译，第 7.38—7.39、9.78—9.79 页。罗伯特·D. 卡普兰，《适合于我们时代的历史学家》。

传统之基础的东西，尽管我们必须认识到，其他文明，姑且只提印度和中国的两种文明为例，也富含上述种种。因为的确如历史学家诺曼·戴维斯所指责的那样："西方文明从根本上说不过是一些思想观念的混合物，设置这些观念原本不过是为了推进其创设者的利益而已。"[1]斯坦福历史学家和古典研究者伊恩·莫里斯比戴维斯走得更远，根据他的看法，西方和东方到头来不过是"地理学上的标签，而不是价值判断"。[2]

其实，地理环境可能在实际上是最为稳妥的对西方进行界定的途径，能够将文化傲慢和自我欺骗降到最低。欧洲，也就是罗马，在整个圣奥古斯丁时期都包括北非，而北非在基督纪元的最初几个世纪都信仰基督教。在整个古代，地中海北岸和南岸的文化分界并不清晰：罗马早些时候灭掉迦太基，与其说是由于迦太基文化上与之不同，倒不如说是因为迦太基是一个竞争对手。伊斯兰教在公元七、八世纪时在北非进展迅猛，几乎将那里的基督教消灭殆尽；是伊斯兰教的迅猛势头把地中海分割为文明的两半，使得"中间的海"（the Middle Sea）成为一种边界线而不是一种凝聚力。[3]

北非败给了伊斯兰教这个事实使得作为一个过程的欧洲历史不得不采取一种向北发展的走势，而日耳曼族人自此则首次在关键和决定性的意义上进入故事中来。这一动向让西班牙哲学家乔斯·奥特加·伊·加塞特发现："（作为一个过程的）

---

[1] 诺曼·戴维斯，《欧洲史》，第25页。
[2] 伊恩·莫里斯，《西方为什么统治》，第41页。
[3] 埃及信仰基督教的科普特人的幸存，是一个显著的例外。毕竟，尼罗河谷指的是那条从地中海向南延伸的纵向文明动脉，而不是利比亚和马格里布（Maghreb）那些处在地中海南岸横向铺开的城镇。

欧洲历史的全部，一直都是一个规模巨大的向北移民过程。"当然，日耳曼各族人本身来源就很复杂：接受罗马文明很久的哥特人、汪达尔人、伦巴第人，较少接受罗马文明的法兰克人，而更往北的部落则要到很晚才接受了基督教。根据学者哈罗德·C.雷利对于加塞特的概括性描述，后者认为，这些日耳曼部落形成了一种文明，这种文明经过漫长的演变之后，最终强调"个人主义、自由主义和独立……"。[1]

　　更具体地说，西方可能在公元 10 世纪真正出现，因为那个时候法兰克-日耳曼文明构造出了一个组织周密的社会，而且有了基本的法治观念。在这个历史节点，罗马就算不是一个可以更新的事实，至少依然是一种灵感的源泉。由于封建主义的存在，权力变为"非集中的、需要一致同意的、咨询性的"，从而鼓励一定程度的个性，尽管"一种新的政体——德意志帝国已经出现"，在哈佛接受过学术训练的澳大利亚历史学家这样解释说，其观点是对弗朗西斯·奥克利观点的一种附和。[2] 后来，希腊-罗马传统在艺术、文学和政治中的持续再生，在马基雅维利的反教权主义和黎塞留的"国家理由"说中达到顶峰。于是，西方从基督教世界中脱颖而出。早期现代的多民族帝国使得政治身份和价值观变得更为复杂。革命和民族主义将因此而催生现代国家和资本主义，从而进一步界定个人主义。"自由之所以得到发展，是因为它满足了权力的利益。"学者戴维·格莱斯指出。[3] 最终的结果则是一种深入探索个人生命内心的艺术与文学，因而具有

① 哈罗德·C.雷利，《乔斯·奥特加·伊·加塞特》，第 64—66、76、79、142 页。
② 保罗·柯林斯，《西方的诞生》，第 4、414、424 页。
③ 戴维·格莱斯，《从柏拉图到北约》，第 1 页。

了神圣性和道德责任：某种可能最初源于古希腊雕塑的东西。这一切都发生在欧亚大陆最西端那令人疑窦丛生的边界环境之中，尽管这里得天独厚，拥有许多天然港口、犬牙交错且受到保护的海岸线、极有利于航行的河道系统，而且还拥有令人感到精神焕发的凉爽气候。西方——即欧洲在整个近代史上政治和经济的卓越——此处只能再一次附和奥克利的观点，既是一份遗产，又是一个过程：不能把它的持久性视为理所当然。西方可能相当短暂，世界在不断变动。

没有人比德国哲学家奥斯瓦尔德·斯宾格勒对西方的短暂性有更深入的探讨，他出版于1918年和1922年的两卷本《西方的没落》，在思想界产生了振聋发聩的影响。西方尽管一直在与其他文化和文明互动与融合，其他文化与文明也在不断地成熟与解体，但斯宾格勒并没有为西方在世界历史上找到一个特别的位置。他解释说，成熟的、有创造性的阶段强调乡村的作用，其结果却以城市的物质主义和智慧而告终，而这一结果又产生了帝国文明，于是世界帝国宣布了历史上西方循环终结的开始，其特点是文化颓废。如斯宾格勒所说："伟大的文化无不波澜壮阔。它们突然出现，华丽扩张，归于平寂，然后消失，沉寂如同荒原""金钱文化"、全球性城市的兴起，"大众对于富含愤世嫉俗和包容性观念的前卫……意识的热衷"，这些现象都被斯宾格勒预见到，即便不是那么具体，至少已领会了其精神，美国历史学家和新闻记者罗伯特·W.梅里这样说道。斯宾格勒这样说："一种文化发展得越成熟，掌握其真理的人就越少，当它逐渐走向没落时，就会一点一点地开始坍塌。"19世纪俄国知识分子亚历山大·赫尔岑用另外一种方式说："现代西方思想行将进入历史，并被历史所容纳，也将具有其影响和地位，就像我们的身体会吸收各种食物的不同元素，受到众人的不同影响。"[1]

很有可能的情况是，正如伊斯兰教的传播有助于界定西方并赋予欧洲某种地理结构，并在历经古代早期和中期的千年统一后部分将地中海分割开来一样，在最近几十年，伊斯兰教一直在通过人类迁移的方式削弱它曾帮助奠定的欧洲观念本身。正是经由与北非和中东分离，欧洲才得以通过培育西方这个观念中极为关键的帝国和国家结构而在自我界定上向前迈了一大步。今天，拯救西方只能意味着迈步向前，进入一种坚定的世界主义，而不是倒退到一种粗俗的、反对变革的民族主义；因为西方一直在逐步地、不可阻挡地，尽管并不总是笔直地，朝着自由主义前行。换言之，欧洲为了拯救自身和西方，必须成为一个不同国家组成的体系，不同社会内部在视野和传统上则都是国际性的。如奥特加所暗示的那样，民族主义曾经引领欧洲走出了封建主义的混乱无序，同样，当今的欧洲别无选择，只能摆脱民族主义的束缚才能茁壮成长，才能继续其势不可挡的演化之路。欧盟必须以某种形式做出调整并重振活力，否则就只能像晚期的神圣罗马帝国一样成为一个虚弱的摆设。

伊斯兰教与西方之间的戏剧性变化使我想起了理查德·弗朗西斯·伯顿爵士，他以的里雅斯特为家，在这里生活了 18 年，直到 1890 年去世。伯顿是维多利亚时期浪漫探险者的典范。他

① 奥斯瓦尔德·斯宾格勒，《西方的没落》，查尔斯·弗朗西斯·阿特金森译，赫尔穆特·沃纳缩编，第 73、326 页。罗伯特·W.梅里，《斯宾格勒的不祥预言》。亚历山大·赫尔岑，《我的过去和思想》，康斯坦斯·加内特译，第 390 页。

出生于 1821 年，有着一双"吉卜赛人的眼睛"，"肤色黝黑，但很帅气"，脸上有一道长矛划过的伤疤，是他跟索马里匪徒打斗时留下的。据说他会 29 种语言和很多方言。他化装成一个阿富汗人去麦加朝圣。他在印度河的运河上充当吉卜赛劳工，扮成兜售小首饰的商贩和神职人员探索辛德、俾路支和旁遮普等地。他是第一个进入东非神圣的穆斯林城市哈勒尔的欧洲人，也是第一个带领探险队在中非寻找尼罗河源头的人。

伯顿是 1872 年在的里雅斯特开始了他所说的流放生活，为的是接受英国领事的工作。他把自己的苦难比作拉丁诗人奥维德的苦难，后者于公元 8 年时被皇帝奥古斯都流放到黑海港口托米斯。刚开始时，他和妻子伊莎贝尔住在靠海的一栋楼的顶层一套有 10 个房间的公寓里。几年之后，他们搬到了城外一所宫殿般的、可以看到亚得里亚海的房子里，伯顿从中选了一个大的房间用于起居和工作。像乔伊斯数十年之后的那样，伯顿在的里雅斯特经常感到抑郁和沮丧，即便他在这里完成了大部分他平生最重要的工作。他完成了《阿拉伯民间故事集》的翻译，他之所以被人们铭记，主要与这本书有关。①

伯顿在 1880 年代中期翻译的《一千零一夜》，依然是最广为人知的译本。或许可以说，与包括《古兰经》在内的任何其他文存相比，该书有很多波斯、阿拉伯和印度的民间故事，提供了欧洲与中国之间关于东方文明最为深刻和全面的阐释。伯顿解释说："这本书的框架纯粹是波斯风格的，却被漫不经心地阿拉伯化了……"他把波斯对于美索不达米亚艺术和文学的贡献

---

① 爱德华·莱斯，《理查德·弗朗西斯·伯顿爵士》，第 1—2、542、544、567—568、577、579 页。

比作希腊对于埃及艺术和文学的贡献。"古希腊和波斯本能地选择美的观念作为其特点，拒绝所有虚夸和怪诞的东西……"[1]

所谓的"背景故事"讲述的是生性残暴的波斯国王山鲁亚尔的故事。他因为妻子不忠，就存心要进行报复。他与处女山鲁佐德结婚，决定在夺取其处子之身的第二天天亮时就将其斩首。但山鲁佐德给国王讲了一千零一个相互关联的故事，而且每讲到精彩的地方恰好天亮，这样就不断把处决她的时间向后推迟，因为国王的好奇心被调动起来，想在后一个晚上接着再听故事。山鲁佐德能够做到这一点并非偶然，我们在开始读《一千零一夜》时就被告知，她有一个很大的图书室，"研究过哲学、科学、艺术和各种才艺；而且她和颜悦色，彬彬有礼，睿智风趣，博学多闻，很有教养"。[2]

山鲁佐德编织了一个令人疯狂的、越来越复杂的故事迷宫，故事里套故事，故事里讲故事，每一个故事都引向下一个故事，令人找不到头绪，极有博尔赫斯的风格（当然，博尔赫斯受到了《一千零一夜》的影响）。这是一个口述结构，由一个人讲故事给另外一个人听。一个渔夫发现了一个瓶子，瓶子里面有一个怪物，怪物扬言要杀死他，渔夫走投无路，到了一个很大的卖鱼的商店，里面的鱼吸引了一个国王，国王被引领到湖边的一座宫殿，里面有一个年轻人，年轻人的腿由石头制成，其故事说来话长……故事往往没有结局，没有容易辨认的线索，没有目标或目的，就像是《尤利西斯》中布鲁姆在都柏林漫游

---

[1] 理查德·弗朗西斯·伯顿，"未定稿"，第3673、3689—3690、3695页。
[2] 理查德·弗朗西斯·伯顿，《阿拉伯民间故事集》，伯顿翻译、撰写序言并添加注释，A.S.拜厄特撰写"导读"，第 xiv、16 页。

的叙事结构那样，只有一件接着一件的怪事。故事的氛围是色彩斑斓的，令人愉悦的，透着酒香。书里描述的巴格达有着安达卢西亚（Andalusia）才有的雅致的奢华。可以肯定地说，对于后现代的清教徒式信仰而言，《一千零一夜》算得上是一份具有颠覆性的文本。标题使用的不是整数"一千"，而是"一千零一"，暗含着无限性，故事的讲述永无止息。你读上一会儿之后，就会记不住故事是从哪里开始的了。这就是我们做梦和生活时的样子，生活开始于某个戏剧中间的黑暗处，又在另外一个戏剧中的黑暗处结束。《一千零一夜》的黑暗处在真实捕捉人类经验上，比西方经典做得更好。伯顿提到了"极为流行的迷信观念……没有人能在读完这些故事后还活着"。①

乔伊斯创作出了现代版的《奥德赛》，伯顿则翻译了很多与之对等的作品。例如，水手辛巴达的七次航行，里面描写了海难、怪物、毒品等，与荷马的故事相似，而且再现了曾经以航海为业的阿拉伯人。但是，在《一千零一夜》中也有若干索福克勒斯和《旧约》的色彩，充满弗洛伊德式的故事，令人想起"俄狄浦斯"和一座变成石头的城市。西方传统更关注的是战胜命运，东方传统更关注的是理解命运，因此叙述主宰一切。阿拔斯王朝的哈里发哈伦·拉希德为了解真实情况，在夜间乔装扮去往国外，聆听他一路上所遇到的人们讲述的故事。要是我们的总统能这么有智慧就好了。

因为即便是我们当中最为成功的人，也经历过某种悲剧或挫折，因而会有若干令人感到震惊同时又能带给人启迪的故事

---

① 理查德·弗朗西斯·伯顿，"未定稿"，第 3722 页。

要讲出来。伯纳德·贝伦森对此深有体会，他这样说道："生活是建立在悲剧的基础之上。"① 的确，《一千零一夜》只是从表面上看才具有童话故事的特征，因为这些故事的共同主题是误入歧途的旅程，它是生活中许多灾祸的根源。再重申一次，我是把贝伦森的书放在我书架上与伯顿翻译的《一千零一夜》并排的位置上。贝伦森说："谈到人的命运，没有什么能比废墟的景象更具讽刺意味，也更能使人感到心平气和……比如卡尔纳克神庙和帕米拉古城……它们经受不住时间的啃啮，承受不住自身的重量而垮塌；而巨大的雕塑和方尖纪念碑也会像空气一样化为乌有，尽管这个过程往往需要数千年而非数秒。"②

　　我们所做的和建造的一切都已被忘记，尽管斗争是我们所知道的一切。这是《一千零一夜》所蕴含的不言而喻的基本道理：每一个故事，都把旧故事在记忆中往后推了一步，直到只剩下一道痕迹。但是，如贝伦森接着所暗示的那样，我们离不开这个过程。它是自然的。当某物被野蛮粉碎或突然被从正常模式中清除时，就是不自然的，是会让我们完全崩溃的。这就是为什么帕米拉古城在我们所处的这个时代被毁灭，无异于一个依然很年轻的人被杀戮。

　　伯顿之所以能够成为一个极为优秀的东方主义者，不仅得益于他在非洲、阿拉伯半岛和南亚次大陆所走过的那些路，也同样得益于他在的里雅斯特的伏案研究。由于仅仅从一个西方人的视角对东方进行归纳和概括，伯顿成为当代学术界蔑视的

---

① 伯纳德·贝伦森，《美学与历史》，第 128 页。
② 伯纳德·贝伦森，《美学与历史》，第 133—134 页。

对象，其中最为著名的是已故哥伦比亚大学的爱德华·W.赛义德，他用很多文字来控诉伯顿的本质主义和决定论。伯顿对东方进行归纳和概括的权利——也就是赛义德在他的同名书中所称的"东方主义"——是帝国这个明白无误的事实给予他的一种特权。在赛义德看来，英国帝国主义使得伯顿等人能够把东方当作其私人的思想和审美地带。因为阿拉伯世界比波斯和印度离欧洲更近，所以它就成为东方主义的核心，也就成为伯顿个人世界的核心，在那里，西方的专家一再"搬弄"诸如"阿拉伯思想""阿拉伯心智"等陈词滥调。换言之，通过由伯顿这样的人来阐明欧洲与伊斯兰教世界的差异，欧洲进一步对自身进行了界定。[①]

况且，不进行归纳和概括，就使得讨论和分析无法进行。"当人们严肃思考的时候，他们是在抽象思考，"已故哈佛大学教授塞缪尔·P.亨廷顿这样说道，"他们头脑中浮现出若干关于现实的简化图景——概念、理论、模型、范式，"没有了这些，思想活动根本无法进行。[②]实际上，伯顿对《一千零一夜》的翻译，起到了帮助把阿拉伯-波斯-印度文学和文明的才智传播到欧洲的作用，是朝着建设我们称之为世界主义的这座文化桥梁迈进了一大步。在一定意义上，他处于赛义德所做工作的一个要早得多的阶段。误解是初次接触的自然产物，没有误解，就谈不上理解。

伯顿也不必持贬低的态度。如他自己所说："东方的专制主义比（西方）已经发明出来的共和制更接近平等和博爱的理念。"[③]

---

① 爱德华·W.赛义德，《东方主义》，第7、301页。
② 塞缪尔·P.亨廷顿，《如果不是文明，那是什么？》。
③ 理查德·弗朗西斯·伯顿，"未定稿"，第3653页。

事实上，相比于他们那些从未踏出国门的同胞，往往是那些帝国主义分子亲自体验了异域之地，因而才对外国制度有更为细致而充分的理解。这就是帝国主义、世界主义和普世主义紧密相关的原因。征服给征服者的文化带来了微妙的变化，不论是在埃及的罗马人，还是在近东的英国人，都是这样。伯顿起到了引领风气的作用。赛义德严肃且正确地纠正了他的错误。这多少有些像亨廷顿所暗示的那样，一个范式取代了另外一个范式。所有这些，能够引领我们走向一种共同的文化，或者至少是走向能够超越东西方分野的过程的一部分，因此，在我看来，《一千零一夜》中的故事直接通向薄伽丘的《十日谈》。

的里雅斯特是伯顿和乔伊斯的流放之地，是马格里斯眼里中欧的一片至关重要的热土。一个地理学上和文化上的断层带，是对人的想象力的极大刺激。

第五章

皮兰、科佩尔、卢布尔雅那和里耶卡

早期现代在等待着我们

1935 年，反纳粹作家、奥地利犹太知识分子约瑟夫·罗特发表了一篇故事，名为《皇帝的半身像》，讲的是生活在旧哈布斯堡帝国混乱边缘地带的老年伯爵的故事。伯爵拒绝把自己看作是波兰人或意大利人，尽管他的祖上这两种血统都有。在他的心目中，"真正的高贵"唯一的标志是"成为一个超越民族性的人"，这是哈布斯堡的传统。"我的老家，里面只住着君主和家人，"伯爵说，"是一个巨大的宅邸，有很多门，很多房间，非常舒适、方便。"就其性质而言，这样的爱国情怀几乎是新潮的，甚至具有未来主义的色彩。罗特很有先见之明地说道，20 世纪欧洲恐怖事件发生的背景就是帝国的崩溃和民族国家的兴起，法西斯主义和其他政体领导人取代了传统的君主权力。[①]

　　然而，帝国崩溃的这个大趋势又是不可避免的。罗特的经典著作《拉德茨基进行曲》（1932 年），是一部关于特罗塔家族——作家用来影射哈布斯堡帝国衰落和崩溃的生动隐喻——三代人的历史，在这部作品中，作家所刻画的那一部僵化的帝国机器，已从内部腐烂，因而无力平息不断高涨的民族和国家意识所造成的骚乱。尽管哈布斯堡的消失会更为糟糕，但是，由于其内部阻力，它已无力进行改革并作出调整。帝国的崩溃会留下一个真空，特别是当帝国的崩溃不能单纯归咎于命运之时。像罗特在描述后哈布斯堡时代一个偏远的地方时说的那样："这些人的状况正在变得越来越糟糕。他们筹谋铸就了自己的命运，但却相信这一切来自上帝。"[②]

　　命运是我们对自己所做所为的结果，但我们却归咎于一种外

<hr>

① 约瑟夫·罗特，《萨沃伊旅馆》，约翰·霍尔译自德文版，第 157、183 页。
② 约瑟夫·罗特，《萨沃伊旅馆》，第 98 页。

191

在力量。而哈布斯堡的自我毁灭，即在整个 19 世纪中晚期它无力——事实上是它不愿意——作出调整从而谋求改变的状况，才是它最大的悲剧：首先，在很大程度上，这带来了第一次世界大战，希特勒由此出现。如果哈布斯堡帝国在其演变的过程中再多一些活力，内部的自由度再大一些，那么，它的存在便会有更多的价值和意义，更不必说它可能给世界带来的巨大好处：因为相对于它在欧洲大陆创造的辉煌时代以及在它之后的 1920—1940 年代所发生的诸多事情，哈布斯堡帝国代表着稳定、高雅、宽容和对少数民族的保护。事实上，作为一种公允而开明的帝国权力，如果哈布斯堡帝国能够给予其众多少数民族更多的理解，那么，作为回报，这些少数民族的繁荣发展会更为稳定，也更为持久。在这种条件下，并不意味着要有殖民地，而是意味着一种朝气蓬勃的多民族的世界主义。

因为斯洛文尼亚人数个世纪以来一直是哈布斯堡领地的一部分，从中世纪鼎盛时期，在他们还是从亚洲内陆迁移到欧洲的时候，就与神圣罗马帝国联系在一起，所以，斯洛文尼亚是中欧的标志。也许可以说，欧洲在这里开始了它向近东和欧亚的缓慢转变，而根据我个人旅行的经验看，在到达里海之前，这个过程一直都没有终结。因此，斯洛文尼亚是通往巴尔干以及更远地方的起点。然而，由于文化是动态多变的，并非一成不变，且受帝国以及其他不同特征势力的约束，所以，我仿佛仍然在向北和向西继续我的旅程，朝着维也纳和欧洲的核心地带行进，而不是在向南和向东离欧洲越来越远。

坐车沿的里雅斯特往南沿亚得里亚海走了几分钟之后，我就来到了意大利和斯洛文尼亚的边界，只有一个指示牌、一个赌场和几个加油站，斯洛文尼亚的石油便宜一些。但是，这里没有边防站，也就不需要停车出示护照，这条以前共产主义南斯拉夫与资本主义欧洲、拉丁世界与斯拉夫世界之间的边界线，现在已经淹没在北约、欧盟、欧元区和申根区之中。出租车司机略微放慢了一下车速，周围的景致令我感到惊奇，因为我在令人心有余悸的冷战时代已游历过斯洛文尼亚。

一路上，依旧是亮闪闪的新铺的沥青路面和闪烁的交通信号，跟意大利那边一模一样。斯洛文尼亚相比于南斯拉夫的其他地方，始终稳稳扎根中欧，直到第二次世界大战结束，其辖区始终是哈布斯堡领地的一部分，为时五百余年。科佩尔、伊佐拉和皮兰等沿海城市相继出现，实际上它们以前都可以说是属于威尼斯而不是奥地利，因为亚得里亚海海岸的这个地区是唯一一个讲斯洛文尼亚语的地带，而在这里，从中世纪晚期到早期现代，威尼斯总督统治的时间远比奥地利皇帝长。从这个意义上说，我现在离威尼斯而不是的里雅斯特更近，尽管我此刻踏入了一个在精神上离维也纳更近的国家。这既自然但又很复杂。文明中极少有什么是纯粹的、非此即彼的。晨雾缭绕，橡树、橄榄树丛和柏树掩映其中，一条长长的金松林带出现在眼前，这让我情不自禁地想起罗马。

离开的里雅斯特的旅馆仅仅 35 分钟后，我就到达了皮兰的旅馆。海湾那边就是克罗地亚。这两个国家都是 1991 年从南斯拉夫脱离出来，海上的边界线迄今依然有争议。[①] 边界线都较为

---

① 帕米拉·巴林杰，《流放的历史》，第 1 页。

紧凑，斯洛文尼亚沿亚得里亚海的海岸线只有 29 英里长。与我在的里雅斯特的旅馆一样，皮兰的这家旅馆也是从第一次世界大战前就开始营业，但旧世界的优雅正在消失。没有什么特色的豪华前厅，客房则散发着集体宿舍的胶合板和廉价旅游团的味道。我突然有一些怀念 1980 年代共产主义时代的末期了，那个时候我还是一个年轻的记者，体验过南斯拉夫若干崭新的地方旅馆。

我从旅馆出来散步。一阵微风在海上掀起了细微的波浪，由于是冬天，尽管为时尚早，还不到傍晚，大海已为夜色裹挟。港口附近，大海散发出浓郁的鱼腥气息。到了皮兰这个地方，你会非常强烈地想拥有一艘帆船。这个小城实在是太完美了。令人感觉舒适的广场和小巷，兼有新古典主义、威尼斯哥特式风格和巴洛克风格的建筑物，以及粗糙淡雅的建筑外观，和谐交融在一起。壁柱和三角形楣饰很少凸出在建筑物的表面之外，形成一种素淡、简约之美。主广场上明显为新古典主义风格的圣皮特教堂，是哈布斯堡皇宫的建筑师皮埃特罗·诺比尔（Pietro Nobile）于 1818 年设计的。诺比尔有意大利和瑞士血统，还设计过位于的里雅斯特大运河河口的新古典主义风格的教堂。山顶上 17 世纪早期的钟楼，是威尼斯圣马可教堂旁边那座钟楼的缩小版。

离海边更远一些的广场和房屋得到的光照更为充足，天气变幻留下的痕迹更为明显，呈现出某种如布罗茨基所说，必须是自然而生并被视为时间之作的美。我沿着弯弯曲曲的小巷拾级而上，朝着 1637 年就被正式祝圣的圣乔治教区教堂走去。教堂正厅是白色的墙壁，里面排列着的每一个文艺复兴后期巴洛克式祭坛壁龛，都像是一件摆放在山顶上的祭品，鬼斧神工般堆砌在一起，繁复而不显凌乱。显然，这是人类能力的极限，为的是展示对于全能上帝的感激。这让你觉得既可悲又值得赞颂。我在每一个祭坛前都停下来，能看到很多油画，它们用有纹理的柱子框定，柱子上端镶着科林斯风格的柱头，每一根柱子都与其他柱子有所不同。橙皮红的大理石方块使白色的石头增色不少，有些地方还有圆形装饰和花瓶，以及错落有致堆放在三角形楣饰下的各种物品。我想，这就是巴洛克艺术的天赋——其主导性的理念就是"灵魂的激情"，而在人的灵魂中，简单的理性遭到弃用，取而代之的是有意而从容的夸张和铺陈。尽管是东方的新娘，威尼斯的宗教却是罗马天主教，并以其势力最为强大，像希腊和罗马的异教文化一样，同样是帝国扩张的充沛动力。

之所以来到皮兰，是因为我十分仰慕的意大利小提琴大师、巴洛克音乐作曲家居塞比·塔蒂尼于 1692 年出生在这里。如果说巴赫的作品是一种蕴含着不可穷尽、层次复杂的声音，那么，至少在我这没有接受过训练的耳朵听来，塔蒂尼则构成了一种强烈的、比空气还空灵的能量，充满了强大渴望的激流，因此，寥寥几件弦乐器演奏听起来就像是十几件乐器在演奏。塔蒂尼的故居距离为他树立雕像的主广场不远，在二层楼上专门保留了一个小小的、令人感觉愉快的纪念室，里面展示着他使用过的小提琴、若干当时的木刻、意大利洛可可家具以及他的一些哲学手稿。那里有一位举止优雅的女士，负责维护这个极为美好的场所，她同时也是一位研究塔蒂尼及其音乐的专家。除了我，还有另外一位访客在场，是一位美国同胞，他此行的目的是拜访巴洛克作曲家的故居。他语调柔和，谈到了不同的音乐样式所蕴含的不同激情：蕴含在"大调"中的激情倾向于明快和欢乐；蕴含在"小调"中的则倾向于低沉，有更多内省的成分。

黄昏时分，主广场及港口边的街道上悠闲散步的人多了起来。斯拉夫语辅音的吞吐遮盖了意大利语歌剧般元音的声音。女人费力保持优雅的姿态，也差点儿获得成功；男人不怎么讲究，更像是劳工阶层，四五个人凑在一起，略佝偻着背，往往还叼着烟，穿着不合身的宽松夹克和运动鞋。在的里雅斯特常见的围巾、高档皮鞋、量身定制的夹克、得体的毛衣以及其他能够凸显出男人气质的穿着打扮，成为一种记忆。同样，的里雅斯特那些让人由衷感到亲切的窗帘、金质镜框和花瓶等，以及它们共同营造出来的复杂的内部装饰风格，也成为一种记忆——诚然，这些都并不起眼，但你就是无法不注意到它们的存在。有多少文化能够媲美意大利人优雅的精致？说实话，尽管有形的国界线已经不那么明显，但我还是穿越了一条隐形的边界。请注意，很有可能，随着岁月的流逝，当意大利人和斯拉夫人的世界能够回望其来路，找到类似于克劳迪欧·马格里斯的祖先那个时代特有的文化契合之时，那条边界的意义就会越来越小，但尽管如此，边界依然存在。在这里，梅子白兰地可以由侍者送到家门口，而不是像在的里雅斯特一样只销售柠檬甜酒。

即便是在申根区内，欧盟也是一个松散无序的地带，有很多极为不同的文化和民族历史，在很大程度上是由一个遥远的、并不完全具有民主作风的官僚机构来管理，各加盟国则要求更为直接的代表权。从功能上说，这难道不是处于晚期的、正在衰退的帝国的一种形式吗？根据耶鲁大学历史学家蒂莫西·斯奈德的发现，它也可以被界定为对"帝国之后会出现什么？"这个问题的一种回应。因为，如他所解释的那样，第一次世界大战目睹了欧洲大陆帝国（哈布斯堡和俄国）的崩溃，而第二次世界大战则见证了殖民帝国（英国和法国）式微的过程。随之而来的则是欧盟。[①] 无论如何，对于欧盟历史定位的最佳研究，只有放置在对帝国及其各种表现形式的探讨之中才有可能进行。欧盟并非凭空而来，它容纳了过去的很多启示。

拉文纳、威尼斯和的里雅斯特较为繁华，在皮兰，我在旅游淡季回到了海边的旅馆。旅馆房间的空置率达四分之三，石板上的咖啡桌散落着，冷冷清清，只有几个人穿着外套抵御着逼人的寒气，直面大海那清晰的美，仿佛身处世界的尽头。到了冬天，港口小城才真正成为它自己，独自应对恶劣的天气。只有一个饭店开门营业，可以去那里吃正餐。帆船相互紧挨着排列在一起，闪亮的铝制桅杆和纵向撑木在水中跳跃着。所谓财富，暂且不论银行存款的多少，就是当秋季来临时，在洁净的海边奋力扬帆，尽情沐浴白天温暖的阳光，裹着毯子在甲板上享受凉爽宜人的夜色，而众人早已离开多时。世界上最适合睡觉的地方就是在帆船上。

我需要无所事事地在每一个地方逗留一段时间。旅行就是一种以有用的方式浪费时间的艺术。在一个咖啡馆里，我拿出一本严肃的好书，点了双份浓缩咖啡，精心阅读了两个小时。出门在外，我阅读时会有更多的感悟，因为心中的牵挂和忧虑更少，所以注意力更容易集中。然后，我会走遍每一条小巷，直到我发现一个新的细节，或者是一个我自以为了解但却必须加以更正的细节。我发自内心地感激那些依然有生命力的精灵，并叮嘱自己

---

① 蒂莫西·斯奈德，《东欧范围考》。

以后要少抱怨。因为在地中海，没有什么能像冬日平淡的太阳那样提振我的情绪，太阳的光辉不多不少，让人感到温暖和神奇。只有当我略有一丝厌倦时，我才意识到该继续前行了。

　　一个人在路上，对任何信息都特别敏感，也容易动情。若一次访谈或会面如期进行并进展顺利，我会欣喜若狂；若是相反，我就会感觉很沮丧。我刚刚得知，伟大的斯洛文尼亚作家、大屠杀的幸存者鲍里斯·帕霍生了病，因而不能会见我。他住在的里雅斯特城外，我也准备好了回头去拜访他。他出生于1913年，现已103岁，我念念不忘拜见他的部分原因就是想亲眼看到一个像他这么年长的人，毕竟他有那么多的生活经验可以讲述。我坚信，这件事情本身以及与之相关的一切，就是莫大的荣幸和启示。但是我现在明白，我再也无法看到他了，尽管他告诉我等他身体好了之后再来的里雅斯特。

　　帕霍的《墓场》是一份来自地狱的记录，通篇都是关于大屠杀的记忆，而这些经常在他内心翻腾，就像"死水被搅动起来后的水藻"。那是一个沉闷的饥饿的世界，"在那里，在胃壁的残暴统治之下，文明的所有准则都土崩瓦解"。他作为一个医科学生和囚犯被从一个集中营转移到又一个集中营的经历，把大屠杀这样令人刻骨铭心的经历简化成了个体的死亡，因而每一次残暴行为都让人历历在目：他还记得，一个寒冷的冬天，卫兵鞭打一个半裸的、挨饿的囚犯之后，又往囚犯身上泼冰水。坐在死亡火车上时，由于靠近引擎所在的车厢，帕霍"能感受到铁片的热度，就像是动物的肚子。这里就是世界末日"，他想，"因为所有剩下的，唯有发热的金属陪伴"。只有拼命忘记过去，也不去思索未来，他才能够勉强让自己不失去理智。意大利人和斯洛文尼亚人相互之间曾经极端仇视，甚至于到了意大利人想要让斯洛文尼亚人完全消失的地步，然而，是"对于火炉的共同恐惧"使得双方在集中营抛开芥蒂和仇恨走在了一起。①

这样的一个人是一个从未丧失其人性的现实主义者。在经历了法西斯主义那最令人发指的邪恶之后，他在战后成为一个反对共产主义的人，相信关于民族身份的基本道理。他仔细观察过1960 年代去其中一个集中营参观的游客，并且发现，欧洲"在战后最初的那几年，就像是一个久病衰弱之人，并且装上了玻璃做的假眼，以免它那空空的眼窝吓到人"。在帕霍看来，欧洲人是"标准化的"人，充满了自得和怯懦，历史让他们变得迟钝、愚蠢，因而已丧失了对于过去保持敏感的能力。然而，在这个过程中，帕霍没有成为悲观主义者。他写道，曾有一次，在军营里看了一张报纸一眼，"就感受到了一阵温暖和光亮"，因为报纸标题中有意大利城市的名字，"突然之间，那些城市的华丽就整个浮现在我眼前，中世纪的拱顶和哥特式的拱门，罗马风格的大门，乔托的湿壁画，还有拉文纳的镶嵌画。"②

因为比较是所有严肃学术研究的基础，所以，那些曾生活在过去的人对我们身处的时代有着最为深刻的洞察力。到了三十而立的年纪，我发现老年人是一个值得关注的群体，总想和他们多接触。世界各地的年轻人都差不多，聚在一起低头各自玩着手机，而老年人或者独自一人呆坐，或者三五成群，他们的表情饱含着

① 鲍里斯·帕霍，《墓场》，迈克·比金斯译自斯洛文尼亚语版，第9—10、22、41、104、147 页。
② 鲍里斯·帕霍，《墓场》，第83、109 页。

生活的所有苦难。不论他们的遗憾是什么，那些遗憾都更为独特。青春的美掩盖了一个人的真实性格，但在饱经岁月风霜的脸上，人的真实性格显现得更为清楚。我永远也不会忘记索尔仁尼琴说的这几句话：

> "被宠坏的孩子蔑视他们的父母，而当他们年纪稍大一些之后，他们就开始欺凌他们的同胞。那些崇拜祖先的部落已幸存了好几个世纪。没有一个崇拜青年的部落会持续太久。"①

科佩尔（Koper）离海边十英里远，曾被罗马人称作"Capris"（意思是"山羊"，于是就有了斯洛文尼亚语的"Koper"），被拜占庭人称作"Justinopolis"，被威尼斯人和其他意大利人称作"Capodistria"，意思是"伊斯特里亚的首脑"。1278—1279年败给威尼斯之后，科佩尔有了自己的总督和农业腹地，与处在威尼斯控制之下的亚得里亚海沿海地区的其他城市非常相似。特别是伊斯特里亚，这个地处亚得里亚海顶端的半岛，对于威尼斯来说是一条抵抗哈布斯堡和奥斯曼帝国的战略防御带，而对于一个由商人、执政者以及调停威尼斯帝国和奥斯曼帝国之间复杂关系的斡旋者组成的阶层来说，它又是一个基地。随着威尼斯在18世纪末的衰败，科佩尔与该地区的其他城市一样，落进了哈布斯堡的控制之下。在两次世界大战之间，它由法西斯主义的意大利统治，后来则成为南斯拉夫的一部分。1991年，在与贝尔格莱德进行了一场仅仅持续了几天的战争之后，斯洛文尼亚脱离了南斯

---

① 亚历山大·索尔仁尼琴，《1916年11月》，H.T.威利茨译自俄文版，第337页。

拉夫联盟。

　　科佩尔不像皮兰那样是一个极为美丽、小巧玲珑的城市，它的老城区也挤满了汽车，丑陋的、毫无个性的建筑物混杂其中。一进入这个城市，首先映入眼帘的就是巨大的港口以及港口上的门式起重机和若干豪车经销店。即便是在古色古香的小巷里也能听到震耳欲聋的流行音乐。酒店和咖啡馆的装饰风格是后共产主义时代的，但后现代主义的色彩又不是特别明显。这里不是意大利，因为在意大利，艺术结构和物质文化经历了长达数个世纪的演变，因而要丰富得多；它也缺少的里雅斯特呈现出来的那种柔和的、哈布斯堡王朝所崇尚的温暖和优雅。至于说到威尼斯留下来的遗产，那就必须看到，尽管在当地博物馆里展示着富有表现力的雕塑以及暗淡的早期城邦最高长官的油画画像，但威尼斯的统治在两百多年以前就已宣告结束，而科佩尔不过是帝国设置在这里的一个偏僻村镇而已。

　　当然，尝试翻动历史和文化的沉积面，是一件充满不确定性也很危险的事。也就是说，科佩尔有一个很大的意大利族社群，它曾处于共产主义的南斯拉夫统治下达数十年，在当时是南斯拉夫联盟最为富裕、最具包容性的地区之一。

　　科佩尔有浓厚的、颇具反叛精神的宗教氛围。今天是礼拜天，这座宽敞的建于15世纪的圣母升天大教堂挤满了来做礼拜的人，他们在齐声歌颂"哈利路亚"。在这座巴洛克风格的教堂内，我从斯洛文尼亚人那里感受到一种激情，这与我从波兰和克罗地亚天主教那里了解到的情感一样，都令人感到沉痛：这些都是富有战斗精神的宗教，一直在边界地区坚持与东正教进行斗争……这座大教堂及其封闭的拱廊是一个名副其实的石头堡垒，而在这里面多次重复的唱诵也是一种非常有力的慰藉。

在教堂外，你必须忘掉所有杂念，才能欣赏附近文艺复兴时期的哥特式或巴洛克式艺术杰作。用凿石砌成的建筑物嵌有纹章形装饰和盾徽，经过岁月的磨蚀已经有些发黑，这些古代遗迹会启发你去进行分析和内省，而皮兰那令人愉快的淡雅的颜色强调外表胜过内容，因此便没有这种能力。吸引你注意的总是细节。在一条小巷的尽头，我被垂下来的电线、檐槽和雨水导流管挡住了路，发现了一个17世纪的复折式屋顶，其顶部有一个三角测量点，边上则是像蛋糕旋涡一样的螺旋饰物，饱经风吹雨淋的石头依然骄傲地立在那里。执政官宫殿起始于14世纪末期，建造于威尼斯和热那亚的一场战争之后，那场战争巩固了威尼斯在这里的统治地位，而这座宫殿则集中表现了威尼斯的哥特族人在科佩尔的权力。众多的垛口和桃尖拱被建造在最高执政官的半身像中间，这些雕像虽然并不十分逼真，却迫使你去认真思索历史，并把历史看作既是个体作用的结果，又是其他更大力量作用的结果。

我拜访了位于宫殿和大教堂后的市立图书馆，首先注意到的是它那巴洛克式、略有些古典主义的灰岩石正面以及柱顶梁下激动人心的圣经浮雕画面。这里以前是布鲁图斯家族在18世纪时的豪华住宅。我从最近读过的一本书里了解到了这一点，而这个信息一下子就让我心潮起伏、浮想联翩：

尽管历史学家了解早期现代和现代世界之间的巨大差异，新闻记者和决策者却往往对其区别感到困惑。这一区别是至关重要的，暗含了一种对于未来人类社会走向的深刻洞察。早期现代往往被通俗地界定为从文艺复兴开始到工业革命结束，或同样地，从中世纪结束开始到拿破仑战败结束。① 现代时期的开始晚于此。理解早期现代主义的一个关键是：和那些能够匹配现代民族主义者所要求的民族身份认同的特征相比，它如何催生出远为多元、兼容并包的身份认同。在早期现代的世界，一个人可以是犹太人或基督徒，但同时还可以是同一个城市和多民族帝国的公民；在现代世界，一个人的宗教则可能把他或她的身份局限在某个特定的单一民族国家之上。

事实上，已故哈佛大学教授萨缪尔·P. 亨廷顿《文明的冲突与世界秩序的重建》一书的主要观点是：建立在文化和文明基础之上的政治身份并非是原生的，而是与现代化过程本身融为一体的。② 在 1990 年代，每一个人都觉得对该书有自己的看法，但真正读过的人却寥寥无几。然而，如果现代主义本身只是历史的一个阶段，那么身份特征——尽管关于反对变革的民粹主义、派别战争、伊斯兰教和西方之间冲突的标题随处可见——会以一种难以觉察的方式向着更为灵活的方向发展吗？早期现代时代能够提供一个相关的、在实际上有益的关于未来的指南吗？

可以算得上是关于早期现代历史最为透彻而全面的观点出版于最近几年——诺埃尔·马尔科姆的《帝国代理人：16 世纪地中海世界的骑士、海盗、耶稣会士与间谍》（以下简称《帝国代理人》）。马尔科姆是一位权威的学院派历史学家、牛津大学万灵学院研究教授，其多语言能力令人敬畏，是接受过专业训练的档案发掘者，而且是一个深谙传记之道的作家。他认为传记这门艺术应当对所探讨的历史时期进行通透解释，因而他能够把一个

---

① 尤安·卡梅伦，《早期现代的欧洲》，第 xvii、374 页。
② 萨缪尔·P. 亨廷顿，《文明的冲突与世界秩序的重建》。

国家放置在一幅构思精巧的全景图里，并对其进行丰富而细致的刻画。《帝国代理人》谈论的大致是16世纪末期威尼斯与奥斯曼帝国在亚得里亚海和地中海东部争夺霸权的故事，是一个家族的一部"微观历史"，而且是放置在一种对早期现代的欧洲所采取的百科全书式的、几乎是普鲁斯特式的视野之内。[①] 因为马尔科姆是在撰写学术性历史而不是通俗性历史，所以该书相对而言几乎没有什么凿空之论。书页中没有激情洋溢的段落：你所看到的只是档案本身和其他记录所显示的内容。其结果毫无疑问会有些枯燥，还有就是见识到了作者登峰造极的博学。于是，读者就被引领到一个过去的世界，尽管不得不费很大气力才能跟上作者的思路。

我在阅读这本书时就花费了特别大的气力。如我所提到的那样，四分之一世纪以前，马尔科姆针对我本人的著作《巴尔干两千年：穿越历史的幽灵》（以下简称《巴尔干两千年》）写了一篇措辞严厉至极的书评。1980年代我在南斯拉夫以及其他地方做实地报道，我的那本书就是在那些报道的基础上完成的。我在报道中确实准确预言了即将到来的冲突，在战争突然爆发之前，甚至在柏林墙倒塌之前，那些报道一直被《大西洋月刊》连载。但是，我的报道离满足马尔科姆提倡的客观性和必要研究的标准十分遥远，尽管我对于该地区的直觉是准确的，文笔是生动的。我最初因那篇书评而产生的怒火，却渐渐随着时间的推移而化为一种从容镇定的决心，那就是虚心接受并认真了解这样的批评，把它当作是提升自我的一次机会，而不是发泄怨恨的一个由头。于是，

---

① 诺埃尔·马尔科姆，《帝国代理人》，第 xviii 页。

我潜入马尔科姆著作的深处，但还是要不时极力排解他那篇书评留给我的痛苦记忆。要生活，就要抓住学习和探究的每一个机会，不论那个时机让你感到多么不舒服。①

乌尔齐尼（Ulcinj）地处亚得里亚海，在黑山的最南边，靠近阿尔巴尼亚，是马尔科姆的故事开始的地方，一个在若干方面与科佩尔相似之地。乌尔齐尼最初属于伊利里亚人，后来又属于古罗马人，被融入拜占庭，之后又被融入斯拉夫民族，1405 年归入威尼斯的统治之下，1571 年归入奥斯曼的统治之下。当然，在 16 世纪时，乌尔齐尼对威尼斯依然很重要，因为它处在一条重要的边境线上，这里是威尼斯与奥斯曼帝国之间一个混乱的边境地带，经常爆发周期性的残暴行为，大家族之间的冲突远比宗教冲突重要得多。尽管如此，奥斯曼帝国政府带来了微妙的变化，而不是动荡。正如马尔科姆所写的那样：

……一种外来的元素似乎在每一个层面都占了上风……这种印象是错误的。除了若干例外（士兵以及若干其他职业的人），穆斯林不是从遥远的伊斯兰教的领土上带来的移民，他们是碰巧皈依了伊斯兰教的阿尔巴尼亚人。皈依的理由也多种多样，而且，在很多具体事例中，极有可能的情况是，为了提升一个人社会和经济地位的考虑多于宗教的关怀。②

即是说，不同帝国与不同宗教之间的冲突的确在事实上存在，

---

① 我在可以算是《巴尔干两千年》续集的《在欧洲的阴影下》一书中谈到了有关《巴尔干两千年》出版的种种情况。
② 诺埃尔·马尔科姆，《帝国代理人》，第 14 页。

但不像表面上看起来那么一目了然。奥斯曼帝国仍然是威尼斯重要的谷物来源地。因为两个帝国之间有漫长的和平时期，其间威尼斯还挟持信仰穆斯林的奥斯曼帝国，给与其竞争的意大利那些信仰天主教的城邦施加压力。"威尼斯，"马尔科姆说，"是唯一一个把保护海上贸易通道当作其海上军事政策主要目的的（欧洲）政权，而且由于所涉及的贸易是跟奥斯曼帝国的贸易，所以威尼斯的常规政策就包含合作而不是冲突的内容。"这里还有更大的意义：地缘政治因为有些别具一格，不按照道德原则行事，所以它也就超越了血腥的宗教冲突及其所有的绝对道德真理。例如，天主教的波兰可以与奥斯曼统治下的罗马尼亚公国和平相处，"但是波兰人难以接受这样的观念，即罗马尼亚人成为（同是天主教徒的）哈布斯堡王室庇护和指使的对象……"另外，奥斯曼这一时期在欧洲的政策还有一个"首要的决定因素"，那就是在亚洲与同是穆斯林的波斯的斗争，而这个事实，再加上奥斯曼对叙利亚和埃及的控制，进一步助长了苏丹们主宰地中海东部，尤其是塞浦路斯的欲望；其结果却是使他们卷入了与天主教的威尼斯的竞争。①

　　因为这是对一个时期和一个特定地理环境的全面描述，而且其全面的程度达到了人们可以合理想象的极限，所以该书的作者也描述了威尼斯与奥斯曼较量中肮脏的那些侧面：比如，为了彻底搅乱威尼斯人的生活，奥斯曼帝国从巴尔干内陆调用军队去烧毁威尼斯人的村庄，抢走他们的牲畜，因而威尼斯人在亚得里亚海东部狭长地带的生存条件就变得极其脆弱，逃脱不了受奥斯曼

---

① 诺埃尔·马尔科姆，《帝国代理人》，第 138、192、405、427 页。

帝国任意摆布的命运。另外，由于阿尔巴尼亚地势崎岖不平，奥斯曼企图在巴尔干内陆建立政权的尝试遭遇到了强硬的军事抵制，于是，尽管奥斯曼人能够摧毁在阿尔巴尼亚及周边地区的一个已经存在的权力结构，建立一个新的、容易操控的权力结构的尝试却最终是失败的（有时候，混乱也会从海边产生，比如盘踞在哈布斯堡统治下的克罗地亚境内塞尼港的乌斯考克人，就发动过对于奥斯曼帝国领土的突然袭击）。

马尔科姆讨论的是奥斯曼帝国，而不是土耳其帝国，尽管"奥斯曼"和"土耳其"在很多情况下是同义词。但是，它们在很多其他情况下显然不能画等号——值得考虑的是，奥斯曼苏丹国是一个丰富多彩的、具有包容性的、不同文化甚至不同宗教的汇集之地，存在着许多不同种类的自治政体和非土耳其人（波斯尼亚人、阿尔巴尼亚人等等）的小团体。如马尔科姆在一个旁白里告诉我们的那样，奥斯曼政府"高层"包括了来自意大利、克罗地亚、匈牙利、奥地利及其他地方的"许多'叛教者'（改信伊斯兰教的人），这些人的母语和心理结构都是西方的"。这一整套的"行政、税收和军事管理"体制使得 15 世纪和 16 世纪的奥斯曼帝国成为"西欧极为羡慕的对象"。[①]

马尔科姆的努力，尤其是他在搜索档案方面的努力，关键并不在于搜寻更为广阔的社会、军事和地缘政治图景，而在于关注威尼斯阿尔巴尼亚族的布鲁尼和布鲁图斯（拉丁语 Bruti）家族，这两个家族把持着乌尔齐尼附近威尼斯和奥斯曼帝国边境地带几乎所有的重要关系和上层职位，在那里，意大利语和斯拉夫语几

[①] 诺埃尔·马尔科姆，《帝国代理人》，第 224、175 页。

乎可以替换使用。马尔科姆写道："布鲁尼和布鲁图斯家族是真正的语言和文化两栖动物。而这一点……对于他们在地中海这个更宏大的世界中的成功至关重要。"

例如，这个大家族包括：一个巴尔干天主教的大主教；1571年勒班陀战役教皇旗舰舰长；一个既为威尼斯人又为奥斯曼人工作的翻译；西班牙在伊斯坦布尔间谍系统的一名成员，此人后来成为摩尔达维亚的首席大臣（加斯帕罗·布鲁尼本人效忠于威尼斯、罗马教皇以及西班牙国王）。尽管用学者 E. 娜塔莉·罗斯曼的话来说，威尼斯和伊斯坦布尔是"早期现代两个重要的文化生产中心"，布鲁尼和布鲁图斯却是一个"跨帝国的"世界的一部分，这"显然不符合"把对方视为可怕的、可恨的他者"这一神秘的做法"。[①]

杜布罗夫尼克，又称"拉古萨"正是在这里开始亮相。它地处亚得里亚海达尔马提亚海边，乌尔齐尼以北，是一个广为人知的半独立城邦，在 16 世纪后半叶，其作用相当于东西方之间的一个情报枢纽和通信中心。杜布罗夫尼克的财富最初来自充当波斯尼亚、科索沃以及巴尔干内陆其他地方所出产的铅、银以及其他商品的出口中心。因为杜布罗夫尼克实际上是被奥斯曼帝国的领土所包围，所以它无力从军事上抵抗苏丹王，况且它还要从奥斯曼帝国那里获取食物。但由于它是伊斯坦布尔如此可靠的一个情报提供者，所以杜布罗夫尼克也就没有被要求向苏丹国输送士

---

① 诺埃尔·马尔科姆，《帝国代理人》，第34、99 页。E. 娜塔莉·罗斯曼，《帝国掮客》，第30、251 页。这种不拘一格的身份交织，让我浮想联翩，想到很多东西，比如中世纪西班牙的"互利共存"，及其伊斯兰教政权统治下的基督徒、基督教政权统治下的穆斯林、皈依伊斯兰教的非阿拉伯人、被洗礼的穆斯林和犹太人。中世纪的西班牙和早期现代的亚得里亚海东岸，都在一定程度上是商谈与妥协的文化，而且不论是在个人层面还是政治层面，都是如此。

兵，或者以任何实质性方式帮助奥斯曼军队。换言之，杜布罗夫尼克是极端模棱两可的代表："一个在奥斯曼帝国领土边缘筑巢的基督教国家，实际上是一个自治之国，但被苏丹王看作是其帝国的一部分。"[①]

这是一个庞大的穆斯林军队已深入中欧匈牙利腹地并进行军事活动的世界；然而，它也是一个致力于最为复杂的地缘政治，但也能够从容应对文明冲突的地区。因此，它迫使我们对自己所处的世界进行反思。我们当中的知识和决策精英构筑了一个极具包容性的世界，对布鲁尼和布鲁图斯家族会有似曾相识之感。任何像我这样见识过伦敦、华盛顿、纽约、柏林、上海及其他不胜枚举的城市社会上层，体验过新奇的、影响广泛的国际会议流程的人，都会意识到这个世界有许许多多这样的人，尤其是年轻人，其父母国籍相距甚远，他们拥有非凡的多语言天赋，因而对多个国家都有好感。例如，在这样的一个世界上，会有这么一个人，他出生于新加坡，他的父母来自法国和旁遮普省，他可能会说英语、法语、中文和印地语，有至少两本护照，有亲戚在多个级别相当高的政府机构和非政府组织中任职。这是一个由以前狭小的贵族精英蜕变为一个更大的全球性上层阶级的世界，是一个充满了机会和风险的世界：有些类似于布鲁尼和布鲁图斯家族生活的那个世界。

这也是一个杜布罗夫尼克人的世界，也就是一个相互往来的城邦的世界——比如新加坡和迪拜，而这些城邦的忠诚，从深层上说，更多地归属于商业和贸易而不是任何更大的权力或政治哲

---

① 诺埃尔·马尔科姆，《帝国代理人》，第215页。

学本身。当然，这也是一个世俗地缘政治能够越来越超越宗教分野的世界：以色列与沙特阿拉伯结成了心照不宣但却真实存在的联盟，共同抵抗伊朗；主要信奉东正教的罗马尼亚与俄罗斯渐行渐远，而信奉东正教的保加利亚和塞尔维亚与俄罗斯越走越近。显然，宗教与教派的对立不容否认，在早期现代世界也是这样；但是，与那时相同的是，观察越仔细，其复杂与矛盾之处就越多。

在一个更深刻、然而不那么明显的层面上，如法国哲学家皮埃尔·马内特所暗示的那样，对城邦和半隐半现的帝国传统越来越重视，尽管现代国家的问题越来越多。[①] 我的意思是，有影响力的大国或组织，比如美国、伊朗以及欧盟，尽管不是正式的帝国，却也面临着以前的帝国所曾经受的困扰和挑战。与此同时，在几乎每一个洲，城市变成各自的超大城市或区域之邦。

那么，从更为充实、广阔和高科技的意义上说，难道这一切不正是早期现代主义的一个版本吗？正如年轻的亨利·基辛格看到应对 1950 年代末日核决战之可能性的措施之一，就在于密切关注后拿破仑时代梅特涅和卡斯尔雷的宫廷外交一样，诺埃尔·马尔科姆对于所谓的后现代主义走向哪里这个问题所给出的答案，也在于密切关注一个庞大的、多民族的大家庭先前是如何在一个比我们能够想象到的拥有更多文化、呈现更单纯的地缘政治色彩的世界上取得巨大成就的。早期现代主义和后现代主义就是以这种方式融合在一起的。

站在科佩尔曾经的布鲁图斯家族大厦前，这一切都在我的脑海中翻腾着，在中世纪晚期和早期现代，这座小城就是帝国与文

---

① 皮埃尔·马内特，《城市的形变》，马可·莱佩恩译自法文版，第 5、18 页。

210

明的一个十字路口，或许以后还会是这样。

　　为了更好地了解科佩尔所受到的影响，我现在必须启程前往斯洛文尼亚的首都卢布尔雅那，这需要我搭乘 90 分钟的大巴车。卢布尔雅那坐落在具有萧瑟之美、针叶松覆盖的斯洛文尼亚内陆，这里是靠近阿尔卑斯山的一角。在这里，我可以放松倾听人们谈论中欧和东欧的文化与地缘政治。

　　我始终感觉，欧盟和欧元区双重危机最终会对东欧而非西欧产生最深刻的影响。西欧国家尽管问题不少，但它们比东欧国家拥有更强有力的国家和官僚体制，而在东欧国家，历史留下了一笔挥之不去的制度衰弱的遗产。在这样的状况下，布鲁塞尔权力的衰退使得东欧国家更容易受莫斯科的影响。因此，与其到慕尼黑和达沃斯参加会议，听那些名人们搬弄一些陈词滥调，看每一个人都端着架子给他人表演，我宁愿坐在卢布尔雅那的咖啡桌边与人一对一聊天，因为这里离近东和东正教世界的边境更近，地缘政治危机更显而易见，而非讳莫如深。

　　卢布尔雅那在德语中被称作"莱巴赫"，它与哈布斯堡帝国的历史关联之紧密超过了任何特定的民族国家。1821 年，为稳定拿破仑战争之后的欧洲而召开的关键性会议之一在这里举行。因此，"莱巴赫"这个名字会让人想起"梅特涅"和"卡斯尔雷"等重要人物。我上一次来卢布尔雅那是在 1989 年 10 月，离柏林墙的倒塌仅有几周时间，恰好是我从 1980 年代以来一直在报道的南斯拉夫之旅即将结束的时候。那时候离在当地的战争爆发还有 20 个月的时间。但是，我最终还是把斯洛文尼亚从《巴尔干两千年》的终稿中撤了下来，尽管它曾是南斯拉夫联盟的成员之一；与此同时，我在手稿中放入了希腊，尽管它早已是北约的成员国。我与书稿的编辑争论，希腊尽管与西方联盟关系密切，却仍属于近东；而斯洛文尼亚尽管在很长时间内都是巴尔干最大国家的一部分，却属于中欧。

1989 年的卢布尔雅那在我的记忆中打下了深刻的烙印。我那个时期的日记的一部分作为游记散文发表在《纽约时报》上，其中有这样的记录："早晨始终是一片朦胧。一直到 9∶30 左右秋天的大雾才开始散去。随后，陡峭的屋顶、教堂的尖塔、铅灰色的穹顶、雕塑、柳树和杨树才慢慢显露出来，宛如艺术家眼疾手快勾勒出的最初几笔。开始时，它还只是一幅炭笔画。临近中午，如调色板般五彩斑斓的颜色就涌现出来：建筑物的外观色彩纷呈，有橙黄的赭石色、粉色、土红色、鲜艳夺目的绿色。至于建筑本身，"我接着说道，"不仅是巴洛克式的和文艺复兴时代的，还有新艺术、装饰艺术等。部分原因在于，除了拿破仑统治的那五年，从 1135 年到 1918 年，卢布尔雅那一直处在哈布斯堡帝国的统治之下，所以，帝国虽然遥远，其艺术的影响仍然能够渗透进来。"实不相瞒，这座城市让我痴迷不已。①

但是，关于卢布尔雅那，我当时写在笔记本上但却没有发表的东西更多：男人们在旅馆里潮湿而阴冷的餐厅中抽烟，侍者们则一边听嘈杂的摇滚乐——BS&T 乐队演唱的《纺车》，一边聊天，无视顾客的需求。人们眼神空洞，发泽暗淡，根本看不到当时在附近的奥地利已经随处可见的手握式电吹风机和高档眼镜，而且每一个人都穿着劣质的鞋子。这是一个人们一大早就开始喝酒的

---

① 罗伯特·D.卡普兰，《一座南斯拉夫城市建筑物的外观》。

地方。①

1989 年与当地人接连不断的交谈在我的记忆中变得复杂模糊起来。当时的南斯拉夫已经开始呈现崩溃的迹象，即便在新闻中还没有相关报道。"塞尔维亚人回首过往，而我们则展望未来：都不再对铁托统治下的南斯拉夫那一套陈旧的制度有任何兴趣……""在斯洛文尼亚，铁托（有一半斯洛文尼亚血统）已被人彻底忘记……""在南斯拉夫联盟，斯洛文尼亚人是认真的反对派……""我们看奥地利的电视节目，不看塞尔维亚的……""我们是一个向外看的小国，塞尔维亚是一个向内看的大国。"总的来说，在 1989 年 10 月，就西方标准而言，斯洛文尼亚是一个贫穷且受压迫之地，即使这样，斯洛文尼亚也要痛苦地去支持南斯拉夫联盟内部甚至更加贫穷却又更为强势的国家，其中最为突出的就是塞尔维亚。从某种政治和文化意义上说，南斯拉夫拽着斯洛文尼亚向南靠近了巴尔干，让它远离了本应在中欧的位置，而这一位置是斯洛文尼亚继承的哈布斯堡遗产所赋予的。实际上，是斯洛文尼亚对于该事实的愤恨才使得它像波兰与匈牙利一样，不惜一切手段想成为西方的一员，走向自由主义和自由市场。

那都是二十多年以前的事情了。重访卢布尔雅那就像是回到了同一所房子，但里面有了新的装置和家具，仿佛整个城市被同一个艺术家粉刷得更为精细。这个城市有了新的小汽车、便携式减速带、新的标识、步行街和设计精巧的垃圾回收箱，还有一家

① 如我当时所写的那样："在卢布尔雅那这里，海德尔可能会如鱼得水。"我指的是已故的民粹主义、隐约有新纳粹主义倾向的奥地利自由党领袖约尔格·海德尔从边境对面的卡林西亚发出呼吁，但他的支持最终被奥地利壮大的中产阶级所湮没。

提供数字化服务的酒店。酒店的服务堪称顶级，侍者举手投足间颇有芭蕾舞演员的风范。人们佩戴着时髦的围巾，拿着雨伞，看起来非常精干和利索。我在卢布尔雅那比在皮兰或科佩尔更能感受到意大利，尽管皮兰和科佩尔受到了威尼斯的影响而卢布尔雅那受到了哈布斯堡的影响。全球知名品牌的名字被贴满了大街小巷，疯狂购物的亚洲游客也非常多。

　　齐格·特克，曾两次担任政府官员，目前在一所大学任教。与我在这里即将会面的很多人一样，他的言谈和思维都极为冷静、公允、清晰，丝毫也没有我在冷战后期认识的那些巴尔干人常有的紧张和坐立不安。和他在一家高档咖啡交谈时，我仿佛置身于布鲁塞尔，而不是在以前的南斯拉夫。"我们只是仅仅走出了困境，"他告诉我说，"看到了从 2008 年以后首次出现的良性增长，那次金融危机暴露出我们在制度建设方面是多么薄弱。就说科佩尔吧，那曾是南斯拉夫军方一个极为坚固的堡垒。与的里雅斯特相比，它在事实上成为一个管理得更好、较少受罢工影响的港口。在未来，将会有铁路把科佩尔和中欧联系起来。它不像的里雅斯特和里耶卡那样受附近山丘的制约，因此，科佩尔的地理环境允许港口规模继续扩大。另一方面，不妨环顾四周，"他继续以平静的语气说，"看起来这紧接着的第四个帝国似乎也在我们的眼皮子底下开始崩溃：第一个是哈布斯堡帝国，第一次世界大战后崩溃；第二个是由塞尔维亚人、克罗地亚人和斯洛文尼亚人组成的（南斯拉夫）王国，在第二次世界大战中分崩离析；然后是社会主义的南斯拉夫，在冷战之后分裂；现在则是欧盟，正处在深刻的危机之中。你知道为什么不存在泛欧的民粹主义吗？因为作为一个整体，欧洲没有情感认同。"

他赞成有一个更强有力的欧盟，因为那将在巴尔干再现哈布斯堡和奥斯曼帝国时代的相对和平，而这一情景将会为这块历史上四分五裂之地创造繁荣发展的条件。"但就目前而言，考虑到危机的存在，我们斯洛文尼亚人的一致看法是：必须与德国携手，而非与意大利、维谢格拉德集团（中欧四个国家组成的跨国组织）或者克罗地亚携手并进。"对他来说，欧洲等同于德国。只要德国的总理们能够始终有一种像阿登纳那样的责任意识，牢记第二次世界大战和冷战的教训，那么德国就不会是一个威胁。

"其实，我们并不反对俄罗斯。俄罗斯从未真正威胁过斯洛文尼亚。俄罗斯必须越来越从地缘政治上与欧洲融为一体，因为它与土耳其的非正式结盟最终不会持久。"至于土耳其，它在巴尔干、高加索和中东与俄罗斯的竞争太多。斯洛文尼亚，具有讽刺意味的是，在冷战期间与苏联几乎没有任何瓜葛，尽管它那个时候也处于社会主义阵营，而如今却有了一些俄罗斯在银行、钢铁厂的投资以及修建天然气管道的动议。"

"似乎欧洲以前几个世纪里的权力政治又要卷土重来了，"他叹了一口气，"俄罗斯往里进了一步，美国被往外推了一步。"说到以前的南斯拉夫，"我们很幸运，克罗地亚人在我们南边——因为他们特别反感南斯拉夫人和塞尔维亚人，所以，他们起到了逼迫我们不断北进并最终进入中欧的作用。"我在这里逗留期间，人们一再告诉我，申根边境自由区的边界几乎接近日耳曼欧洲的边界，即神圣罗马帝国的边界。于是，斯洛文尼亚最终拥有了一种由历史决定的自然边界。然而，齐格·特克的话中透露出某种不安全感：害怕斯洛文尼亚仍有可能被莫名其妙地从一个日渐式微的欧盟中排挤出来，尽管它已不再是（其实从未真正是）巴尔干的一部分。

梅特义·阿夫柏力是一位年轻的欧盟法教授，骑着一辆小摩托车来到了咖啡馆，向我解释说："斯洛文尼亚现在仍在努力养成一个中产阶级。政治党派没有资金，在制度和机构层面都很薄弱，议会成员往往都是无名之辈。我们还未真正拥有自由民主意义上的政党结构，比如，像我们隔壁邻居意大利那样的政党结构。这仍然是我们和他们、斯洛文尼亚和欧盟、卢布尔雅那和布鲁塞尔都必须正视的一个问题。"如我沿着亚得里亚海海岸向南前进时在克罗地亚、黑山和阿尔巴尼亚所发现的那样，在共产主义失去政权很久之后，共产主义的问题依然存在。

皮特·格尔克曾经担任过首相的外交政策主要顾问，阿伦卡·考希尔是外交部主要负责巴尔干西部地区问题的官员，两人显然都不愿意放弃对欧盟的信心。他们带着我到了一家在西方几乎到处都可以找到的那种高档饭店，并告诉我说，欧盟的意义丝毫也不亚于一种富有建设性的、能够解决问题的思维方式，一种对于法治国家胜过民族国家、个体价值高于群体价值、法治胜过专制的信念。这样的一个体系必须以一种或另外一种形式获得最终的胜利，因为，归根结底，根本就不存在其他替代性选择——不管这次或那次选举的结果是什么。他们说："只有欧盟在更大的多样性中提供了一种统一性。"只有欧盟才能够拯救在斯洛文尼亚和克罗地亚以南的、前南斯拉夫的那些支离破碎之地。"只有当欧盟缺少在塞尔维亚与俄罗斯进行竞争的意愿时，俄罗斯才有可能把塞尔维亚当作一个滩头堡。"

他们说，即便欧洲各地发展速度不一，斯洛文尼亚也处在一个绝佳的位置，应当属于发展最为迅速的经济和政治集团之列，因为它面积小因而很容易管理，而且地理位置好，与意大利和奥地利接壤。

尽管格尔克和考希尔都不愿意舍弃对某种形式的欧盟的信心，但他们也承认，前南斯拉夫的现状反映了哈布斯堡帝国和奥斯曼帝国之间原有的分歧，其中，斯洛文尼亚和克罗地亚（及其成功的故事）属于哈布斯堡的势力范围，而南部那些极为贫弱和半衰败的国家则属于奥斯曼的势力范围。

事实上，格尔克和考希尔都很年轻，富有理想主义色彩，但他们并非不明白事理，只是对行政机构有信心而已。而且，他们明白，塞尔维亚、波斯尼亚、科索沃和马其顿的危险并非在当前而是在以后，因为对1990年代血腥大灾难的记忆仍然恍如昨天，但从现在开始再过若干年，人们对于上一次战争的记忆就会减退并变成被歪曲的神话，就像巴尔干的大部分历史一样。

我必须提醒自己，卢布尔雅那离的里雅斯特只有大约一个小时的车程，要是没有二战后的这个边境协议，它原本可以成为独立的、拥有自由边境的城邦而不是意大利的一部分。迪米特里伊·鲁佩尔的父亲是的里雅斯特人，他的祖父是在那里工作的哈布斯堡的海关官员。鲁佩尔生于1946年，是斯洛文尼亚从南斯拉夫独立后的首任外交部长，后来又成为驻美大使和卢布尔雅那市长。他是一个天生的外交官和政治家：他身材高大，头发雪白，留着白色的络腮胡子，风度翩翩，很有长者风范，睿智又体贴，丝毫没有知识分子的矜持，极具人格魅力。

"拿破仑曾经想封锁附近通往讲德语的中欧的门户，"他说道，"这里还有一座拿破仑的雕像呢。拿破仑被打败之后，1821年莱巴赫会议期间，俄国沙皇亚历山大一世和哈布斯堡皇帝弗兰茨一世一起在卢布尔雅那的街上散步。我想要说的是，斯洛文尼亚和卢布尔雅那以前可比现在重要得多。问题是我们的身份被湮没在多民族帝国中的时间太久了，因而我们一直作为少数民族生活在不同的地区，例如施蒂利亚，卡林西亚，"现在都属于奥地利。"1848年的呐喊（欧洲失败的自由革命之年）是为了建设一个统一的斯洛文尼亚而发出的怒吼，但是没有成功。当我们最终在1991年拥有自己国家的时候，它来得太快，结果呢，这里的人们没有把它看作是多么了不起的成就。毕竟，与南斯拉夫——其实是与塞尔维亚——的战争仅仅持续了10天，60个人丧生，尽管那场战争引发了规模更大的南斯拉夫的灾难。"

他解释说，从南斯拉夫逃离颇有些讽刺意味，因为，"斯洛文尼亚在奥匈帝国的统治之下感到压迫，出于一种泛南的斯拉夫情感的冲动，在第一次世界大战后满腔热情地加入了由塞尔维亚人、克罗地亚人和斯洛文尼亚人组成的王国。在哈布斯堡帝国，斯洛文尼亚是个被排挤在外的角色，也是其发展比较缓慢的区域之一。于是我们那个时候对帝国的好处也不怎么感激"。这样一种反中欧的情绪，他接着说，"又因为塞尔维亚士兵在南斯拉夫王国最初的几年帮助打退了意大利对斯洛文尼亚人的入侵这个事实而得到了强化。只是过了很久，"等南斯拉夫王国变得动荡不安，"我们才真正意识到，斯洛文尼亚在奥地利哈布斯堡王朝的庇护下一直过得还不错。"但到那时，斯洛文尼亚已划入了巴尔干，他不胜惋惜地说。

"我们在历史上的黄金时期已经一去不复返，"鲁佩尔呼了一口气，"那就是我们所在的欧盟，英国仍然是一个成员，可以阻止德国操控欧盟。"他担忧的是，尽管德国在最近数十年中产生了良好的影响，但某种形式的德国民族主义的回归将是自然的，因而也是难以阻止的。

达米尔·克瑞克是一名专栏作家、法学教授，还曾是在斯洛文尼亚的军事情报负责人。他带我到了一家民宿酒店，边吃着带芥末的烤肉午餐边解释说，因为斯洛文尼亚处在一个地理上的十字路口——在其历史上的不同时期，被夹在意大利人、德国人和匈牙利人之间，而且还恰好处在中欧和巴尔干之间的夹缝里，所以，要评估中欧和巴尔干的动向，它就是一个极好的情报通信站。"塞尔维亚人和克罗地亚人都在继续尝试引诱我们加入其中的一方而反对另外一方，当然，我们保持中立。"他接着谈起了那些古老的"土耳其人的"阵线和围攻，以及在数字化通信时代那些民族和历史嫌隙可能仍然具有的意义。他强硬且专注，悲观且务实，这显然与他的军方背景吻合，而少了一些平民百姓的色彩。但是，他对于欧洲的设想，与我那天上午刚刚从斯洛文尼亚外交部两位精明练达的前大使那里听到的设想几乎完全一致。

按照他们的说法，根据这种设想，申根边境是浑然天成的。他们回忆起了古老的"基督教前哨"的说法。这个词的意思是"基督教的堡垒"，是由教皇利奥十世在 1519 年提到罗马天主教的斯拉夫人时提出来的：克罗地亚是抵御穆斯林苏丹国的第一道防线，斯洛文尼亚是第二道。"当共产主义失去政权时，"这两位前大使中的一个说，"我们认为这段先前的历史丝毫也不重要，共产主义的南斯拉夫以及此前的塞尔维亚人、克罗地亚人和斯洛文尼亚人王国的存在，已经抹除了我们之间的这些差别。但是，在铁托的南斯拉夫倒塌三十年之后，我们发现我们又回到了中世纪晚期和早期现代的历史（其间南斯拉夫的领土曾被三个帝国瓜分——哈布斯堡、威尼斯和奥斯曼[①]）"，这位外交官继续道，并不假思索地说出了下面这些储存在他脑海中的一大串统计数字：

到21世纪第二个十年快要结束时，斯洛文尼亚人均年收入为32000美元，处在欧洲经济发展速度最快之列。克罗地亚人的人均收入是22400美元，处在欧洲经济发展速度第二快之列。毕竟，克罗地亚的历史非常复杂。该国的伊斯特里亚、萨格勒布以及其他若干区域是奥匈帝国哈布斯堡传统的继承者，达尔马提亚海岸则是威尼斯帝国传统的继承者，其他地方则是奥斯曼帝国传统的继承者（克罗地亚人有很多种）。然后是前南斯拉夫的其他地方，在奥斯曼帝国经济体系中几乎是彻底崩溃的。我们所掌握的情况是，黑山人均收入是17000美元，塞尔维亚是14000美元，曾经属于奥斯曼的马其顿、科索沃以及波斯尼亚人均收入都很低。事实上，尽管在20世纪大部分时间巴尔干西部存在着一个南部斯拉夫联盟，现在保留下来的只是从古老的帝国时代对峙所遗留下来的经济社会差异。这一点，说实话，不是民族或种族决定论，因为真实的情况是，说到欧洲东南部的斯拉夫人，这些帝国集团的外在行为给他们所造成的政治上和经济上的深刻影响，要超过其得自血缘和语言的影响。总之，欧洲原属于拜占

---

① 詹姆斯·D. 特雷西，《巴尔干战争》，第1—28页。

庭帝国和奥斯曼帝国的地区，也就是离中东最近的地区，依然最为贫穷，也最为动荡不安。

从卢布尔雅那——铁托 1980 年去世的城市——所看到的景况是，虽然没有了枪林弹雨，但 1990 年代的南斯拉夫战争依然在持续着。克罗地亚和塞尔维亚仍然在波斯尼亚争夺控制权。波斯尼亚被划分为不同的民族和宗教行政区。塞尔维亚人和阿尔巴尼亚人在心理上仍然存在分歧。阿尔巴尼亚与阿族的科索沃的统一，不论看起来多么棘手，不论可能会多么血腥，也不论目前看起来多么不可能，最终都会出现，除非这两个地方和塞尔维亚一道，都加入欧盟。

于是我们又回到了欧盟这个话题。欧盟尽管存在诸多可悲的不足，却依然为东南欧的前行提供了唯一的出路。如果没有欧盟——尽管欧盟的确既在增大又在制约德国的权力——的存在，那么，在巴尔干就只剩下新权威主义的土耳其和俄国的经济和政治影响了。换言之，一种算得上是新铁幕的东西，遭遇到了一种新的类似于早期现代帝国在欧洲的割据模式。不妨考虑一下：匈牙利裔美籍亿万富翁乔治·索罗斯的公民社会计划，在东欧集团遭受了若干年的批判，但在冷战结束后那令人兴奋的最初数十年中，这些计划对西方价值观念在共产主义东欧的传播起了重大作用。与此同时，正如我的斯洛文尼亚朋友提醒的那样，2017 年 4 月土耳其全民公决给予总统雷杰普·塔伊普·埃尔多安专制性权力。投票日之后的第二天，埃尔多安没有去现代土耳其的缔造者、"土耳其之父"穆斯塔法·凯末尔的墓地拜谒，而是去了"征服者"穆罕默德二世的墓地。此人是 15 世纪奥斯曼的苏丹，曾指挥军队从君士坦丁堡向西行进，最远到达波斯尼亚。对斯洛文尼亚来说，未来看起来颇为坎坷，除非布鲁塞尔的雄才大略能够足以与安卡拉和莫斯科相提并论。在斯洛文尼亚内部，由于其地缘政治的模棱两可，理性分析取代了感性激情。

在卢布尔雅那的一周是忙碌的一周。当沿着亚得里亚海及其周边游走的时候，我在长时间地与人交谈和同样长时间地享受令人感觉充实的独处之间不断转换，当然，独处之时也会抽空阅读。碰巧成为我此刻旅伴的这本书是《索福克勒斯的悲剧》，作者是20世纪中期牛津大学的唐·莫里斯·鲍勒。鲍勒是第一次世界大战的一名老兵，在第二次世界大战时期撰写并出版了这本书。他参加过伊普尔、帕斯尚尔和康布雷战役，因而极其厌恶战争，但同时也厌恶绥靖政策。在这一点上，他是相当明智的。

我手里快要散开的平装本是一个时间稍晚的 1964 年版本。根据鲍勒对"俄狄浦斯王"的诠释，个人的价值只能存在于接受和他的生活相关的全部事实，以及这些事实对于决定他到底是谁这个根本问题的意义。而且，不论那些事实和意义多么令人感觉不愉快，他的认知本身就意味着某种澄清。因此，尽管神灵向俄狄浦斯揭示了很多关于他本人令人惊恐之事，但是他在晚年逐渐成为某种力量和勇气的象征。根据鲍勒的理解，索福克勒斯的洞见是：一个人只有通过经受煎熬才能知道他在神灵面前的位置，也才能够意识到自己的渺小，否则无法拥有心灵的平静。[1]

这是更深入理解古希腊人的一部分：人类的经验可以同时是恐怖和美好的，调和两者可能非常艰难，但仍然是可能的。同样，

---

[1] C.M. 鲍勒，《索福克勒斯的悲剧》，第 364—366 页。

接受一种情景的真正事实，不论那些事实是多么悲惨，对于理解你自己及他人，或是一个正在研究的地区，都很重要。现实可以既是严酷的又是催人奋进的。鲍勒的语言平易朴实，通俗易懂，但处处渗透着他广博的学问——例如他对古代希腊知识的掌握，而这一切使得他的阐述显得极为透彻清晰。他的书既是写给有好奇心的大众看的，也是写给其他学者看的。英国学者在这方面的能力似乎远远胜过他们的美国同行。

　　我驾车向南再度朝着科佩尔的方向驶去，穿过一段修剪过的景观区，整齐利索，布局严谨，让人感觉仿佛是到了瑞士或奥地利。接着，我开往克罗地亚边境。我的护照在我离开斯洛文尼亚的时候被盖了章，仅仅几码之外，就在我进入克罗地亚的地方，又被盖上了章。我把我的欧元换成了克罗地亚的库纳。我从未离开过欧盟区，也从未离开过前南斯拉夫地区，但现在我正在离开申根区和欧元区。这是一个真正的边境。

　　很快我就下行进入山区隧道，直到无穷无尽、蜿蜒曲折的亚得里亚海再度出现，伊斯特里亚半岛和远离海岸的巨大岛屿像是恐龙的背部出现在视野中。港口城市里耶卡的突然出现给人一种大煞风景的感觉：丑陋不堪的居民楼不依不饶地蔓延着，这些建筑物的高高耸立与周围的风景格格不入。汽车一直在下坡行驶，直到进入布满沙砾的市中心：冷漠的、剥落不堪的建筑物，黑乎乎的城市，布满鹅卵石，被时光抹去了棱角，点缀着稀稀拉拉的、幽怨的雪松和柏树。这是奥匈帝国遗留下来的巴洛克和新古典主义遗产，也掺杂了令人感觉压抑的共产主义后期和西方的现代主义。有一排独栋居民楼，上面布满了胡乱涂抹的水泥，邋遢的阳台上放着盆栽的花，第二次世界大战后不同历史时期的痕迹都可以在这里找到。放眼望去，到处都是门式起重机。因为除了那些渡船和铁托著名的游艇之外，这里还是一个重要的集装箱港口。

我住的旅馆相当舒适，里面有定制的全木家具以及铺满整个地面的棕色地毯，但不像卢布尔雅那的旅馆那样是缓慢演变而来——也不像在里米尼和的里雅斯特的旅馆那样豪华而舒适——在这里，我仍然被"幽禁"在20世纪。如果说在卢布尔雅那的旅馆和咖啡馆像是有光泽的时尚杂志上的广告图片，那么此刻，两个小时不到，我便仿佛置身于一部黑白电影中。我从一个更为富裕的国家的首都来到了一个更为贫穷的国家的港口，这里旅游业不发达，工业化程度也比较低。里耶卡比卢布尔雅那有更多的巴尔干色彩，但这也只是相对而言，因为我现在仍处在以前的哈布斯堡帝国之内。在世界的这个地方，每个人都认为，从他们的立足之地向南向东的每一个地方就是东方的起点。

里耶卡成为逐渐向东之地：这是一个未经开发的原始之地。如果说的里雅斯特是整洁的旧货币，那么里耶卡则是共产主义的风化物。旅游业尚未对里耶卡进行美化。因此，这个脏乱而古老的城市因有一种独特的美而显得与众不同。

现在属于克罗地亚的里耶卡，人口为12.9万，曾经是一个叫作"阜姆"的都市，包括但丁广场以及其他有意大利特色的地名，在1947年之前，定居于此的有意大利人、克罗地亚人、匈牙利人和斯洛文尼亚人，之后便处于南斯拉夫的统治之下。我想起阜姆的时候，便会想起克劳迪欧·马格里斯已故的妻子玛丽萨·马蒂艾瑞以及她的童年日记《水绿色》。日记以她母亲给她的一条裙子的颜色而命名，买裙子的钱是以巨大代价从一家当铺得到的。一位评论家说，这本日记让人渴望"一种在历史和时间之外的生存"，它讴歌了富有灵感的、与爱相关的记忆之不可磨灭的品质。每当作者从内沃索别墅教堂即现在的伊利尔斯卡·比斯特里察教堂下面走过，"仿佛时间的边缘都能触摸到我，包裹着时间的罩子似乎成为透明的了"，因为，在她的内心，她的父母"仍然在那里举行着婚礼"，她的母亲"顶着飘逸的白色面纱仪态万方地走在"温暖的八月之光里。①

这些思绪之所以令人感觉特别悲伤，是因为即将到来的难民生活是那样艰辛。1947年，在共产党的军队涌入这个地区的时候，玛丽萨·马蒂艾瑞一家决定要到意大利去，因而在真正动身之前遭受了为期一年的迫害。她父亲丢掉了工作，还被关押了一段时间，一家人从家中被驱赶出来，挤在一间屋子里过活，所有的东西都堆积在一起，顶到了天花板上。她们刚到的里雅斯特时，一家人住在一个阴冷的难民帐篷里，不得不忍受帐篷外当地意大利人怀疑的眼光。

远在1940年代以前，里耶卡——阜姆——就是一个统治权难以确定的地方。从15世纪末开始，里耶卡是奥地利哈布斯堡帝国的一个重要海港，自1867年奥匈帝国建立之后，它的大部分归布达佩斯管辖，有铁路把它与中欧核心地带联系起来。如果的里雅斯特是一个断层带，那么里耶卡就是那个断层带的边界线。事实上，在第一次世界大战之后，城市种族之间的冲突，以及外国的外交人员试图把这个城市移交给塞尔维亚人、克罗

---

① 玛丽萨·马蒂艾瑞，《水绿色》，加雷斯·诺伯里译自意大利文版，第143、167页。

地亚人和斯洛文尼亚人王国的决定，迫使 9000 名意大利裔的军团士兵组成了有些无政府主义和法西斯主义苗头的"卡尔纳罗摄政统治区"。[①] 这个摄政统治区仅存在了一年，《拉帕洛条约》就宣布阜姆是由意大利管辖的独立国家。1924 年，它成为法西斯意大利的一部分。在整个过程中，斯拉夫人和意大利人在这个伊斯特里亚半岛上演的戏剧性斗争，成为东西方斗争的一个缩影，也是自由的西方与共产主义的东方斗争的一个缩影。然而，尽管考虑到意大利人对于斯拉夫人的残暴和普遍漠视，而且这种态度并不仅仅局限于追随墨索里尼的法西斯主义者，但是，一方并不总是或并不是在道德上比另外一方优越。

例如，我抬头看了看里耶卡的一些阳台，立刻就想到了意大利卡尔纳罗摄政统治区的领导人加布里埃尔·邓南遮（1863—1938）。在这里的谈话中，这个名字不时出现：提到时一带而过，却很少得到解释。邓南遮是一个富有号召力的知识分子，渴望得到权力和他人的奉承，因而特别喜欢在阳台上抛头露面。对他来说，政治的目的是提供一个接受崇拜与赞美的舞台和建立一个完美的国家。1919 年，在阜姆，由于哈布斯堡帝国倒塌，这个城市也成为意大利和新成立的南斯拉夫王国竞相争夺以及持久谈判的对象，邓南遮作为极右军团运动的头领乘机攫取了权力，军团运动则得到了疯疯癫癫的青年理想主义者的支持。尽管他没有支撑多久，但他从语体风格上为墨索里尼铺平了道路——他成为一种警诫，提醒人们防备稀里糊涂的观念和知识分子的自负。因为高远的理想，如果缺少必要的节制，也落不到实处，有可能会破坏

---

① 这个名字指的是城市所在的科瓦那湾。

政治的正常运行。①

贾科莫·斯科蒂已 88 岁，精神矍铄，个子不高，一头白发向后梳理，运动外套里面穿着毛衣，打着领带，给人一种整洁时尚的感觉。我在里耶卡大学和他见面并共进午餐。从 1948 年，也就是他 20 岁时开始，他就一直在马不停蹄地撰写有关意大利-南斯拉夫边境问题的散文和小说，他一生的绝大部分时间就生活在这里。他是一个多产的作家，从青年时代就是一个坚定的反法西斯主义者。他愤愤不平地告诉我，在意大利，没有哪一个首脑曾经认真地因为第二次世界大战所犯下的罪恶而请求饶恕，就像德国领导人一再做的那样。意大利在这一举止上有点儿像奥地利：战争大部分时间都是一个同情轴心国的国家，事后却认为自己是一个受害者。这就是极端右翼运动以及伊斯特里亚和达尔马提亚应当重新回归意大利之类的暗示，能够在意大利（和奥地利）扎根的原因；而这样的民族主义、领土收复主义，至少到目前为止，在德国是比较难以想象的。"成千上万的斯洛文尼亚人、克罗地亚人和黑山人死于意大利和意大利控制的领土上的集中营。这些数字在意大利的学校是不会被讲授的。意大利人感受不到他人的痛苦。"他说道。斯科蒂反对这样的看法，即如果不与希特勒结盟，墨索里尼现在在人们记忆中的地位至少不会比佛朗哥和萨拉查低。"请记住，墨索里尼 1935 年入侵了埃塞俄比亚，比他与希特勒正式结盟早了四年。墨索里尼妄想控制整个地中海中部地区，"而且事实上在第二次世界大战期间，实际占领了向东到阿尔巴尼亚和希

① 小阿拉姆·巴克希安，《权力的仰慕者》。保罗·霍兰德，《从本尼托·墨索里尼到乌戈·查韦斯》，第 76—81 页。

腊的整个亚得里亚海东部沿海地区。①

年老的斯科蒂住在里耶卡一个不知名的、满是高楼的居民区，位于前南斯拉夫管辖的区域之内，因而不是古老的阜姆城的一部分。他可以说是一个活生生的例证：重要事实和客观真理因记忆力的强大而得以流传。他以自己特有的方式成为一个阜姆人——一个意大利人。他曾向我提及刚刚被放回里耶卡市区钟楼顶部的双头鹰。"它是哈布斯堡的一个象征，而不是克罗地亚、匈牙利或者意大利的象征。是法西斯主义者把它给拆了下来，它象征着这个城市在哈布斯堡人统治下所享有的属于本地的自由和自治。"他认为，里耶卡在其内心一直是独立的。

一天晚上，我在海边一个名为坎特里达的村子里吃饭，这个村子在里耶卡西边，开车只要几分钟。和我在一起的是当地三位高校教师：桑雅·博雅尼克，哲学教师；宛尼·德阿来西欧，历史学家；以及宛尼的妻子桑雅，人类学家。饭店朴素、低调，跟这里的风格一致，让我想起 1970 年代希腊的那些岛屿，此情此景在当今时代越来越难以见到了。我们在饭店的木梁下面就能悠闲地领略屋外伊斯特里亚半岛壮丽的海岸线，还尽情享用了葡萄白兰地玛瓦吉雅（当地产的一种罐装白葡萄酒）和鳊鱼。

谈话围绕着边境问题展开，大家一致认为，20 世纪是一场灾难。如宛尼所解释的那样，沿海岸线再往西走半英里就属于的里雅斯特了，我们坐的这个地方以及里耶卡的部分海岸，则听从布达佩斯的管理。里耶卡本身是分裂的，另外一部分在政治上听命

① 早在 1934 年，墨索里尼就谈到了征服北非。戴维·罗德格诺，《法西斯主义的欧洲帝国》，阿德里安·贝尔顿译自意大利文版，第 47 页。

于萨格勒布。但是，尽管存在如此错综复杂的紧张关系，帝国体系仍然能够运转，因为每一个人最终都忠实于哈布斯堡帝国的君主。在帝国四分五裂之下原本存在着许多微小的身份共同体，但第一次世界大战后的和平调停所创造出的现代单一民族（有时候甚至是特别邪恶的）国家，把这一切都破坏掉了。我将会被反复告知，里耶卡（阜姆）的确本应当像的里雅斯特一样成为一个城市共和国。

天色暗了下来，伊斯特里亚的海岸线已经从视线中消失，只剩下岸边的灯火在闪烁。这里是威尼斯朱利亚的尽头，是一片处在伊斯特里亚半岛与北部阿尔卑斯山之间的狭长地带。第二次世界大战之后，铁托重新统一南部斯拉夫国的时候，多达35万意大利人被迫离开家园来到这里。密歇根大学教师帕米拉·巴林杰谈到了那些既离开原地又留守在这里的意大利人对于伊斯特里亚的那个已失去的"'意大利人'世界的怀念"。[1] 我又一次想起了玛丽萨·马蒂艾瑞的《水绿色》。因为在冷战结束之后，在的里雅斯特-伊斯特里亚一带，斯拉夫人对意大利人的民族清洗所造成的斯洛文尼亚人和意大利人之间的伤痕重新被撕裂开来。关于罪责和受害者身份的争论不再遭受抑制。[2] 在亚得里亚海东北角这个历史上一直纷争不已的地方，同时并存的建立民族国家的需求和多元主义的需求之间激烈的冲突，到处都存在。或许，这是在海洋的帮助下才有可能做到的一件事情，因为借用多米尼克·赖尔所引用的那些审慎的国家主义者之一的话来说，海洋是"一个保持中立的大杂烩领地，是这个海湾所有国家开展贸易的

---

① 帕米拉·巴林杰，《流放的历史》，第220页。
② 帕米拉·巴林杰，《流放的历史》，第129、144页。

开放地带"。①

晚饭聊天的话题很快转移到了波斯尼亚、科索沃和马其顿的问题上去。南斯拉夫虽然已经不存在，但人们谈论起它的时候仿佛它就在眼前，仿佛里耶卡仍然是它的一部分。事实上，第二天上午，一个住在马其顿首都斯科普里的年轻访问学者、翻译娜塔莎·萨佐斯卡告诉了我她所理解的一个概念，"幽灵边境"，即"仍然能够让人们感觉真实的"原有边境，而且，由于各地政府对待阿拉伯难民和移民危机的举措差异很大，"幽灵边境"大有卷土重来之势。我向娜塔莎打听马其顿的情况，她向我介绍了斯科普里是如何变成一个充斥着昂贵的亚历山大大帝和有关马其顿古代名人雕像大杂烩的。"政府想借此回击希腊和保加利亚历史上对其领土的索要，但结果却是非常庸俗的，简直像是迪士尼动画。"马其顿非常贫穷，她接着说道。人们痛恨那里的欧洲元素，因为"希腊人不让欧洲承认我们。与此同时，土耳其人又想控制我们本地的经济。"（娜塔莎希望，希腊与马其顿之间就如何正式称呼后者新近达成的脆弱协议能够永久有效。）

在里耶卡，我非常忙碌，不停地与人交谈，话题几乎无所不包，涉及当地历史、前南斯拉夫和当前。像在斯洛文尼亚一样，在这里有亲身经历过共产主义的人们——他们或他们的父母体验过解体是什么滋味，而不仅仅从书本上才知道的。② 这座城市有很多陡峭的小山，走路比较费力气，因为有许多迂回的台阶把它联系在一起。早上的空气有些呛人和刺鼻，似乎是为了取暖而仍在烧褐煤。宏伟的奥匈帝国建筑物颜色纯正，有黄色、骨白色和

---

① 多米尼克·赖尔，《害怕国家的国家主义者》，第1—3页。
② 伊凡·克拉斯蒂夫，《欧洲之后》，第11页。

灰色。这些建筑物形成了圆形的露天剧场，跟布满门式起重机的港口连在一起。这样的城市风光有助于追溯有关过去巨大的、灾难性事件的记忆。

我从原意大利的阜姆——里耶卡的市中心，来到了这个城市属于存在于两次世界大战之间原南斯拉夫王国的那部分。尽管已经过去了一百年，这个城市的两边仍然存在着差别：原来是阜姆的那一部分令人想起较为贫穷的的里雅斯特，而属于南斯拉夫的那部分因充斥着大量的居民楼群，令人想起一种无可名状的社会主义的贫瘠与刻板。

我和桑雅一起去拜见了当地大学的副校长斯奈亚娜·普瑞伊奇－萨玛兹亚，会面地点在校长办公室，我们一起品尝着浓缩咖啡和油酥面包。作为一名游客，你永远不会太明白到底会跟人聊起什么话题。我通常会率先说话，然后就顺其自然，不加任何引导。我很快发现，这两位大学教师忧虑的是真理的丧失和数字化时代的客观性。从文艺复兴之后，人们开始追寻事实和严谨的分析性思想，期望能够找到解决问题的正确方案。显然，真理就其本身与关涉而言是一种价值。没有真理，就不会有科学，万物无法因之而明晰。但是桑雅和斯奈亚娜都明确地认为后现代主义及其道德等价物和五花八门的主观叙事将导致这一切的毁灭。桑雅称之为一个"混乱无序的"过程。就这一点而言，学术界及其倡导的解构主义都难辞其咎。毫无疑问，这一切并无新鲜之处，但这一点把欧洲知识分子的精英跟他们的美国同行联系在一起。我们彼此都认为在参加同一场道德斗争，目标是抗击大西洋两岸民粹主义的激情对于理性论证的颠覆。因此，桑雅、斯奈亚娜和我有许多共同之处这个事实，就是我们跟各自国内的许多同胞存在分歧的一个暗示。

我现在正跟年轻人在一起，并因此受益很多。我在里耶卡大学见到的学生与美国分析家所担忧的事情是一样，其中之一是，他们关注的是一个越来越软弱的欧盟以及一个未来民族主义盛行、政治底蕴薄弱的德国。一个来自罗马尼亚的学生，正好在英国脱欧投票现场，他说，欧盟不仅仅是一个冷漠的、官僚主义组织。"我的许多朋友在知道公投结果后都哭了。这对我们来说的确是一种悲剧性经历。"（有点像哈布斯堡帝国的崩溃。）毫无疑问，那是一种常见的精英主义立场，但也是中欧与巴尔干并非完全迥异的又一个例证。这些地区并没有真正相互分离，与美国也仍旧藕断丝连，甚至可以说，他们的精英阶层与各地的精英阶层在往同一个方向前进。

第二天，与学生及教师们的谈话在里耶卡西边的原哈布斯堡的度假地奥帕迪耶和佛罗斯科继续进行。这里与满是旅游设施的地中海其他地方没有太多区别，几乎一样的蔚蓝海岸，呼啸而过的车辆，蓝色海水，弗朗茨和约瑟夫曾经散步的滨海区，光彩夺目的婚礼蛋糕状房屋，用锻铁装饰的咖啡馆以及早春时节的奢华花园，里面生长着棕榈、松树、栎树、木兰、紫藤，夹杂着一些深色柏树，这是一幅错落有致的美丽图景，令人心旷神怡。奥帕迪耶和佛罗斯科有时尚的精品商店，男人打着丝质领带，穿着昂贵的运动夹克，充分说明这里的人们品味不低，但也暗示你要足够有钱。

又刮起了干冷的风，他们说这风形成于南边的塞尼，在里耶卡变得强劲，在的里雅斯特消失。学生们和我从咖啡馆转移到了一家饭店，中间走了好长的一段路。欣赏着眼前财富在海边所造就的华丽场面，我们讨论了马克思经济学中的优先地位理论。并非一切都和经济利己主义相关。其中的一个研究生说，毕竟，"欧洲的富人为左派投票，穷人和中下阶级则为右派投票。为什么？因为社会的每一个部分都从文化上认同这些趋势"。另外一个学生补充说，"冒牌的共产主义左派是凑热闹的，包括那些非政府组织和所谓的时髦事业等。这吸引了那些富人。与此同时，贫穷的人们则对右派的民族国家主义产生了兴趣。"如另外一个人所说，这部分解释了为什么"在以前的共产主义国家索罗斯遭到民粹主义右派的谴责。他无意中帮助创造的非政府组织文化被看作是精英主义的移植，不论这种看法是否公允"。这就把谈话引到了关于学术界"势利"的讨论上来，学术界也划分为有终身教职的教授阶层和寒酸的研究生院的教师；大家还讨论了关于注释的准确性以及许多其他问题恶意的、利己主义的论战。一些生僻文本的名字被多次提及，学生们还讨论了这些文本的价值。我抄写了若干文本的名字，以便自己能够阅读并进行判断。

在我们谈论书时，我提到了米洛凡·德热拉斯的名字。德热拉斯是第二次世界大战中一个著名的游击队队员，一度是铁托的继承人，后来成为东欧最初的持不同政见者，写出了《与斯大林的谈话》和《新阶级》等关于第二次世界大战和冷战时期的经典文献。1980年代，我每年都要在贝尔格莱德的议会大厦后德热拉斯的公寓中采访他。在对历史的冷静分析中，德热拉斯看到了未来的轮廓，尤其值得一提的是，他预测到了1990年代的战争。

"德热拉斯是谁？"桌边的学生们几乎是异口同声地发问。尽管都来自前南斯拉夫，这些学生和教师却从未听说过他。原来，审查制度一直持续到 1990 年代，而那个时候，这些学生仍在中小学读书，毕竟德热拉斯与铁托闹翻后，成为一个持不同政见者，而他们在大学和研究生阶段的课程阅读书目又过于狭窄、抽象，不切合实际，这两方面的结合，使得这位 20 世纪后半期整个时代的伟大记录者几乎湮没无闻：正是这个时代催生了导致南斯拉夫分裂的战争。当今时代，书籍和手稿数量剧增，尽管被真正阅读的并不太多，因此，至关重要的东西大多并没有得到传承。

在饭店吃午饭的时候，餐桌边的气氛有些压抑和惊恐。而且，这并非仅仅与学术界的状态有关，欧洲尤其是巴尔干看起来没有什么希望。我现在听到比较多的是，黑山如何成为俄罗斯黑帮的势力范围，阿尔巴尼亚如何成为意大利南部黑帮的势力范围，这也解释了波德戈里察和地拉那的高档饭店、酒吧、豪华旅馆和珠宝店暴增的原因。接着就是常见的、没完没了的对波斯尼亚、塞尔维亚、科索沃、马其顿的穷人以及恶劣民族风气的控诉。（我被告知，罗马尼亚与此同时则在倒退，因为它周围的国家都曾以不同形式遭到了俄罗斯的削弱。）至少在欧洲的这个部分，北约好像只是现实之极为肤浅的一层，欧盟失去了活力，得不到信任。

我回到旅馆的房间，边整理着书籍和笔记边想，不可能一切都这么令人沮丧。线性思维方式往往容易发现阴暗面，但在逻辑上有缺陷。我不相信巴尔干还会再次发生战争，因为 1990 年代战争的爆发有体制上的原因，其根本原因在于南斯拉夫解体以及随之而来的南斯拉夫军队及其武器装备混乱不堪的流失。南斯拉夫已经分裂，因此，会出现新情况，或许是欧洲的重新划分，这不是电影桥段，也不是新柏林墙。关于未来可能状况的思考，促使我去了解其他作者以及他们的看法。

"现代性首先是一个方案,一个在欧洲提出来的集体方案,最初是在欧洲实施的,但从一开始就是为了全人类而准备的。"法国哲学家皮埃尔·马内特这样解释说。他的话有助于理解法国知识分子朱利安·班达在 1930 年代的思想。班达认为一个理性的、抽象的、去国家化的欧洲是有价值的,但如当代荷兰裔美籍知识分子伊恩·布鲁玛所指出的那样,对于那些希望拥有某种文化归属感的大众来说,班达的观点是很难令人满意。

换言之,欧洲,尤其是在冷战刚刚结束之后,用它自身的文明理想取代整个人类的文明理想。这一直是个问题。事实上,尽管欧洲的精英谈论普世权利,欧洲各国的公民却希望他们的政府能够更加密切地关注他们更为具体的情绪和忧虑。而且,由于欧盟这个超国家组织在许多人看来已被证明是不够好的,所以,我们可以再一次回到马内特所说的对于城市、帝国、部落或民族体的古老的政治表述上来。毫无疑问,欧洲的城市在继续发展,成为更有力的身份表现形式,这是文明在当今时代的胜利。与此同时,古老的欧洲帝国存在于它们遗留给欧洲各地互不相同的经济与社会模式之中,比如在欧洲核心地带的加洛林帝国,在中欧的哈布斯堡帝国,以及在发展程度稍低的巴尔干的拜占庭帝国和奥斯曼帝国。至于部落,其代表则是民粹主义的民族主义,而且考虑到当今时代数亿人都生活在他们的祖国之外,超过十亿人每年都要在边境外生活,民粹主义的民族主义是现代国家的挽歌。[①]

———————

① 帕拉格·康纳,《回应卡普兰的〈马可·波罗的世界的回归〉》。

也就是说，黑格尔把挪用马内特所说的宗教"中介功能"的群体称之为"民族国家"。因为马内特说道，是宗教的差异才"为现代国家的建立提供了最强有力、最具体的理由"。[①] 但是，同一种曾经代替宗教、赋予欧洲国家远大决心和自由价值观的民族主义（以1848年的起义为例），也可能成为一种日渐僵化的阻碍性势力——这是遍及整个欧洲的温和政治党派衰退的原因，这些党派似乎已经束手无策。当然，另外一个极端则是世界主义，其缺陷在于容易有过于强调合理性和"以自我为中心的"、利己主义个体的危险。[②] 根据马内特的观点，这是中欧那些制度不够健全的民族国家发自内心地反对世界主义和自由主义的原因。像波兰、匈牙利和斯洛文尼亚这样的国家，确实无法像法国那样从容应对多元文化，既要与数百万穆斯林教徒打交道，又要依然保持稳定。

然而，牛津大学教授简·泽隆卡说，这一切并非都是令人沮丧的，因为一种蓬勃有力的"新中世纪主义"可能正好解决燃眉之急：身份与主权的动态重叠，因为城市与地区在与欧盟竞争，都想获得人们的忠诚。明白无误的是，追求"权力集中"和"归属明确"的威斯特伐利亚世界已呈现衰退的状态。[③]

欧盟建立在这个由强大国家组成的现代世界的肩膀之上，而这些国家愿意让出部分主权，为的是能够一劳永逸地终结曾经催生了两次世界大战的血腥权力政治。而且，由于美国代表了强权世界以及伴随而来的可怕选择，所以，一直处在美国保护之下的

---

① 皮埃尔·马内特，《城市的形变》，第3、13、8—19页。伊恩·布鲁玛，《在欧洲的首都》。
② 马可·梅佐尔，《统治世界》，第49页。
③ 简·泽隆卡，《欧盟注定要失败吗？》，第 xi-xii、81—82页。

欧洲，很久以来一直认为自己在道德上优于美国。可惜欧盟并没有按预期的那样运行，对于理想世界的设想也受到了欧洲内部难以摆平的国家利益以及来自外部威胁的削弱，而外部的威胁往往来自俄罗斯和中东。

然而，希望、机会和危险都可能在前方等待。欧洲可能真的跟弥尔顿在《失乐园》里描述的亚当和夏娃的处境有些类似，都被赶出了伊甸园，然而，如弥尔顿所说，

世界全部在他们前方。①

因为通过接受与命运的抗争和战斗，亚当和夏娃才成为完整的人。他们品尝了知识之树上的禁果，这使他们首次得以区分善恶；"如果他们没有品尝的话，他们将继续只知道善"，因而也就不能珍惜善，莫里斯·鲍勒在一篇论述弥尔顿的文章中这样认为。另外，由于遭受了灾难，亚当和夏娃后来学会了"真正的谦逊"。鲍勒解释说："弥尔顿对于人类堕落的解决方案是，一种新的善从中诞生，人类可以通过在巨大的苦难面前履行自己的义务而展示其英雄品质。"② 而且，由于人类现在受制于疾病和死亡，劳作与进步首次成为可能。③ 同样，一个失去了理想世界的欧洲，现在有了在一个充满困难和赤裸裸的恶的世界上创造善的机会。不安会磨炼性格。

这种新的谦逊或不安全感意味着在某种程度上回归国家，用

---

① 约翰·弥尔顿，《失乐园》，第 646 行。
② 莫里斯·鲍勒，《从维吉尔到弥尔顿》，第 207、209—210 页。
③ 乌纳穆诺，《生活的悲剧意义》，第 37 页。

已故康奈尔大学学者本尼迪克特·安德森的话说，这是一种"深刻而平等的友好情谊"，是某种人们愿意为之付出生命的东西。事实上，如安德森指出的那样，对于马克思主义者或自由派分子来说，无名战士是没有坟墓的，非政府组织的成员也是没有坟墓的，只有爱国者才配得到坟墓，他们的国家是用语言、宗教、民族和文化这些原始要素锻造而成的。[①] 已故伦敦经济学院学者安东尼·D.斯密斯指出，国家主义通过赋予个体超越自身的命运，来避免"个人完全被遗忘"。[②] 因而，在向前推进的过程中，新中世纪主义和早期现代风格的世界主义所要求的作为其牢固基础的，将始终是这样的构筑民族特性的要素，即普罗大众对此会不言自明，而不必对其加以解释或高谈阔论。因为欧盟尚未能够提供这样一种心灵的、情感的纽带，所以它的力量仍然是有限的，因而将仅仅构成欧洲即将出现的政治地图的一个层面。

---

① 本尼迪克特·安德森，《想象出来的社群》，第 7、10、12、144 页。
② 安东尼·D.斯密斯，《国家特性》，第 160—161 页。

第六章

萨格勒布、斯普利特、科尔丘拉和杜布罗夫尼克

『国家并没有刻入物性之中』

克罗地亚历史学家、耶鲁大学荣誉教授伊沃·巴纳克认为，中世纪的克罗地亚的"核心"是亚得里亚海沿海，但是威尼斯沿着亚得里亚海向南的扩张，再加上奥斯曼对邻近波斯尼亚的征服，"导致了克罗地亚贵族向北缓慢地迁移，并对克罗地亚的政治版图产生了持久性影响"，使克罗地亚远离了它在亚得里亚海的根基。在这个过程中，萨格勒布作为原斯拉沃尼亚的汇聚点，由于深入腹地，慢慢成为克罗地亚的首都。[1] 如我们所知，南斯拉夫联盟共和国也具有把政治和经济力量进一步推向内陆的作用。然而，像在意大利那样，由于对当时技术时代的依赖，地理环境的影响则是另外一种状况；与意大利相似，克罗地亚现在的地理环境和地缘政治与 1990 年代战争期间的状况也有了明显不同。

以前，在克罗地亚的内陆和海边之间往返，不论是坐汽车还是火车，都需要花费很长时间，而且很不舒服。但是，在修建了从萨格勒布跨越山区到里耶卡、塞尼、扎达尔和斯普利特等沿海地区城市的数条多车道高速公路之后，距离和时间被极大缩短。从萨格勒布到里耶卡现在只需要 90 分钟，到塞尼两个小时。由于市政工程——更不必说达尔马提亚沿海旅游业的暴增——带来的出行距离大幅缩减，克罗地亚既在经济上发生了变化，也在自我定位上发生了变化：逐渐远离了一个更多沉溺于民族事务的巴尔干式目标，而走向了一个更具包容性的地中海式目标。

至少在开始这次旅程之前，我是这样想的。现实情况是，一旦亲眼所见，实际状况肯定会复杂得多。

---

[1] 伊沃·巴纳克，《南斯拉夫的国家问题》，第35—36页。

我从里耶卡上了一条通往内陆的高速公路，向着萨格勒布驶去。这离我上一次下榻那颇具世纪末维也纳氛围的海滨旅馆，已快三十年了。根据1980年代的记忆，我朦胧记得，在这个旅馆改造之前，大厅里有镶着金边框的镜子、天鹅绒的窗帘、带点紫色的地毯；餐厅则像是一个有些凌乱的艺术长廊：可以畅游弗洛伊德、克里姆特和科柯施卡描绘的宇宙。改造的初衷是想让旅馆全面具有国际水准，但其效果却是复杂的：浓重的棕色、暗淡的铜叶和金叶、带着明显黑色条纹的白色大理石，一切都透着一种挥之不去的忧郁，中欧的明显特征尚未被奥地利和德国锐利的全球主义所征服。

后来，下过一场雨后，我离开旅馆到外边散步。萨格勒布的意思是"在山后"，而"山"指的是俯视着下城区的"上城区"。在下城区有海滨旅馆，20世纪之交的新古典主义、新艺术运动、分离派风格的楼房和亭台，建筑物被大片的、树木茂密的空地分割开来。高高耸立在山顶上的是牢固的哥特式萨格勒布大教堂，是一座名副其实的天主教"微型克里姆林宫"，于13世纪被祝圣，19世纪末得到整修。就在这座教堂外，大约是1980年代中期，杜罗·考科萨和斯拉乌克·戈尔茨坦——现在都已去世，那个时候我跟他们都认识——两人坐在一辆车里争论到深夜，为的是要搞清楚，在第二次世界大战期间，到底是数千个、数万个，甚至还可能是数十万个塞尔维亚人、犹太人和吉卜赛人被克罗地亚的法西斯主义组织乌斯塔沙在詹森诺瓦杀害：天主教堂的官员公布的数字远远低于犹太社区领袖说的数字。[1]

---

① 罗伯特·D.卡普兰，《巴尔干两千年》，第6、9、15页。

我很快就得知，这件事情，并没有烟消云散。

我在这里最先遇到的人是奈博伊沙·塔拉巴和伊万娜·柳比西奇，一个是电视制片人，一个是学哲学的学生，他们很快就告诉我，"在一切的背后"，克罗地亚的公共言论仍然是由本地的罗马天主教堂控制着，尽管它仍然像在 1980 年代那样陷入在一种自戕性的、反对变革的世界观之中，仿佛它仍然在跟原来的共产主义政权战斗，其战斗方式除了诉诸部落之外别无他计。这个故事并无新意：一个处在边境的、苦苦支撑的教会，面对着边境对面的东正教和伊斯兰教，感觉到自身处境过于不安全，因而不肯放弃对于犹太人和穆斯林的偏见。我想写出一个新的、具有全球视野的、世界主义的、以地中海为导向的克罗地亚，从而与我在《巴尔干两千年》中写的那个国家形成对照。但是，我在萨格勒布遇到的克罗地亚人不肯与我合作。

像卢布尔雅那一样，萨格勒布之行也构成了一次足以尽兴的、以全球消费主义为背景的对话的盛宴。1989 年，我上一次来时，对于 1940 年代的恐惧仍然让人们心有余悸，因为冷战不过是第二次世界大战的补充；这一次来，我最初的希望是，甚至 1990 年代的战争也将看起来是遥远的往事。因为，我告诉自己说，历史其实算不上是一种负担，财富和技术会遮蔽过去。但是，那恰恰是问题之所在。人群中最具民粹主义色彩、最反对变革的元素，并不是那些记忆力长久的老年人，而恰恰是对过去没有多少认知的年轻人。而很多在事实上追求变化的年轻人则又结伴到国外去寻求工作和生活。在一定程度上说，克罗地亚是把它保守的民粹主义反叛姿态延伸到了匈牙利、波兰和其他地方正在运行的自由主义政治上：经济的焦虑，欧盟在构造一种有意义的身份感和归属感上的失败，强化了其反叛姿态。

伊沃·戈尔茨坦是已故斯拉乌克·戈尔茨坦的儿子，像他父亲一样，是一个历史学家，还是前克罗地亚驻法国以及联合国教科文组织大使。他父亲在我们见面前两个月才去世。"我父亲去世的时候，赫瓦尔岛上的一位牧师在互联网上说，克罗地亚的一名国家公敌之死让他感到高兴。互联网往往都是这样，消息很快就传开了。"政府为了不刺激教会和民粹主义的右翼，仅仅派了一名级别很低的官员去参加葬礼，老戈尔茨坦不仅是当地著名的历史学家、新闻记者和出版商，克罗地亚第一个非共产主义政党的主席，而且还是犹太社区的骨干分子。

我不假思索地问："这个地方有什么问题？"

数十年就这么耗费掉了，在戈尔茨坦谨小慎微、犹疑不决的回答中，我突然想起了他父亲的模样。"我已经59岁了，"他说，"但只是在过去的两三年中，我才变成了一个悲观主义者。在2009年（全世界范围的大衰退开始时），经济缩水了差不多9%。我们要等到2019年才有可能恢复到我们当时的水平。但那只是一个次要的问题，"说话的同时，他无奈地耸了耸肩，"当我们于2013年被批准加入欧盟的时候，他们（欧盟的官员）没有简单明了地告诉我们需要做功课：因为我们是一个庞杂的国家，遭受了战争创伤，所以，我们的成功是中东欧未来的关键。那个没有明说的功课是什么呢？一切的核心是：我们不得不更具包容性，像所有成功的西方民主政体那样，特别是那些人口像我们这样相对较少的国家，比如荷兰。"他解释说，少数民族受到善待的程度，将最终决定克罗地亚这样一个人口不足420万的国家到底是什么样子。

"然而，又正在发生什么呢？"戈尔茨坦接着说道，"修正主义大行其道，而且得到了塞尔维亚修正主义的支持，两个国家反对改革的人也互通有无，经常在互联网上进行论战。"而这提供了一种几乎是使用同一种语言的社群共有的生态系统。我被告知，互联网以最为糟糕的方式成为南斯拉夫最后的残留物。因此，三十多年前那天夜里他父亲与考科萨坐在车里进行的论战"仍然在继续着"。

"我曾经以为，随着乌斯塔沙在詹森诺瓦所犯下的罪恶的加害者和受害者的死亡，这个问题会通过冷静的研究而得到解决。我太天真了。我现在才知道，我们在克罗地亚是没有能力走向正常化道路的。"

"加入欧盟的漫长过程比成员国这个身份要好，"克罗地亚前外交部长威斯娜·普西奇告诉我说，"这个过程迫使我们努力追求自由民主的价值观。但是，一旦我们获准加入欧盟，可以这么说吧，就只是把成员资格放进了口袋，然后便原路返回了。"让人无可奈何的是，到 2013 年克罗地亚最终被批准加入欧盟之时，"欧盟自身也是麻烦不断，像瓦茨拉夫·哈维尔、亚当·米奇尼克那样的理想主义者已不再是一个正在出现的统一的欧洲中令人耳目一新的名字了。政治的发展要求有诸多的理想，不能仅仅是现实主义。"她强调说。

就本国情况而言，"克罗地亚是前南斯拉夫联盟中唯一的既是 1990 年代战争的受害者又是胜利者的国家，"戈尔茨坦在萨格勒布大学的同事、该校国际关系系主任德扬·约维奇解释说，"是的，我知道，斯洛文尼亚也是塞尔维亚入侵的受害者，但斯洛文尼亚参战的时间短，而且伤亡不大。然而，克罗地亚则不同，伤亡很大，遭到的毁坏也很大，但我们最终也获得了胜利。因此，如果你认为自己既是受害者又是胜利者，那么结果就是，你变得脑子里只有你自己——你变得很讨厌。这个世界，"约维奇接着说，"应当对你表示同情，而你与此同时却又感觉自己很了不起。我们一直没有负责调查真相和进行协调的专门机构。我们仍然对塞尔维亚人持敌对的态度。"

民族清洗对这种糟糕的态势起了推波助澜的作用，克罗地亚的人口被登记为少数民族的仅占7%，而在战前则为22%。"共产主义，"约维奇说，"你如何能够把实行种族灭绝的乌斯塔沙统治方式和铁托相对有节制的共产主义相提并论？"约维奇此刻表情温和，举止也很得体，他的分析因此听来更为入木三分。"因为在克罗地亚，国家特性仍然是围绕1990年代的战争建立起来的，民粹主义的右翼占据了上风。在这里，战争没有像在第二次世界大战之后的西欧那样，被宣布为非法的。"

他解释说，归根结底，这与铁托统治下的南斯拉夫未能培育出一个"平民群体"有关，而他认为，这样一个群体的特质就是"对于国民素质的深切理解"。南斯拉夫，"在一定意义上说，跟欧盟一样，数十年来，只不过是一架冷冰冰的官僚机器而已"。

难道这一切有可能与现在不一样吗？

伊沃·戈尔茨坦暗示，南斯拉夫这个观念一开始既不是一种伟大的理想，也不是什么洪水猛兽，而只是为了解决第一次世界大战之后，哈布斯堡和奥斯曼帝国崩溃时斯拉夫人占据的西部巴尔干地区问题而提出的一种方案。但是南斯拉夫及其塞尔维亚族的王权以及一般都是塞尔维亚族出身的首相被证明没有公平对待克罗地亚人和其他族人。

我的导游、学哲学的学生伊万娜情绪激动地插话说：

"现在，在我就读的大学，赞同铁托是普遍态度，因为，在经历过那么多战争和民族清洗之后，南斯拉夫这个词，就意味着全球性，具有包容意识。"

坦尼奇神父特别热情，表情友善，坐在一间敞亮的办公室里，他的手机处在待机状态。然而，他对于詹森诺瓦集中营的观点，对于战时克罗地亚红衣主教安洛基捷·斯蒂匹纳茨（在塞尔维亚人看来，是一个法西斯共谋犯；在客观的观察者看来，是一个在帮助法西斯主义受害者上做得太少、行动太迟的圣职人员；然而，在克罗地亚人看来，是一个殉道者）颇具争议性作用的观点，与我近三十年前在南斯拉夫的末日到来之前，在严肃而冷峻的考科萨离大教堂不远的办公室里听到的观点是一样的。像考科萨一样，坦尼奇为斯蒂匹纳茨进行辩护，质疑詹森诺瓦集中营的统计数字。

在至关重要的意义上，克罗地亚始终没有改变：依然陷在围绕着国家特性和战争罪恶的问题里，而这些问题是对政治能量的消耗，阻碍了社会和经济的发展。

帅气而颇具感召力的克罗地亚前总理佐兰·米拉诺维奇，言谈中显露出他从阅读过的所有书籍中获得的广博知识。他尽力想让人明白问题的复杂性。他的想法很多，有些书生气，这对于一个政治家来说有些不同寻常，因而他的语言并不总是能够组织得比较好。"必须认识到，"他开口说道，"我们在右倾的道路上并没有走得像波兰和匈牙利那么远。那些国家的政府只是传达了一种欲望，想用一种赢者通吃的心态让有关机构——媒体、法庭招架不住。这里还没有发生那种情况。关于全体选民的问题，我们现在还在摸索，还只是一些极不成熟的感觉。克罗地亚，"他接着说，至少从历史和地理环境的角度看，的确拥有某些优势。请记住，克罗地亚是世界上唯一一个拥有绝对海洋优势的斯拉夫政体。波兰和保加利亚拥有海岸线，但海洋并不是其主要特征。"威尼斯并没有真正对我们实施殖民政策，在为我们打开通向世界的通道这一点上，却做得比任何别的欧洲帝国要多。"他隐含的意思是，克罗地亚的潜力因此尚未得到充分利用。

学院派的历史学家特沃特克·亚科维纳告诉我，准确地说，克罗地亚"是一个有着独特地域的国家，在奥匈君主制统治之下，从未作为一个统一的实体而运作过"。在克罗地亚人的经验中，海洋只是一种要素，尽管是一种主要的要素。由于这个容易产生问题的特征（其地理上的难以驾驭），"在克罗地亚就出现了某种程度的不安全感，而这种不安全感已在右翼的民粹主义政治中得到了表现"。亚科维纳这样解释说。

我从萨格勒布驱车沿着高速公路来到了海边。那些宏伟的、芥末酱色的哈布斯堡时代的建筑物飞速向后退去，我进入那些在山中挖掘出来的隧道，然后又穿越被新的雪覆盖着的森林，树上尚未凋零的秋叶呈现出拜占庭圣像所特有的浅淡的金黄色。令人眼花缭乱的之字形路线把我带出了冰雪天地，来到了另外一种风光的克罗地亚。塞尼是北风开始刮起的地方，在塞尼看到的亚得里亚海是一种严酷的冷冰冰蓝色。风很猛烈，从远处看，海上的浪花带来的泡沫似乎凝冻在一起，就像是黑魆魆的窗户上结成的冰霜。另外一侧则是克里克岛，一片荒凉。风犹如海浪一般汹涌而来，猛烈地冲击光秃秃的树，不懈地敲打百叶窗。这种干冷的风彻底毁坏了这里的景观。恶劣的天气指的是风而不是雨，租给我一个房间的那个当地人这样告诉我。所有的旅馆都已关门。街上空无一人，大部分房屋在这个季节都是空空荡荡。

我在海边找到了一个营业的酒吧，里面烟雾缭绕，播放着嘈杂的流行音乐，我买了烤肉和一瓶价格便宜的当地红酒。从我的桌子那里，能够看到海浪升腾而起，其高度超过了停放的几辆车。有一个食品杂货店，我在那里买了准备早上吃的面包和奶酪。我还带了一本劳伦斯·德雷尔的诗集。能够让眼下的我心满意足的一切，都在我身边。谢天谢地，几乎没有什么电子邮件。

坐在酒吧里凝望着窗外的海水，我思索着几天前与前外交部长威斯娜·普西奇关于克罗地亚在亚得里亚海的未来的谈话。她是联合国秘书长的候选人之一，有着非常敏锐的洞察力。很容易想象她参加在像达沃斯和彼尔德伯格这样的地方举办的高端国际会议的情景。

她告诉我，非洲也是一个挑战。在一个世纪的时间中，非洲的人口从11亿可能攀升到30亿甚至是40亿，因此，对于像克罗地亚这样一个有地中海海岸线，出生率为负数的国家来说，移民将是一个永久性问题：克罗地亚是一个没有作为多种族社会存在经验的国家。

"天然气时代在等着我们。"她接着说。已经有大量关于在靠近塞尼和里耶卡的克里克岛建设液化天然气设施，然后从波斯湾、以色列甚或是美国进口天然气的说法。也有可能在伊斯特里亚附近的海床上发现蕴藏量足够大的天然气，并通过新的管道向北出口到匈牙利、波兰甚至是乌克兰，从而让这些国家不那么依赖俄罗斯的能源。另外，人们还在考虑跨亚得里亚海管道的问题，这条管道可以把碳氢化合物从能源丰富的阿塞拜疆经由土耳其、希腊、阿尔巴尼亚和海底输送到意大利，从阿尔巴尼亚向北建设支线，经由黑山输送到克罗地亚。俄罗斯担心的是，这样的管道会减少对于俄罗斯能源储备的依赖，从而在暗中帮助克罗地亚及别国那些友好的极右政党，她这样解释说。

"最后，还有那些主要来自叙利亚的战争难民。"尽管他们只是路过，并不在克罗地亚停留，但是，2015年和2016年数十万人的涌入"使得我们一下子意识到，地理环境正在变得微不足道。中东是如此之近，这是我们从未想到过的。由于天然气和管道政治，乌克兰离我们也非常近"。克罗地亚是到达欧亚大陆的通道，即便是像普西奇希望的那样，克罗地亚更多是一个亚得里亚海国家——通过管道及其沿海天然气站与中欧联系在一起，从而允许克罗地亚在某种程度上"逃离巴尔干"。

看到亚得里亚海，不论它看起来多么阴冷，一切似乎都昭然若揭。在塞尼，我第一次感觉到离开了具有意大利风格的的里雅斯特地区，包括由里耶卡（阜姆）联系在一起的伊斯特里亚和科瓦纳湾，尽管此时威尼斯帝国又进入了画面之中。

风在不停地呻吟。我想到了从这里一路向南的海边荒凉贫瘠的景象：部分归咎于威尼斯人，在占领此地的漫长时期内砍伐橡树、松树和桦树去修建他们的造船厂。[①] 我看着这里低矮的山岗，想起了西班牙哲学家奥特加·伊·加塞特，他曾经这样说："过去是唯一的武器库，我们只能从这里寻找看清未来真实面目的手

----

① 德纳姆，《亚得里亚海》，第29页。

段。"① 换而言之，除了过去，我们一无所有。过去展示出了永无休止的变幻，我由此知道，未来也必定向多种可能性敞开。在这片遭受过严重破坏的海岸，故事从未间断。

达尔马提亚，意为"多山之地"，这个名字是用来指克罗地亚所对应的亚得里亚海海岸。它也是一个部落"达尔马塔"的名字，这个部落宣布从伊利里亚（Illyria，或许是现代的阿尔巴尼亚的前身）独立，自我管理。公元前4世纪末，希腊殖民地在附近建立，招致了罗马人的突然袭击。但是一直到公元前212年征服了锡拉库萨之后，罗马才真正把注意力放在亚得里亚海东岸，这一次是为了打击海盗和与迦太基结盟的马其顿国王。随后是两个世纪的战争，因为罗马试图制服达尔马塔人以及海岸线附近的其他伊利里亚人。最终，在公元9年，在伊利里亚人又一次反叛之后，已经失去耐心的提庇留大帝突然中止在波希米亚（Bohemia）签订的停战协议，与他的侄子格马尼库斯一道挥师南下镇压了这次暴动。"从那年以后，"历史学家朱塞佩·布拉加写道，"被驯服的达尔马提亚安静下来，躲避在罗马鹰的阴影之下。"②

公元476年西罗马帝国灭亡、东哥特人开始统治之后，查士丁尼在公元6世纪初把达尔马提亚并入拜占庭帝国的版图，因此，从那个时候，达尔马提亚就开始接受君士坦丁堡的统治。但是君士坦丁堡非常遥远，所以达尔马提亚继续接受拉丁语以及它与拉文纳等意大利城市密切联系的影响。公元7世纪时，斯拉夫人成

① 奥特加·伊·加塞特，《人类与危机》，米尔德里德·亚当斯译自西班牙语版，第120页。
② 朱塞佩·布拉加，《达尔马提亚史》，第20—21页。罗伯特·D.卡普兰，《地中海三千年》，第159页。

251

群结队地从更东边的海域来到这里。在拜占庭皇帝赫拉克利乌斯（公元610—641年在位）的帮助下，斯拉夫人赶走了匈奴人和阿瓦尔人，作为对赫拉克利乌斯帮助的回报，从此以后接受基督教。

12世纪时，匈牙利的国王们取得了克罗地亚的王位，为了争夺在这里的控制权，与威尼斯进行了旷日持久的战争：直到15世纪早期，威尼斯才赢得了这场争夺，从此开启了长达数百年的"最为安静的"共和国的统治。匈牙利人把征服达尔马提亚看作是其目的，完成了把他们的帝国扩张到温暖的地中海水域的大业，而威尼斯人则需要将达尔马提亚当作前哨，从而为他们在克里特岛和塞浦路斯岛的财产提供海上通道。奥斯曼帝国向多瑙河以及波斯尼亚的进军削弱了匈牙利人在达尔马提亚费尽心力的活动，于是匈牙利自然就不能再像以前那样密切关注达尔马提亚的状况。

直到1635年，威尼斯一直在与奥斯曼帝国抗争，奥斯曼帝国的代理者及探路者就在附近山区频繁活动。当然，威尼斯是败在拿破仑手下，并因此而消亡，因此，达尔马提亚经历了一个短暂的法国人统治时期，这对达尔马提亚来说，是一个充满希望和期望的时期。此后，往最好处说，达尔马提亚被远在维也纳的哈布斯堡人以一种漠然视之的方式统治着，直到第一次世界大战为止。在凡尔赛和平会议上，达尔马提亚被意大利和新成立的塞尔维亚人、克罗地亚人和斯洛文尼亚人组成的南斯拉夫王国瓜分。第二次世界大战期间，墨索里尼获得了达尔马提亚的大部分控制权，但战后则又以南斯拉夫克罗地亚共和国的名义回到了铁托手中。在1990年代争夺南斯拉夫继承权的战争中，达尔马提亚成为独立的克罗地亚的一部分。

归属的变换竟如此频繁！

我抬头向群山看去，想起了1241—1242年那些翻山越岭直抵此处海边的蒙古人。由于大可汗窝阔台之死以及之后为选拔他的继承人而进行的权力斗争，蒙古人才掉头回到中亚，用牛津大学历史学家彼得·弗兰科潘的话说，他们"从基督教欧洲的咽喉上移开了他们的脚"。①

这片蜿蜒曲折、完美如画的海滨恰到好处地代表着欧洲的结束，而亚洲则从那重峦叠嶂的巴尔干内陆开始。法国历史学家费尔南德·布罗代尔对这些山区的历史有着充分了解，他这样写道："人们很难设想，有哪一个区域能够比这里更原始，更讲求尊卑地位，而且不论其文明有什么样的魅力，没有什么地方比这里更落后。"②考虑到布罗代尔的言过其实，考虑到整个历史的巨大可能和沧桑变化，考虑到我在过去几十年漫游世界各地的所见所闻，达尔马提亚沿海尽管只发生了细微的变化，却完全可以像的里雅斯特这个城市一样，代表着时代的断层。沿着达尔马提亚行走，便沐浴在温暖而惬意的地中海之中。去往山中，你就进入了一个更寒冷的、有些狭隘的环境，它在历史上受到奥地利人的影响更多。再往南，便更多受到奥斯曼帝国和中东的影响。

事实上，在18世纪，威尼斯认为达尔马提亚处在"文明与野蛮之间势均力敌的纠缠"状态，因而需要有一种"提升文明"的使命。于是就产生了威尼斯版的赛义德所说的东方主义，其目的是清楚地表明威尼斯在西方的立场，尽管众所周知的是，这个

---

① 彼得·弗兰科潘，《丝绸之路》，第160页。
② 费尔南德·布罗代尔，《菲利普二世时代的地中海及地中海世界》，第57页。

"最为安静的共和国"由于其历史渊源而充满了东方的拜占庭特色。从此以后，威尼斯在界定自身时会注意与达尔马提亚的明显不同，并心猿意马地尝试去拯救它。纽约大学历史系教授拉里·沃尔夫在《威尼斯与斯拉夫人：达尔马提亚在启蒙时代的被发现》（以下简称为《威尼斯与斯拉夫人》）中这样写道[1]。18世纪威尼斯的东方主义是沃尔夫这部细节极为丰富的学术著作阐述的核心，这个话题若从远处看可能模糊朦胧，不得要领，但只要靠近，立刻就会产生身临其境的强烈感受。随着我逐渐变老，旅行越来越使我对这类学术著作产生兴趣：这类书写得越是缜密细致，而不是仅仅提供简单答案，就越能激发我的兴趣。

在威尼斯人的眼中，莫拉基人是这片沿海腹地人类他者性的典型，能够算得上是"原始的斯拉夫族"的"样本"人群。但是，如沃尔夫所解释的那样，莫拉基人"根本不是真正的斯拉夫人，而是斯拉夫化的弗拉赫人，即巴尔干的牧人，有拉丁人、伊利里亚人，甚至有亚洲突雷尼人的血统"。威尼斯人认为这主要是东正教教徒的牧人是"残暴的"和"野蛮的"。他们被比作莱斯特律戈涅斯人，就是差点把奥德修斯吃掉的吃人的巨人部落。威尼斯人特意为这群人建构了一种全新的身份，尽管极为含糊其词，而沃尔夫提醒我们说，"这群人的名字，已被彻底忘记"。莫拉基人只是作为H.B.威尔斯1895年出版的作品《时间机器》中像猿一样的莫洛克人而幸存在人们的记忆中。[2]

20世纪伟大的哲学家恩斯特·盖尔纳指出，"国家并

---

[1] 拉里·沃尔夫，《威尼斯与斯拉夫人》，第17、293、324页。
[2] 18世纪末期的威尼斯旅行家、出生于帕多瓦的埃尔伯陶·富迪斯神父第一次比较详细地描写过莫拉基人。拉里·沃尔夫，《威尼斯与斯拉夫人》，第2、13、128、129、134、267、348页。

没有刻入物性之中"，因此，现代的国家主义（民族主义，
nationalism）来自新单位的结晶，而这些新单位"则来自此前相
互重叠、相互交织的文化"。[①] 因此，早期现代的那些界定宽泛
的分类方法首先考虑了莫拉基人这个称呼的首次使用情况，后
来又为更为现代严格的组合法让位，根据新的方法，莫拉基人
和其他一些人成为塞尔维亚人和克罗地亚人。虽然身份特征是
人为建构起来的，但并不意味着它就没有其独立的心理现实。
事实上，在现实中，人们对这些身份特征深信不疑，甚至为此
不惜进行战争。我们可以认为，在未来的几十年甚至几个世纪里，
还会有更多新的说法描述人们如何从集体的角度界定自身，不
仅这里是这样，别的地方也是这样。我们现在在西方看到的民
粹主义的国家主义，可能不过是国家最终衰落的最后挽歌而已。

我发现，对这一观点的最好阐述出现在小约翰·V.A.法恩的
《当民族性在巴尔干不再重要时：中世纪和早期现代的克罗地亚、
达尔马提亚、斯洛文尼亚身份特征研究》一书中。法恩毕生研究
拜占庭和巴尔干，是密歇根大学教授。他指出，直到早期现代，
在巴尔干西部，"用来指代人群的称号变化很频繁"："身份特
征"是一个"选择的问题"，人们"并非内在地就属于哪个民族"。
他注意到，在中世纪，一名克罗地亚人只是一个地理意义上的
名称。至于达尔马提亚人，"他们习惯性地用城市的名字来指
代他们自己，因而是以市民作为身份特征的基础"。[②] 考虑到
身份特征的这种急剧变化发生在相对而言几乎没有技术变化的时

---

① 恩斯特·盖尔纳，《国家与国家主义》，第39—62页。拉里·沃尔夫，《威尼
斯与斯拉夫人》，第331页。
② 小约翰·V.A.法恩，《当民族性在巴尔干不再重要时：中世纪和早期现代的克
罗地亚、达尔马提亚、斯洛文尼亚身份特征研究》，第3、7、9、84—85页。

代，远在后现代的全球化猛烈冲击之前，在一个像现在这样充满技术骚动的时代，重新创造描述身份特征的可能性，简直是不敢想象的！

事实上，作为一名年轻的作家，我曾在巴尔干犯下的一个错误就是，把这类最终是昙花一现的身份特征当作是固定不变、永恒持久的。我是一名记者和游记作家，我把人们告诉我的话记录下来。这种经历赋予我一种洞察力，一种被证明还算是正确的观察能力，让我能够判断那个地区是会走向战争还是和平。但是，对于身份特征更多与意识形态而非血缘相关这一点，我缺少更深层次的领悟。只有在最近几十年中我才能够真正欣赏像伊沃·巴纳克这样细致的观察能力：

"南部斯拉夫人的一个特点是，把他们分离开来的文明并不总是由领土创造出来的。民俗的服装包含了黎凡特和西方的城市服装的元素；可以在一个教堂听到一种格拉哥里的弥撒曲，而在另外一个教堂，则可以听到对于东正教礼拜仪式进行的略有不同的斯拉夫式校改。再往东，非常奇怪的是，人们可以在一个乡村教堂举行拉丁语的弥撒，并听到附近清真寺的宣礼塔传来的宣礼员的喊叫声。"[1]

本着同样的精神，请设想一下，在 1990 年代，南斯拉夫各个不同的民族还把南斯拉夫看作是一件急于丢弃的紧身衣，以便每一个民族都能自由独立发展，但在一百年前，这个观念与

---

[1] 伊沃·巴纳克，《南斯拉夫的民族问题》，第 69 页。

自由主义和理想主义是同义词，是鼓舞南部斯拉夫人冲破哈布斯堡王朝和奥斯曼人设置的帝国监狱的一种机制。而这促使我去读一本语气迫切的描述第一次世界大战时期的书——《达尔马提亚与南斯拉夫人运动》。[1]该书作者为路易斯·沃诺维奇伯爵，出身于拉古萨家族，认为统一的南斯拉夫的梦想，是从他所属的杜布罗夫尼克和达尔马提亚独特而广泛的文明混合演变而来。这一梦想的起点在于南部斯拉夫人意欲摆脱威尼斯帝国的历史性需求。如他所说：

的确，威尼斯政府没有把封建主义的祸害强加给达尔马提亚。的确，它也没有允许土耳其人在那片被拉丁式微笑照亮的、斯拉夫人的沿海安营扎寨。的确，对于为捍卫文明而并肩作战的牢记，对于在圣马可教堂共唱感恩赞乐曲的美好回味，点燃了达尔马提亚众多家庭的自豪感。但是，这个外来的政府什么也没有为达尔马提亚做：它没有修建学校，没有建造医院，也没有修筑道路……威尼斯令人神往的美，她在军事上的辉煌，她在艺术上的盛名……都不能抚慰达尔马提亚人民被毁坏的生活。因此，他们都始终强烈地是斯拉夫人……[2]

这本书以这种使人振奋的方式向前延伸，把一个贵族的优雅和一个知识分子的思辨完美地结合在一起。威尼斯的帝国主义，至少在沃诺维奇的叙述中，根本不是推广文明的行为。不存在更

---

[1] 序言由著名的考古学家亚瑟·伊文斯爵士撰写，他在20世纪初发掘了克里特岛上的克诺索斯宫。
[2] 路易斯·沃诺维奇伯爵，《达尔马提亚与南斯拉夫人运动》，内有亚瑟·伊文斯爵士撰写的序言，第96页。

高的目标，也不存在强制推广语言和文化的问题。根据他的观点，威尼斯的东方主义局限在借助于与一种想象出来的他者（例如，莫拉基人）的对立来界定其自身。这个"最为安静的共和国"在五个世纪之内从未要求过与迫在眉睫的军事需求无关的东西。威尼斯"从未把达尔马提亚看作是她的领土，是她的灵魂的延伸，而只看作是她的军事殖民地……她把冷漠无情发挥到了极致"，沃诺维奇这样写道，因为与其说威尼斯需要的是达尔马提亚，倒不如说是到达黎凡特的"亚得里亚海的水路"。①

然而，意大利的民族主义历史学家普拉加反驳说，不论威尼斯统治有什么缺陷，意大利的出现就导致了"开明理念的传播"，而威尼斯人和斯拉夫人一定程度上的团结，就是对伊斯兰教以及后来的哈布斯堡帝国专制主义的一种抵制。②

当然，使南部斯拉夫人在早期现代结束之际统一起来的，不仅仅是要摆脱威尼斯人对亚得里亚海的控制这一强烈的愿望，还有在欧洲内陆地带哈布斯堡和奥斯曼帝国主义留下的共同遗产。尽管 1848 年遍及整个欧洲的革命精神使得波斯尼亚人、塞尔维亚人和克罗地亚人走到了一起，他们仍然感觉自身属于斯拉夫文明，与欧洲的其他人都不一样。他们是一个民族，对于为争取所谓的一个自由的匈牙利而抗击奥地利议院专制的斗争（至少在他们看来是这样）缺少共鸣，因为匈牙利在过去也曾经压迫过他们。这导致了 1848 年全欧洲范围内的觉醒在巴尔干的夭折。沃诺维奇记录了 1903 年塞尔维亚人和克罗地亚人的正式和解，这个过程在达尔马提亚得到了尤其热烈的欢迎。沃诺维奇是从 1917

---

① 路易斯·沃诺维奇伯爵，《达尔马提亚与南斯拉夫人运动》，第 101—104 页。
② 朱塞佩·普拉加，《达尔马提亚史》，第 217 页。

年这个有利的节点来进行著述的，在他看来，"对于共同语言的热爱"使得塞尔维亚人和克罗地亚人保持着基本团结。塞尔维亚人信仰东正教而克罗地亚人信仰罗马天主教这个事实是可以根据他们的地理状况得到解释的：处在东方的希腊和西方的罗马交会之处，往前追溯，这个地方是罗马与拜占庭的分界处，穿过南斯拉夫的核心地带。但是沃诺维奇并没有把这一点看作是统一的障碍，因为他赞美那个时代开明的民族主义精神，在谋求南部斯拉夫人统一的过程中，这一精神得到了体现。（事实上，19世纪摆脱偏见的自由主义的那些英雄人物把各方聚集在了一起：加富尔，意大利统一运动的巨人；约瑟普·斯特劳斯梅耶，伟大的克罗地亚大主教，赞成南部斯拉夫人的和解。）①

　　可惜的是，第一次世界大战导致的哈布斯堡和奥斯曼帝国的解体，没有为塞尔维亚人和克罗地亚人留下一个需要他们联手抵抗的大国。在当今这个时代对集体身份特征微妙改造的背景下，塞尔维亚和克罗地亚的紧张关系逐步升级，最终导致在克罗地亚出现法西斯主义的乌斯塔沙政权，该政权在第二次世界大战期间犯下了大规模屠杀塞尔维亚人和其他人的罪恶。在铁托的共产主义治理下南斯拉夫才得以重生，但在柏林墙倒塌之后，南斯拉夫被分裂，在1990年代陷入了塞尔维亚人和克罗地亚人之间相互残杀的内战。随着后现代主义及其推崇的这种身份特征（在若干方面与早期现代有些类似）逐渐成为主流，南部斯拉夫人还有可能找到某种和解之路，是在也需要想方设法存活下来的北约和欧

---

① 路易斯·沃诺维奇伯爵，《达尔马提亚与南斯拉夫人运动》，第150、238、244—245、248—249页。丽贝卡·韦斯特，《黑羊与灰隼》，第105—109页。罗伯特·D.卡普兰，《巴尔干两千年》，第9、10、24、25、28页。

盟的保护下共同生存吗？就是这些不可预测的变化，才使我对沃诺维奇的立场抱有希望。

现在，我必须回到克罗地亚这个问题上来，这是一个从饱受 1990 年代中期战争创伤的南斯拉夫所留下的灰烬上——当时的景象令人绝望，房屋被烧毁，教堂被破坏——站立起来的、在近千年之内首次获得真正独立的国家。暴力是克罗地亚成为边境地带所得到的报应：它是中欧与巴尔干之间的边境，是地中海与对外界不感兴趣的内陆之间的边境，是拉丁的西方与拜占庭东正教的东方之间的边境。"这个国家的形状也强化了一种边疆印象，"英国记者和历史学家马尔克斯·坦纳这样说道，"松松散散，蜿蜒曲折，毫无安全感。这个狭长的国家犹如一弯新月裹着波斯尼亚。"而且，"因为，"他接着说道，克罗地亚人"居住在边沿，或是壁垒附近，从来不住在中间"——历史上，被夹在匈牙利、哈布斯堡、奥斯曼和威尼斯之间——所以他们对于自己的身份特征从未感到踏实过：历史上，面对着穆斯林和东正教，克罗地亚人始终是一个战斗的天主教民族。

接着是另外一个特殊阶段。克罗地亚不是一个政治上和心理上都以内陆为根据地并拥有海岸线的国家，如坦纳所描述的那样，由于大规模旅游的影响，重心在最近几年从内陆转移到了亚得里亚海沿岸。这个刚刚超过 400 万人的国家，每年都会吸引 1500 万主要是去达尔马提亚的游客。新的火车线路以及高速公路，把从地处内陆的首都萨格勒布到亚得里亚海的距离缩短了一半。因为这个国家的地理环境已象征性地发生了转变，其身份特征也以某种方式发生了转变。①克罗地亚在一定意义上诞生于亚得里亚海，有可能最终会返回这里，尽管萨格勒布的政治令人感觉压抑。

塞尼曾经是中世纪散乱的东正教皮克牧首辖区的一部分，辖区的总部设在东南方向遥远的科索沃。②实际上，塞尼会让人想起16世纪的乌斯考克人，他们是信仰基督教的难民，来自远在内陆的东部山区，与土耳其人打过仗，逃到了这里，并把塞尼当成了一个据点。③"无可争辩的是，乌斯考克人是令人恐怖的，"英国旅行家简·莫里斯说道，"乌斯考克人是超级恶棍。"她描述了他们的首领，一个叫伊沃的人，"据说他和十几个同伙彻底打败了3000个土耳其人，在结束另外一场战斗返回家乡时右手提着他自己被砍下来的左手"④。乌斯考克人留长发和八字胡，耳朵上戴铁环，据说曾把俘获的土耳其人的头巾钉在他们的头上。乌斯考克人以海盗为业、干着非法勾当，当年他们让塞尼成为一个如同劫掠者据点一般的地方。

乌斯考克人"并不是爱德华·利尔杜撰出来的禽兽。他们是难民……像被希特勒驱逐出来的犹太人、罗马天主教徒和自由主义者一样"，丽贝卡·韦斯特在第二次世界大战期间写到这段史实时这样说，其语调中显然含有更多的同情和理解。乌斯考克人"发现，当这一切发生时，一扇门冲着他们关上之后，

---

① 马尔克斯·坦纳，《克罗地亚》，第 x—xi、8、36、300—301、318—319 页。克罗地亚新的沿海身份特征不存在任何人为性。例如，沿着海岸再往前走，在扎达尔附近，有一个小城叫作宁，为地中海水域所环抱，曾经是斯拉夫人抵抗罗马的一个中心，在公元 10 世纪时，是新月形的克罗地亚国的宗教首府。
② 伊沃·巴纳克，《南斯拉夫的民族问题》，第 64 页。
③ 这个名字可能来自塞尔维亚-克罗地亚语 uskociti，意思是"跳跃"。
④ 简·莫里斯，《威尼斯帝国》，第 162 页。

其他原本为他们打开的门也都突然之间被关闭"。这些可怜的斯拉夫人被赶出了他们的村庄，"被剥夺了基督教世界的成员资格"，被威尼斯和奥斯曼帝国之间的条约出卖，因而别无选择地开始了邪恶的生活。韦斯特坚持认为，他们可能当过海盗，但是他们从极端贫穷的山区来到了沿海，其重新塑造自我、成为一支海上军事力量的能力"表现出了天才的迹象"。但是，局势是复杂的，乌斯考克人在内陆经常充当抢劫者，他们还没有完全从内陆撤走，他们针对奥斯曼帝国的行为也让哈布斯堡人受益，尽管哈布斯堡人也跟威尼斯联手镇压乌斯考克人在沿海的海盗行为，其目的是阻止奥斯曼帝国在该地区部署永久性海军力量。[1]

乌斯考克人之所以残暴，部分是由于客观原因。他们无法忽略的客观原因就是威尼斯的实用政治，凭借这种伎俩，每次遭遇奥斯曼苏丹国，号称"最为安静的共和国"的威尼斯十有八九会设法安抚讨好它。通盘考虑欧洲秩序和贸易通道的安全构成了实用政治的最高理想，一般来说，这种政治是一个好东西，使得非道德的地缘政治能够缓和宗教与文明的冲突。但是，这种政治伤害了巴尔干内陆靠近亚得里亚海的那些少数民族的基督教徒。这是一种善战胜了另外一种善并引发痛苦（根据黑格尔的观点，这是悲剧的本质[2]）以及随之而来的暴力和混乱的一个典型例子。世界的复杂亘古不变，国际关系从来不是纯粹的。这是乌斯考克人留给我们的一个教训，而他们的行为则不过是威尼斯人、奥斯

---

[1] 丽贝卡·韦斯特，《黑羊与灰隼》，第124—125页。诺埃尔·马尔科姆，《帝国代理人》，第328、391页。

[2] 黑格尔，《法哲学原理》，诺克斯译，第102页。

曼人和哈布斯堡人之间所玩弄的帝国政治的结果。库尔德人、阿富汗人、越南人在 20 世纪后半期所面临的处境似乎隐隐约约回荡着乌斯考克人的声音，他们也是超级大国博弈的受害者，其命运在得到支持和被出卖之间轮流转换。

独自一个人在塞尼，干冷刺骨的东北风和冰冷的雨袭来，连公交车都没有了，索性静下心来写日记打发时间。无休止的、震耳欲聋的风声，令人有与世隔绝之感，我便情不自禁地把思绪转向内心。

我告诉自己，只要我们愿意审视现在，看清未来并不难。有时候，一个作家所能做的最危险的事情就是描述眼前发生之事，因为我们当中的许多人所信奉的理想和担当，都需要与现实保持恰到好处的距离。我一直相信，对于一个与老式的游记相关联的地方所进行的苦心孤诣的实地发现，能够使新闻获得充沛的力量。对我来说，游记始终远远超过了星期六副刊上出现的东西：更确切地说，它是一种从学术圈内最为恶俗的行话套话以及故弄玄虚的做派中营救地理状况和地缘政治的机敏工具。我想到了温斯顿·丘吉尔的《河上的战争》（1899）和 T.E. 劳伦斯的《智慧的七大支柱》（1926），这两本书都运用旅行的经验分别来探索 19 世纪末的苏丹和 20 世纪早期的阿拉伯的地理环境、战争和权术。欧文·拉铁摩尔的《通往土耳其斯坦的荒漠之路》（1929）是我想到的另外一本书，该书记叙了他从呼和浩特到乌鲁木齐再到克什米尔直至东欧的旅程。芙瑞雅·斯塔克的《阿拉伯的南方之门》（1936），是你今天能够找到的最好的一本描述也门东部部落的著作。我在别处已经说过，芙瑞雅·斯塔克描述的是今天依然存在的跨越边境的商队路线，还有那些"赚了一辈子钱，老年之后就退回到他们的峡谷开始过打游击战生活"的也门商人。她怀疑人类是否像它所声称的那样渴望和平。她了解这个令人不舒服的真相的方式，与优秀的记者明白事理的途径并无二致。这些记者从团队中溜出来，为的是能够有机会独自观察与思索，并要求自己在亲自了解一个地方或是一个话题之前，绝不轻易写下一个字。他们这样做也是出于好奇。因为，在当今数字化的时代，知识的虚幻日趋严重，各个地方的真实性反倒越来越神秘。[①]

　　我很珍惜我早年作为一名旅行家和记者的生活，我去过的那些地方，今天再去则要困难得多：叙利亚、也门、阿富汗、巴基斯坦的西南边疆等。我在那里的时候，这些地方还不是战争地带。你也可以像我当年那样，不用带枪，也不用带保镖，坐公交车到这些国家的几乎每个地方去旅行。因为现在与这些地方相关联的危险的存在，我的那些经历被珍藏在记忆中一个特别之处，仿佛那些事情不是发生在数十年之前，而是发生在很久很久之前。尽管如此，仍有一些瞬间是那么真实生动，清晰如画，我几乎可以用手触摸得到。

　　我当时只是随心所欲地游走，走了一程又一程，漫无目的，几乎没有什么可以填写在简历上的东西。因为我当时年轻，未来似乎是不可限量的，所以我就是临时落落脚，不喜欢给自己设定任何目的地。除了连续几个月或是几年的旅行，我没有制订任何计划；除了能够随身携带的物品，我也没有积攒任何东西，可谓身无长物。那完全是一种极为简单的存在状态，因而也是极为肤

---

① 芙瑞雅·斯塔克，《阿拉伯的南方之门》，第144页。

浅的。然而，我所亲眼看到的事情被证明是有价值的，尽管在我静心阅读和反思了好几年之后，才有能力对它们进行恰当解读。

你可以说我早年的生活是由三张单程机票决定的。我厌倦了在佛蒙特州的一家小报社的工作，又怎么也找不到为大报社工作的机会，于是在1975年，我买了一张去欧洲的单程机票，身上只有攒下来的几千美元。我和我的一名同伴从欧洲坐渡船往南去了突尼斯，又从那里流浪到了西西里、埃及、约旦，差不多一年之后在以色列落下脚来。我试着在以色列生活了几年，在军队中服役一年，但年近三十的时候，我突然意识到自己的职业前景不太美妙，尽管我内心想再度去旅游的冲动极为强烈。我非常强烈地感觉到，生活是如此丰富多彩，远远超过我作为一名犹太人的民族特性。

在以色列，我开始感觉到自己喘不过气来，那个地方就是会令人感到幽闭：这不仅是地理意义上的，其边境四周都是敌人；也是思想意义上的，所有问题都是围绕犹太人的安全感问题展开。于是，在1981年，我买了第二张单程机票，这一次是从以色列飞到了罗马尼亚。罗马尼亚成为我的出发点，我在那里待了很多个星期，其间游历了整个巴尔干和中欧，为报纸撰写文章。[①]然后，我飞回美国，想方设法发表了所有的那些文章，但在那里还是找不到一份做新闻的工作。我已是一个三十岁的人，几乎没有什么像样的工作经验，手里只有一个工薪阶层才会选择的学院的学位，没有人愿意雇佣我。

于是，我买了第三张单程机票。这次是去希腊：1982年时，

---

① 见罗伯特·D.卡普兰，《在欧洲的阴影下》的序曲和第一章。

希腊很可爱，生活成本较低，而且靠近巴尔干和阿拉伯远近的热点地区。在希腊，我结了婚，当了父亲，开始以自由撰稿的驻外记者身份过上体面的生活，而且完成了我最早的两本著作：关于非洲之角和阿富汗。我们这个新建立的家庭从希腊慢慢辗转到了葡萄牙，在那里我完成了我的第三本著作《巴尔干两千年》。此前朝不保夕、令人绝望的生活，逐渐稳定下来。

但是，随之而来的不仅仅是令人喜悦的成功，也有批评的声音。尽管像《巴尔干两千年》以及它之后的《地球边缘》之类的书是商业上的成功，基本上为我的职业生涯打开了局面，一些书评作者——都是在世界上最好的大学接受过历史和政治学专业训练的人——的反应却让我明白，自己早年作为旅行家的经验尽管很有价值，也很独特，却使得我失去了接触必要思想领域的机会，而那样的接触有可能使得我的这些著作变得更好。于是，我阅读的范围就不再像以前那样仅仅局限在历史和文学领域，我从此暗自下决心去探索历史和政治学领域优秀的学术著作，与此同时还坚持旅行和写作以便养家糊口。我开始意识到，就其性质而言，游记的分量还是很不够的。

我读书越多，不安全感就越发强烈，因为我意识到自己是多么无知，而且与我现在所阅读的那些作者相比，自己的成就是多么渺小。让我略感安慰的是这样一个事实：不论一个人受教育的程度如何，到了中年，我们博学与否取决于中间这几十年自主阅读的深度和严肃认真的程度。而严肃认真的阅读，与严肃认真的旅行一样，意味着离开众人形成的圈子，养成独处的习惯和能力，在众多参考书目设置的迷宫中找到适合你的书籍。书和人一样，默默无闻并不一定是一种美德，同理，众人推荐也不一定就是好的。

例如，已故的普雷德拉格·马特维耶维奇所著的《地中海文化景观》，是对该地区的风、土壤、海岸线、天气、洋流、地图、贸易、历史、文化、方言等问题的一种百科全书式的全面评述。他的文笔精确凝练，有书卷气，达到了一种难以企及的美。马特维耶维奇是一位波斯尼亚-克罗地亚学者，他认为，甚至地处内陆的波斯尼亚和黑塞哥维那都是亚得里亚海的阴影区，因而具有某些地中海的特征，尤其是欧洲也是通过贸易、宗教和帝国的相互作用而"诞生于地中海"。因为他既是本地人又是一个真正的专家，对这片海域有足够的了解，所以他根本不需要去了解外国游记作家的大呼小叫。[1] 换言之，我必须小心谨慎，因为他与我是完全不同的。我只是一个外国的闯入者，对这里的情况仅有一般性了解。我意识到，贸然把不属于我自己的领域据为己有，很可能成为一种帝国主义者的行径。

在我年龄渐增，并且继续阅读和自我质疑的过程中，于我而言，我早年走过的路竟然越来越成为一个谜，即便是我仍然能够认识到其价值，而且想尽力把它留在记忆之中。每当我想解释，或是为我早年所走的路寻找理由的时候，我都会想起圣奥古斯丁年轻时作为一名准异教徒那自甘堕落的生活，而在他后来作为一名虔诚的天主教徒的生活中，那段经历肯定赋予了他一种更为深广的审视他人与自我的视角。智慧会通过丰富的生活阅历得以提升，与年龄的增长毫不相干。对于圣奥古斯丁来说，生活并不是一个抽象概念，他真切体验了生活的方方面面，因而他懂得，许

---

[1] 普雷德拉格·马特维耶维奇，《地中海文化景观》，迈克尔·亨利·海姆译自克罗地亚文版，第10、66、207页。

多人由于环境因素而成为圣人或罪人，在某种层面上，这两个概念是可以互换的。我们当中的许多人都是以非同寻常的方式变化着，而我显然不管以什么方式来衡量都不是第一个从圣奥古斯丁的生平中受到启发或是获得了某种为自己辩护的理由的人。

我意识到，过往的生活使我终于有些开悟，似乎能够理解21世纪第二个十年地中海的最终统一，这让欧洲和中东的命运联系在了一起。

事实上，如我所写的那样，四十年前，我发现自己到了大马士革东南古塔绿洲的边缘，看到几十辆坦克组成的长长车队正在经过。① 手握机枪的叙利亚士兵叫停了车队。人们站在那里看着车队，一言不发。我至今记得，那几分钟是如此漫长。附近是赛依达泽纳布陵墓，是什叶派穆斯林朝圣的地方。如我的日记所记录，那是 1976 年 6 月 11 日，是周五午间祈祷的时间，一群一群的阿富汗人和伊朗人朝着陵墓走去，可以根据他们的服装把他们区分开来，但他们都急切地想在先知穆罕默德孙女的陵墓旁边进行祈祷。

我进入陵墓之后发现，墙壁上覆盖着切割成不同角度的镜子，而且由于反光，所有镜子看起来如同银器。紫红色的地毯凌乱地铺在地板上。突尼斯、埃及以及大马士革其他地方逊尼派穆斯林的建筑，强调力量和简朴而非色泽和优雅，通常用阴沉的灰色和棕色来呈现，在其中浸淫数月之后，这座有着彩陶穹顶，用碧绿、墨蓝、锈橙色瓷砖镶嵌而成的陵墓，令人一饱眼福。甚至在我离

---

① 这与 2018 年初被肆意轰炸的古塔地区是同一个地方。

开大马士革去探索这个国家的其他地方之前，叙利亚就作为教派、贸易通道和文明的十字路口而浮现在我脑海中。然而，如面对那个坦克车队时的沉默所暗示的那样，集体性稳定的代价就是被镇压。

叙利亚曾经对欧洲很重要。双方在我所经历的时代，即冷战以及后冷战时代的分裂是人为的。在古代晚期和中世纪早期，叙利亚人，我指的是黎凡特人，可以在地中海的所有港口被发现，他们往北最远到了英国。23岁时我在日记中写道，叙利亚比我刚刚离开的埃及"更现代，更有东方色彩"。大马士革比开罗更干净、更有秩序，有更多繁荣的商店，交通混乱状况少很多。然而，由于偏爱色彩和清亮，这里传统服装的种类更为繁多，包括阿拉伯、土库曼斯坦和其他风格的服装。现代主义由于其身份特征缺少弹性空间，运用到这种注重兼收并蓄的混合物上时，令人感到潜在的不安——当然，我当时思想上还较为稚嫩，缺少这样的认识水平。

达莫是黎巴嫩山脉与幼发拉底河之间的叙利亚沙漠上的一个阴森如同碉堡一样的小镇，镇上到处是政府军士兵，附近有一个臭名昭著的监狱，我当时就是从这里动身去大马士革的。邻近的古城巴尔米拉孤零零的，望不到尽头的科林斯立柱排列成行，高高地耸立在桃色的沙土上，其废墟是一座时光以及作为所有文明之基础的贸易的纪念碑。罗马与印度之间的商业贸易是巴尔米拉在基督教纪年最初几个世纪中获得财富的主要原因。巴尔米拉也是罗马与波斯之间的一个缓冲地带。我至今记得那里的蜥蜴和夹竹桃，而且那里也没有其他游客。我在日记中写道，与突尼斯和上埃及废墟中常见的逼仄不同，这里一望无际，让人想起亚洲的广袤无边，没有抵挡外来入侵和移民的屏障。

几天后，也就是 1976 年 6 月 15 日，我就到了幼发拉底河沿岸的拉卡，那是一个灰褐色的、像月球表面一样荒凉的地方，因此，除了叙利亚沙漠的空旷，以及穿越沙漠的那条宛如仙境的蓝色河流，我什么都没有记住。那天只有一辆从阿勒颇开过来的公交车，车上几无一人。我年轻时对于政治的理解也只能到那个程度。四十年之后，巴尔米拉和拉卡成为令欧洲极为困扰的极端组织 ISIS（伊斯兰国）那些新闻的源头，至少暂时超出了一个处于崩溃之中的叙利亚的控制能力。

我发现，阿勒颇有长达数英里带有拱顶的中世纪风格露天市场，这里的语言与民族比大马士革更为多元，有阿拉伯人、土耳其人、库尔德人、亚美尼亚人、彻尔克斯人等。这里有这么多不同民族的人，然而对政治的任何讨论都是禁忌！从阿勒颇乘坐公交车，穿越松树与橄榄树覆盖的山群，三个小时后，我就离开了逊尼派腹地，到达了光彩亮丽的地中海边阿拉维派控制的拉塔基亚，看到了很多咖啡馆和以吃鱼为主的饭馆。然后我就到了塔尔图斯，在 1970 年代，这也是一个具有诗情画意的沿海小城。我从那里出发去参观了 11 世纪时建立的十字军要塞骑士堡垒，它是如此经典而令人难忘，与欧洲的任何大教堂相比也丝毫不逊色。站在上面，能够看到远处冰雪皑皑的黎巴嫩山脉。这个堡垒毁于 2011 年开始的内战，那场战争对于欧洲目前的状况影响巨大，而在 1990 年代早期，我就隐约看到了那场战争的苗头。

我将对此加以解释。

1976 年的那次叙利亚之行以及哈菲兹·艾尔·阿萨德政权（当时看起来是那么稳固）的刻板任性，都让我对叙利亚难以忘怀，因此，从那之后有几年时间，我都在思考叙利亚的地理环境和历史。我记得在第一次去时，在大马士革机场，一位旅游官员递给我一张地图，上面把土耳其占领的哈塔伊地区和以色列占领的戈兰高地地区都标注为叙利亚的一部分，尽管它们分别于 1938 年和 1967 年脱离了叙利亚的管辖。1993 年 2 月，我在发表于《大西洋月刊》上的一篇长文中写道，那些"领土的割让构成了一段不可提及的爆炸性史实：像黎巴嫩一样，叙利亚人口是由长期争吵不休的中东少数民族构成的大杂烩，作为奥斯曼帝国的一个地区，比作为后奥斯曼时代的一个国家，更容易辨认"。因为"叙利亚不与任何一种特别的国家情怀相联系"，我接着说道，"真正存在的情怀是一种泛阿拉伯式情怀"。的确，叙利亚之所以能够在冷战时期成为阿拉伯国家跳动的心脏和抵制以色列的主要国家，恰恰是因为其自身缺少足够的身份特征，于是，自 1940 年以来，叙利亚各种政权除了专心致力于一种能够超越民族性的宏大斗争之外别无其他选择。叙利亚立国最初几年为建立民主政体进行的尝试遭遇失败，地区性、民族的、教派的分歧更是雪上加霜，最终，只有老阿萨德大包大揽的独裁统治才能把这样一个地方凝聚在一起。"目前来看，"我推断说，"阿萨德暂时缓解了燃眉之急。是阿萨德，而不是萨达姆·侯赛因或任何其他领导人，才决定着中东当前时代的特征。因此，（老）阿萨德的离去，将预示着更大的混乱，其混乱程度将是几十年来都未曾见到的。"[①]

由于我们这个时代存在的移民现象，叙利亚的未来将是决定欧洲未来的一个关键因素，因而，在一个技术使地理环境相形见

---

① 罗伯特·D. 卡普兰，《叙利亚身份特征的危机》。

绌的时代，对于任何关于欧洲的讨论都至关重要。

在同一年，即 1993 年，我在另外一个地方也瞥见了欧洲的未来：在土耳其，更准确地说，在土耳其的贫民窟。我在安卡拉和伊斯坦布尔参观了一些贫民窟，用土耳其语叫作"gecekondus"，是用焦渣砌块和波纹铁皮搭建而成的棚屋，里面用硬纸板充当墙壁，乱糟糟的，其总量难以计数，都是"建在用于夜间使用的"、擅自占用他人土地的定居点上。但是严格地说，这里的贫穷仅仅属于经济层面而非文化层面。在这些棚屋内部，仍然存在着"秩序……显示出对于自尊的在乎……屋内有一些书，很多家人的照片，窗户前面有一些植物、一个火炉。尽管下雨天时，街道就变成了泥水涌动的河流，屋内的地面却是……极为干净"，我在1994 年 2 月份《大西洋月刊》上这样写道。我所看到的一个又一个的贫民窟，却都得到了"一种正在恢复生机的伊斯兰教和土耳其的文化身份"的加持，尽管当时的土耳其毫无疑问仍然是一个世俗国家。但是，如我所写的那样，在土耳其，"伊斯兰教正在痛苦地、尴尬地努力与现代化达成一致，而这种趋势在阿拉伯世界就不那么明显"。在这样的贫民窟，你可以觉察到十年后充满生机的那个伊斯兰教的土耳其正在向你走来，尽管这对于欧洲来说，意味着各种让其头疼不已的后果。①

大部分记者都以关注个体及其痛苦与渴望为焦点。因此，记者们都经得起验证。他们珍惜叙事胜过分析。事实上，在几十年迎合高人雅士的趣味的过程中，新闻已经演变成为一种有意而为之的道德使命，新闻工作者据此对受压迫者的煎熬进行记录。新

---

① 罗伯特·D. 卡普兰，《即将到来的无政府状态》。

闻和人权越来越被相提并论，这个行业的精英们对此乐此不疲。我也讲述过一些个体的故事，但是，我的目标不仅仅是经得起验证，而是分析事件将向何处去。我只是想让读者心理上有所准备，从而对不遥远的未来较少惊讶。这不是未来学，也不是其他什么为赚取噱头的所谓科学。它所在乎的只是能够看清楚现在。通过不仅密切关注个体，也密切关注群体以及民族和教派意识的方法，我以书面记录预见到了许多地方的混乱和不稳定趋势。

但是，我没有提供任何答案。换言之，我犯了厌世之罪。而且，由于不提供答案，尽管我的分析往往是正确的，我只能屈从于宿命论。很长时间以来，我对嘲弄宿命论和本质主义之类话题的哲学讨论了解太少，因此，在我对人文景观及人类的处境进行描述的时候，并没有认识到其微妙和错综复杂的程度，更不必说了解其道德危险。

唯一的补救办法就在于读更多的书，不仅是有关我所去之地的书，还有那些与我的看法冲突或是比我的看法更为详尽的书，因为补救只有通过自我质疑和对越来越大的复杂性进行体悟的方式才能发生。甚至对事物真谛的顿悟也是靠不住的，我后来才对此有所认识。像许多人一样，年纪越大，我对自己所写的东西越是有更为清醒的认识。对于我缺少研究生阶段的学术训练以及如何做出补救的认知与反思，或许能够引领我拨云见日。

公交车服务已经恢复，但是由于海边的风太大，大型交通工具有侧翻的危险，所以从塞尼往南到扎达尔的公交车就沿着一条内陆路线行驶。很快我们就爬坡进入山区，山里的雪景似乎在更往北的纬度才会出现。高高山坡上的树木呈现一片枯黄色，阿尔卑斯山脉东南段迪纳拉山脉裸露的石灰岩峭壁偶尔会出现在视线中，松树和冷杉树在风中摇曳。

三个小时后，我们又下行到海边。在扎达尔，我住上了一个很好的旅馆，与在塞尼的相比，堪称豪华。旅游的妙处就在于短期内享受剧烈的变化，暂且不论这变化是向好还是向坏。在扎达尔，过去几天的干冷北方突然就成为一种记忆。这里的天气非常温和。人们穿着外套坐在咖啡馆外的椅子上。孩子们在布满光滑石头的街道上飞快地骑着自行车，街道两旁是展示意大利产女士内衣和手包的亮丽店铺。老城内时尚店铺林立，凌乱地分布着罗马式拜占庭式以及中世纪晚期的遗迹和教堂，偶尔也会有共产主义时代遗留下来的建筑物。附近有游艇和双体船。旅游业已经瞄上了达尔马提亚，例如，已经有了"原汁原味的地中海风情"这样的广告用语。我想，在冬天，的确是这个样子。但是，当我想起达尔马提亚的时候，一种更有质感、更具包容性、更令人兴奋的东西触动了我。就以还没有从这里的教堂消失的格拉哥里式圣歌为例：同时具有罗马天主教、古老的斯洛文尼亚和克罗地亚风格，融拉丁和希腊拜占庭的东方风格于一体。圣歌令人难忘而又忧郁低沉，表现了不同的文明传统，你在聆听时会情不自禁地为其越来越强的感染力所陶醉。你有些分不清身在何处，而这里的圣歌之美也就在此处。

达尔马提亚是一个富有魅力和气候多变的地方。在清早沉思一般的寂静中，闻着油酥面包店散发出来的诱人香味，我沿着扎达尔的一条窄窄的街道散步，其尽头是一片碧蓝的水域，水的周边则是一圈深色的常青树和一棵棕榈树。我参拜了明亮的、有粉笔色墙壁的多个仿罗马式钟楼，钟楼都有细长的金字塔形屋顶。

我还参观了一座 9 世纪的圆形拜占庭教堂，其气势和纯粹让我立刻想起伊斯坦布尔的圣索菲亚大教堂，但该教堂仍然含有某些西北欧所特有的卡洛林王朝风格的设计元素在内。我相信，一个城市的建筑，不论经历了多少个世纪的岁月，依然能够对其定居者的生活方式产生影响。事实上，我边走边想，地中海斯拉夫民族特有的审美，是一种意大利风格的生活之乐与一种令人迟钝的科学社会主义的遗产的混合，以一种令人难以接受的宗教和民族政治表现出来。防御性城墙让人想起威尼斯和奥斯曼的战争：城墙里面是杂乱的中世纪遗迹，还有一些第二次世界大战的炮火残留下来的空空荡荡的空间。实际上，意大利对于扎达尔的占领从第一次世界大战一直持续到第二次世界大战，在德国军队占领扎达尔之后，同盟国的空军对扎达尔进行了轰炸。很久之后，在1991 年，当南斯拉夫联盟崩溃之时，其军队又对这个城市实施了攻击。这一地区的历史令人目瞪口呆，例如，希特勒、墨索里尼、铁托以及米洛舍维奇令这里风云激荡。然而，在早晨的咖啡桌旁边，戴着高档太阳镜的年轻母亲一边爱抚着婴儿车里的孩子，一边悠闲地品尝咖啡。世间万物，常态最美，考虑到该地区的过去，这一感触尤其强烈。

坐公交车在达尔马提亚旅游非常方便。高耸的石灰岩岩溶地貌一直伴随着我向南行驶，橄榄树和果树很快就汇入了刺柏和其他灌木形成的茂密而华丽的画面之中。我只换乘了一次公交车，用了不到两个半小时就到了斯普利特，然后就直奔老城区而去。

在斯普利特，罗马皇帝戴克里先宫发霉的北墙映入眼帘，墙有 7 英尺厚、50 英尺高，墙上偶尔有从缝隙里长出来的灌木，点缀着数量相当多的拱形窗户，窗户很久以前就被人用砖块封堵上。建造宫殿用的石头来自附近的布拉克岛，大约 1500 年之后，该岛也为建造美国提供了石料。我抬头向上看，石块变得越来越小，排列越来越混乱。这是行进中的历史，罗马时期被拜占庭以及后来的时期所替代。戴克里先并不是这个宫殿的唯一定居者，西罗马帝国倒数第二个皇帝朱利乌斯·尼波斯也曾在这里住过。他在一次政变之后从拉文纳逃到这里，但只待了五年就被自己的士兵所杀。我穿过一个颇为气派的大门，走进了一条如峡谷一样的走廊，路面的石头已年久发黑。①

　　最后，我来到围柱附近，那是通向皇室核心区域的礼仪通道。走廊戛然而止，其尽头是一片已被淹没的用石板铺成的巨大空地，三面都是带有立柱的罗马建筑，在这些建筑上则又有中世纪的威尼斯风格建筑。给人的感觉和之前来时的感觉没有什么不同，只是很不幸的是，在最近几年，遮阳棚、桌用遮阳伞和一家咖啡馆凌乱地占据了此处和邻近空间。尽管如此，我仍然感觉自己仿佛来到了某个历史时期，每次来这里，唯一能想到的一个词是沙龙。在我的左侧，是六根排成一条直线的来自埃及的淡粉色花岗岩立柱，立柱上面是一个饰带和叶形装饰，呈褪色的骨白色，很多地方已经发黑。其中两根柱子中间放了一个底座，底座上面是一个已有裂缝的黑色花岗岩狮身人面像。那是戴克里先从埃及带回来的，一起带来的还有那六根柱子。戴克里先的陵墓在我的左侧。公元 7 世纪，陵墓被来自拉文纳的一个主教改造成为一座大教堂，中世纪晚期又增添了一座仿罗马风格的钟楼。②

---

① 罗伯特·D.卡普兰，《地中海三千年》，第 154—155 页。
② 罗伯特·D.卡普兰，《地中海三千年》，第 155 页。

进入礼仪通道时，我的右边是仿罗马式和哥特早期风格的宫殿，宫殿门楣和阳台因饱受有咸味的海风吹拂而被腐蚀和发黑。在我的正前方是前厅，是通向戴克里先气派私人房间的入口，皇帝就站在那里接受臣民敬拜。破损的大理石板布满了这个空旷之地。到处都蚀刻着拜占庭风格的十字架。①

1971年的一个清晨，我从佩斯卡拉（Pescara）乘船穿过亚得里亚海，第一次来到斯普利特，当晚在公园的长椅上断断续续睡了一夜，至今仍记得自己猛然间看到这个历史杰作时心潮澎湃的感觉。我待在原地，不知道自己究竟身在何处，但感觉自己浪费了之前19年的生命。②

盖尤斯·奥勒留·瓦莱利乌斯·戴克里先出生于伊利里亚的萨罗纳，离这里只有几英里远。他是来自巴尔干半岛的第一位罗马皇帝，在最初的无政府状态持续了一段时间之后，他对帝国进行了重组。公元284年，戴克里先成为皇帝后，他意识到罗马疆域之辽阔，凭他人一己之力无法统治，于是便将王权分为四部分。戴克里先坐镇西小亚细亚的尼科梅迪亚，管理帝国东部，然后让另一个伊利里亚人马克西米安主管帝国西部事务，并将米兰确立为这个地区的新首都。几年后，他又将这两部分再进行了分割，让伽列里乌斯管理巴尔干半岛，而君士坦提乌斯一世克洛卢斯则统治西班牙、高卢和不列颠。罗马帝国增设了新的行政项目，额外的排场和仪式对帝国的统治也有所支持，但成本超支严重，特别是当四帝共治恢复帝国内部秩序的时候。拜占庭古城那标志性的神秘感，其源头就是戴克里先在尼科梅迪亚建造的宫殿。戴克

① 罗伯特·D.卡普兰，《地中海三千年》，第155—156页。
② 罗伯特·D.卡普兰，《地中海三千年》，第156页。

里先的拨乱反正给世人留下了深刻的印象，但只能算平衡有术，延缓了罗马帝国的寿命，却未能阻止它的衰落。丽贝卡·韦斯特写道：

戴克里先生不逢时，出生太晚，若是能生在早先更为稳定的时期，他还能从关于罗马文化所奉行的首要原则的讨论中受益；而他终其一生却都在同惊心动魄的暴力作斗争，无暇他顾。①

在戴克里先的统治即将结束的时候，罗马出现了最后一次对基督徒的严重迫害。事实上，这场迫害是由统治巴尔干半岛的伽列里乌斯实施的，他把戴克里先不流血的誓言抛诸脑后。结果，殉道者的异端教派再次兴起，譬如北非的多纳徒派，随后便是基督教对罗马帝国的征服。公元305年，在位21年后，戴克里先主动退位，由四帝中的另两位——伽列里乌斯和君士坦提乌斯接替了他。在斯普利特，戴克里先在为自己建造的巨大宫殿里度过了生命中的最后九年时光（宫殿最初被定为军营，而在整个中世纪布满了房屋与廊道）。就罗马皇帝和天主教的教皇而言，他的这种风范，前无古人，也无后来者。虽然退位可能多少与疾病有关，但这足以显示出一个军人的智慧和谦卑，他的责任感弥补了学识上的不足。②

导游正在大声介绍所有来自斯普利特的NBA球员，我离开石板铺成的空地顺着台阶来到这座帝国建筑的接待大厅：这是一个巨大的筒状拱顶薄砖建筑，上方没有镶嵌画，圆屋顶是透明的。

① 丽贝卡·韦斯特，《黑羊与灰隼》，第146页。
② 罗伯特·D.卡普兰，《地中海三千年》，第158页。

接着进入大教堂，这里曾经是皇帝的陵墓，依然能够让人感觉到剑拔弩张的战争氛围。大教堂的圆顶是一种令人感伤的黄灰色，空旷而不失美好，经过岁月的熏染，多了一些模糊和朦胧。毗邻教堂穹顶的是两名主教的坟墓：它们是古典风格和中世纪风格的混合，从视觉上展现出历史的连续性，让人感觉远古并不是那么遥远。①

在我 1971 年、2002 年和 2017 年访问的时段内，斯普利特无论是好的方面还是坏的方面，都像其他地方一样，反映出全球化影响下的社会与经济巨变。那年夏天的斯普利特，还是一个空荡而美丽的小镇，只有孤独的火车站与受毒品和卖淫困扰的老城区……在将近半个世纪的过程中，斯普利特陷入了一种拥挤不堪的困境，简陋的报亭、食品摊、咖啡馆、时尚商品店到处都是，深秋时节依然挤满了游客。在老城区的许多小巷角落，都有一块新置的标注历史信息的牌子，上面总是布满了涂鸦。老城的街道成了名副其实的高端购物中心，旅游大军成批走过，游客们头上反戴着棒球帽，手里握着自拍杆。由于这几十年间全球中产阶级的出现，世界上每个人的举止打扮都越来越相似。在这个意义上讲，旅游已经失去了它的魔力；或者，我认为，由于旅行的意义在于我们之间的差异，所以，旅行者就必须更加努力地提前了解那些地方的神秘之处。唉，在我们生活的这个世界上，每个人都被同一张砂纸碾成齑粉。还是像在威尼斯那样，我们唯一的出路就是通过艺术作品、文学作品和最优秀的学术著作回到过去。

---

① 罗伯特·D.卡普兰，《地中海三千年》，第 158—159 页。

一天早晨，我坐在斯普利特一家雅致的咖啡馆里喝咖啡，咖啡馆的深色木质装潢，弥漫着维也纳的气息。从咖啡馆往外看，戴克里先从埃及带来的黑色花岗岩狮身人面像和石柱特别引人注目。我的同伴尤里卡·帕维西奇是一位当地的专栏作家和电影评论家，也是参加过20世纪90年代战争的老兵。他面带微笑，对很多想法以及这些想法如何应用于西巴尔干半岛的政治旅程有着极大的热情。他喜欢谈论这些事情，我也喜欢听他说。

当我告诉尤里卡，我在萨格勒布与人们的对话，与我30年前的对话在很多重要的方面都基本相同时，他回答道："那是自然的，什么都没有解决啊，因为就是在世界的这个地方，第二次世界大战发生的过程当中，还发生了一场内战，不仅是克罗地亚人打塞尔维亚人，而且还有克族游击队员打克族法西斯分子。所以宿怨还在继续。"他接着说，"一边是游击队员的子孙，在另一边则是法西斯的乌斯塔沙的子孙。"

我问他："那么，关于铁托在当地历史上的地位，就没有具体的定论吗？"

"目前还没有。所有关于铁托的负面消息都是真的。但关于他的一切好话也是真的。铁托仍然是不容易评说的。他是一个共产主义者，创造了一个类似于左派中产阶级或者说是有意改革的共产主义，无论你怎么称呼他们，也就是说，那是一些真正能够履行管理之责的实干家。但是，"他继续说，提高了嗓门，对这种讽刺感到高兴，"南斯拉夫左翼分子完全不同于希腊左翼分子，因为后者一直置身于一个真正的资本主义社会中，而这正是前者所憎恨的。"

"你看，"他又回到了最初的问题，"如果没有1990年代暴力分裂的情况，铁托的体制还能够延续下去，那今天的南斯拉夫可能会像中国一样，在共产党的领导下，在一种市场经济的形式中繁荣起来。"

"可结果呢？"

"结果是，这场始于1940年代的辩论仍在继续，不过天主教会变成了现在执政的民粹主义右翼势力的政治局。听着，"他越说越起劲，"在二战中，教会的真正愿望是由一个佛朗哥或萨拉查统治，而不是帕韦利奇①这样的人，他们想要的是一个西班牙或葡萄牙传统的亲教右翼分子，而不是纳粹右翼分子。他们要的是乌斯塔沙，但又不想杀死犹太人。"

"但那是不可能的，"我插话道，"西班牙和葡萄牙构成了伊比利亚半岛，三面环海，非常安全。葡萄牙一直对犹太人有些许的同情，因为葡萄牙人口中有很大一部分是犹太人的后裔，在中世纪设置宗教法庭的时候皈依了基督教；而在这个地区，希特勒只会容忍一个纳粹傀儡国家。"

"当然。"

他的意思是，克罗地亚的教会真正在乎的是保守的传统，只是因为二战遗留下来的遗产，碰巧使它背上了法西斯罪行的包袱。举个例子，达尔马提亚的居民一般都是支持教会和传统的，但不是因为某种特定的意识形态或历史倾向。

"欧洲或成为欧洲人的观念在这里有什么意义吗？"我换了个话题，实际上并没有真正脱离原话题。

"没有，"尤里卡若有所思地说，"1980年代，欧洲对这里

---

① 安特·帕韦利奇是二战期间克罗地亚法西斯头目。

的人还是有一定的意义"，当时人们期待着积极的变化。"但这是一个太笼统的概念"，因而没有真正的附着力。他同意我在萨格勒布所见所闻的看法，即申请加入欧盟迫使克罗地亚人考虑成为欧洲人，但一旦进入欧盟，"就有一种感觉，我们现在可以做想做之事，就像波兰人和匈牙利人一样"，他们已经陷入了僵化的民族主义。"但是克罗地亚还没有走到最后一步，没有像波兰人和匈牙利人一样与布鲁塞尔进行公开辩论。你看，"他停顿了一下，"我们对自己的中欧身份没有北方邻国那么有把握，所以我们不想冒失去它的风险。我们这个民族，公开否认自己完全不属于巴尔干，但私下却承认我们的巴尔干身份特征。"

晚上，我找到了一家餐厅，里面虽然有些冷飕飕的，食物却很美味。从我坐的那张桌子上，可以看到海滨大道旁边的棕榈树。地中海的棕榈树总是让我联想到寒冷。到处流传着在地中海全年都是类似夏季天气的神话，这或许是中央空调系统质量差甚至缺失的原因。我从来没有像在地中海那样在冬天瑟瑟发抖。地中海可能不适合居住，它太贫瘠了。地中海指的不仅仅是欧洲美丽的教堂和迷人的海滩。北非和南欧一样，是地中海的一部分。寒冷的冬季、穆斯林和难民，构成了21世纪初地中海经历的全部。地中海的欧洲海岸古老而富有，北非海岸年轻却贫穷。移民的时代才刚刚开始。

我站在一艘汽车渡轮的甲板上，从水面望去，斯普利特还是如从前一样漂亮，在高耸的喀斯特石壁的映衬下，拥有几百年历史的建筑与重新修建的罗马式钟楼显得格外突出。这艘渡轮将带我向东南行驶，途经布拉克岛、赫瓦尔岛和维斯岛，最终到达科尔丘拉西端的维拉卢卡岛。11月下旬的这个工作日早晨，乘客寥寥无几，大多是满脸灰白的卡车司机，他们手底下夹着小报，抽着烟。甲板上差不多就我一个人。我把书和笔记本都摊在一张桌子上。引擎开始震动，一股燃油味钻进我的鼻孔，船离开码头，往防波堤的方向驶去。接着，被波浪冲击的海岸线慢慢呈现出雕塑一般雄伟的样式。迎面而来的绿色岛屿像是沉睡的鳄鱼，角度恰好合适，海水就像是一块巨大的洒满阳光的滑动面板。没有什么比海上航行更能让人恢复乐观的状态，你会感觉自己的过去全被洗刷得无影无踪。这可能就是人们购买帆船的真正原因。

我看见有一座小天主教堂，伫立在暗蓝色海水中的一个岩石小岛上。在我心里，它显得如此神圣。这让人不禁想起那些遥远的希腊岛屿上的东正教教堂。在自然环境面前，那里只有信仰，而战争和斗争也主要是自然环境的替代品。一般来说，欧盟所能够提供的东西是理性，即抽象的官僚主义理性，集体身份特征即来源于这种信仰，与之相比，理性到底是什么？

三个小时后，我们终于靠岸，我走出黑暗的渡口，两辆卡车分列两侧，司机正准备开走。巨大的钢门缓缓落下，阳光倾洒进来，露出港口边的一排平房。每年这个时候都没有出租车，所以我提前安排了一辆车和一名司机。我们从维拉卢卡岛向东到达科尔丘拉，全程40分钟。岛上生存的寂静和神秘如同一种祝福，一下子降临到我身上。今天是感恩节，所以没人上班并给我发邮件。我只联系了妻子。这趟旅程只能我一个人完成，否则就没意义了。

我踏上这些旅程的目的就是探索世界的本质，了解复杂性和矛盾性，而这一切都需要我亲自体验并进行描述：因为这些事情你无法解释，也无法把它们融入某种政治科学理论。这就是为什么学习地缘政治需要我成为一个游记作家。我只能在描述城市风景、植被等的同时就地缘政治进行写作。如果不把文化和景观的众多限制因素考虑在内，地缘政治就会被简化为"宏大计划"，从而沦为空谈。[①]

　　眼前一条小路蜿蜒穿过橄榄树、葡萄园和白松林，这片树林交织成一条厚厚的植被带，偶尔点缀着几株小柏树，还可以不时瞥见延伸到天际的大海。科尔丘拉的老城是一座中世纪无与伦比的坚固堡垒，仿佛一位伟大的艺术家用同一块石头雕刻而成，于无声处静默作响。"我用石头书写，内容是意大利。"阿德里安·斯托克斯如此描述里米尼的这座庙宇，我的旅程就是从那里开始的。他的这句话其实也适用于这个用白色石灰岩建造的定居点，它到处散发着一种类似于极简主义诗歌的魅力。在一个小广场上，我从一扇文艺复兴时期的大门顶端进入一个威尼斯风格的巴洛克式入口，大门的旁边是一座哥特式小教堂。因为是淡季，商店和咖啡馆用木板封起来，这反而强化了建筑效果。现在只有猫在城墙内闲逛。沿着一条小巷走，三重和两重拱门上那稀疏的哥特式线条，就会让人联想到威尼斯总督的宫殿，这不需要太多的想象力。我走进一座无与伦比的16世纪哥特式大教堂，它其实只是一座中等规模的教堂，不过气势和气度都令人震撼。圣坛后面是丁托列托所画的三位圣徒的画像，充满神秘感的画中人物是如此栩栩如生，仿佛随时就要动起来。老城犹如一根完美伸入

---

① 约翰·刘易斯·加迪斯，《论大战略》，第9页。

水中的拇指，形成了美丽的海景。光秃秃的海滩像沙漠，充满疏离感。像这样的海洋，岛屿星罗棋布，周围又有陆地山脉环绕，具有无穷无尽的魅力，令人百看不厌。

我的正前方是佩列沙茨运河，它将科尔丘拉与陆地隔开。这里曾经是罗马和拜占庭的分界线，也曾是通往威尼斯帝国的海上通道。科尔丘拉是另外一条地处亚得里亚海的断层带，拿破仑战争时期在法国人、英国人、奥地利人之间几度易手，他们在这里统治的时间长达一个世纪，直到第一次世界大战之后塞尔维亚、克罗地亚和斯洛文尼亚王国的诞生。经常在科尔丘拉居住的作家兼记者迈克尔·多布斯这样写道：科尔丘拉方言夹杂着意大利和威尼斯词语，而当地家族的名称——阿内瑞、波什奇、狄波罗——都可以追溯到“最为安静的共和国”时期，那个时候，顷刻之间就可以走遍的杜布罗夫尼克竟然是“威尼斯的军火库”。多布斯继续写道，不同的风暗示出地缘政治的边界：在城墙西侧温暖干燥的密史托拉风，吹向大海；潮湿无比的尤戈风来自南部；当然，还有寒冷而具有破坏性的布拉风，在岛屿东侧和东北方向的巴尔干半岛内部更为常见。[1]

夜幕降临时我住进了旅馆。水边的棕榈树、夹竹桃和矮小的橡树都消失在夜色里。我品尝了一杯珀丝葡（Posip），这是当地的一种干白葡萄酒，口味清淡，但又极为独特。我想到了在达尔马提亚常用的一个词“fjaka”，它可以翻译为“慵懒”或“放松”，几乎可以说包含了一种生活态度。我回到老城区散步。城里阒然无声，我仿佛置身于一个海贝里。黑暗汇集

---

① 迈克尔·多布斯，《威尼斯曾经统治的地方》。

成片，每个小型广场仅有一盏灯，因而你很难看到自己的脚，只能听凭双脚在众多小广场上摸索前行。夜晚的小巷，会激起你久违的、连绵不断的梦境和童年的记忆，它们几乎就在重现。无论朝哪个方向走五分钟，我都能走到海边。夜晚的海水拍打着中世纪的城墙，还有什么能比这声音更能唤起人们对时光的回忆和对过去几个世纪的遥望？

在与一些当地人（我通过非本地的朋友的朋友认识的一些人）共进晚餐之前，我走进科尔丘拉的一片新区域，在当地的图书馆里欣赏了音乐。学校里的孩子们唱着动听的克罗地亚传统歌曲，他们的父母和朋友们都听得津津有味。再过几天，我还要看一场摩尔斯卡舞的表演。摩尔斯卡舞于15世纪传到了科尔丘拉，我感觉到这是一种社会自豪感和地区自豪感的世俗象征，于是想起渡轮上看到的那个偏远小岛上的教堂。

在晚宴上，我的新朋友们哀叹（就像我在萨格勒布遇到的那些人一样）克罗地亚的人口正在减少，因为年轻人为了更高的收入去爱尔兰从事科技工作，斯洛文尼亚腹地的农业人口正在大量流失，而妇女生育的孩子也越来越少。尽管克罗地亚的政治仍然是由民族主义者和非民族主义者之间旧有的分歧所主导，但年轻人已经失去了对于民主政治的兴趣。"你必须不断地用肉（经济发展）来喂养民族主义这头野兽，否则它会像过去那样咬你"，人们这样对我说。于是大家开始说起西方的民主危机，而且，正如一位与会者所言："或许，说来说去，君主制才是历史上最自然的治理形式，有一个被所有人视为合法的领导人，因而他能够做出艰难但必要的决定。"我的朋友都是自由开明的世界主义者，在当地语境中这意味着他们是"南斯拉夫人"，而这在某种意义上，就像维诺维奇伯爵那样，让我情不自禁地想知道，他那个百年之久的关于南斯拉夫统一的理念是否会获得重生。科尔丘拉深沉浓烈的美，让这里的人们感到骄傲，恋恋不舍，也让这里的人们对未来充满希望。而我为了寻找美，不得不逃离我长大的地方。但在这里，人们却不必这样做。

在克罗地亚的所有地方中，这里最能感受到地中海的气息。威尼斯帝国的统治使得意大利风格渗透在科尔库拉的各个角落。拉丁语教师斯坦卡·克拉列维奇告诉我，在这里，意大利对斯拉夫世界的影响在教堂、建筑、咖啡、美食甚至方言里随处可见。事实上，正是受到意大利的影响，这里才有了这样一座教堂，以及博物馆里精美的古希腊拜占庭圣像：如我们所知的那样，拜占庭古城在威尼斯留下了深刻的烙印。

在科尔丘拉的历史上，最重要的事件或许是 1298 年 9 月，就在古城东墙外，热那亚人与威尼斯人之间打的一场海战，威尼斯舰队司令安德烈·丹多洛和马可·波罗（他负责指挥丹多洛的一艘战船）都在这里被俘。丹多洛因无法忍受这种耻辱而自杀，马可·波罗则被囚禁在热那亚。[①] 正是在被囚禁期间，由于最终被解除了商业和军事责任的负担，他才能够认真口述他在亚洲旅行的故事。

公元 1271 年，马可·波罗沿着亚得里亚海东岸航行，开始了他长达 24 年的亚洲之旅。在到达蒙古皇帝忽必烈的大都（现在的北京）之前，他在巴勒斯坦、土耳其、伊拉克北部，从阿塞拜

---

① 这里为了将海军上将安德烈·丹多洛与同名的威尼斯总督区分开。

疆和库尔德人居住区的北部到波斯湾的伊朗全境、阿富汗北部和东部以及中国的新疆，都待了相当长的一段时间。他从大都出发，跨越大半个中国，出使越南和缅甸。返回威尼斯的途中，他穿越印度洋，穿过马六甲海峡到斯里兰卡，沿着印度西部海岸到达古吉拉特邦，并顺便前往阿曼、也门和东非。

如果说 21 世纪初的世界有一个地缘政治中心，那将会是这里：从波斯湾到中国南海，包括中东、中亚和中国。当前中国政府提出的陆上和海上丝绸之路，用报纸上的话说，就是"一带一路"倡议，与马可·波罗旅行的路线有些类似。这并不是巧合。蒙古人的元朝在 13 世纪和 14 世纪统治中国，他们是"全球化的早期实践者"，他们试图将整个适宜于居住的欧亚大陆连接成一个真正多元文化的帝国。中国元朝最令人不可抗拒的武器不是刀剑，而是贸易——宝石、织物、香料、金属等。象征着"蒙古帝国统治下的世界和平"的是贸易路线，而不是军事力量。①蒙古的宏伟战略是建立在商业上，而不是战争上。而威尼斯人马可·波罗则为世人留下来一份极为独到的记录。

然而，对于忽必烈汗来说，这个战略并未完全奏效。波斯和俄罗斯成为自治的国家。南亚次大陆被喜马拉雅山挡住，与中国分隔开，两边都是海，所以它一直是一个独立的地缘政治半岛。而这位大汗却一直都在巩固他在中华文明的农耕摇篮地带——中国的中部和东部地区——的地位，与西部沙漠的穆斯林少数民族地区保持距离。在这一点上，马可·波罗所属的那个世界的地缘政治特征与我们现在的大致相似。

---

① 劳伦斯·贝尔格林，《马可·波罗》，第 27、94、152 页。

马可·波罗将世界的未来与中国等同起来。煤、纸币、眼镜和火药，在当时还是欧洲人未曾见识到的中国奇迹，而在马可·波罗眼中，杭州有护城河，河面上有数百座桥梁，如同威尼斯一样美丽。

除了印度，马可·波罗在他的书中还记叙了两个特别重要的地方——俄罗斯和波斯。他从远处看到的俄罗斯，是一片盛产皮毛因而有利可图的荒原，而波斯才是他旅途的重头戏。在他眼中，波斯是仅次于中国的第二大国，换句话说，这就跟波斯帝国左右着亚历山大大帝的征战路线和希罗多德的历史研究一样，当时波斯可以说是古代历史上的第一个超级大国。[①] 因为在当时，就像历史上经常发生的那样，一切大事都跟波斯（就是现在所称的伊朗）相关。因此，一张马可·波罗所经历的13世纪欧亚大陆地图，其架构的原则就是"大汗帝国"和"波斯"，实际上是了解我们所属地缘政治世界的最佳切入点。在这个世界里，欧洲，尤其是既包含东西方基督教又包含伊斯兰教的亚得里亚地区，越来越成为一个宏大亚欧大陆不可或缺的有机组成部分。[②]

风景如画、冬日漫长的科尔丘拉，是丝绸之路沿线名副其实的一个城邦，与我所知的其他地方不同，它最能把人们的思想集中在这类事情上。当地甚至有一种传言，称马可·波罗出生于此地，不过这有些可疑。

我站在科尔丘拉城南部拉姆巴达的一个阳台上，俯瞰着这个寂静的海湾，700多年前，马可·波罗曾在附近参与一场海战。这里有盆栽植物绣球花和木槿，附近则生长着石榴、橄榄和九重

---

① 彼得·弗兰科潘，《丝绸之路》，第1—6页。
② 马可·波罗，《马可·波罗游记》，第144页插图。

葛等植物。这里是托尼·罗兹卡的故乡，他曾当过导游，唱过男中音，是第六代科尔丘拉人。他身材高大魁梧，铁灰色的头发扎成了马尾，修剪整齐的白色胡须让他看起来就像阿陀斯山上的和尚。

他的阳台在一个藤架下方，往里走，是一个宽敞舒适的房间。房间里正煮着意大利面，墙壁上放满了书籍和绘画。这些书涵盖了好几种语言，大多讲的都是巴尔干半岛和亚得里亚海的历史。书籍排列无序，但也不至于太混乱，这让他的藏书有一种真正被人翻阅的感觉。床上放着锦缎枕头，屋里放着烧了一半的蜡烛和早年旅行时留下的旧箱子，其中两个曾属于英国战斗英雄菲茨罗伊·麦克莱恩。我们坐在一张长长的木桌旁，托尼先给我倒了一杯冰凉的梅子白兰地，紧接着又倒了一杯一种带有纯净金属味的当地白葡萄酒格尔克。这是一种处于斯拉夫世界边缘的典型地中海式生活。现在，我正坐在一个温暖、深情、极有教养的人家里，他做饭、读书，因此能享受独处的乐趣，这里弥漫着海洋醉人的气息。

两只胖胖的毛茸茸的猫从阳台上走了进来，托尼说意大利面已经好了，我们坐下来开始吃东西、聊天，或者更为确切地说，我开始听他讲故事。托尼似乎已经读过对于我来说最为重要的人所写的全部作品，包括费尔南德·布罗代尔、普雷德拉格·马特维耶维奇、诺维奇勋爵等。这些作者都注意到了地中海作为一个文明体的基本统一性，因而也注意到，尽管该地区同时也称得上是一个演绎着较量和冲突的舞台，但却拥有共同的命运。托尼点了点头，并告诉我，如果这次暗杀没有发生，或者那次选举如果是另外一个样子，那么20世纪将会是多么不同，也不会那么悲惨。

尽管托尼对布罗代尔以及布罗代尔高明的决定论有足够了解，但年龄越大，他却越发相信，历史不过是一些匪夷所思的偶发事件和个人的激情碰撞。

最后，像通常一样，我们的话题又转移到了前南斯拉夫问题上。

"南斯拉夫会回归吗？"我问。

"会的，南斯拉夫一定会回归。它是巴尔干西部潜在的欧盟地区。我们都或多或少说着相同的斯拉夫语，我们都必须彼此进行贸易往来，因此必须要有一个新的、非正式的南斯拉夫。只要有欧盟存在，"托尼接着说道，"就一定会有以某种形式重建南斯拉夫的那一天，"不论地中海共同文明这样的目标会被如何稀释和浸泡。"南斯拉夫曾经是一个帝国。欧盟也是一个帝国。那欧盟的真正目的到底是什么呢？是关于贸易和经济吗？根本绝对不是。欧盟必须生存下去，因为它真正关心的是和平，欧洲的和平。"

我们一致认为，应运而生的帝国是存在的。

在我的印象中，科尔丘拉与菲茨罗伊·麦克莱恩是分不开的。麦克莱恩是一位勇敢、潇洒、冷静、不屈不挠的苏格兰高地绅士，1943 年 9 月空降到波斯尼亚山区，与南斯拉夫游击队一起生活，由于整天和铁托打交道，因此他比之前和之后的任何西方人都更了解铁托。直到麦克莱恩尝试深入南斯拉夫之前，丘吉尔政府对游击队的政治动向始终没有把握。他们成了一个谜团。麦克莱恩让他的政府相信，铁托的抵抗武装"明确地"比之前所认为的要重要得多，抵抗武装"极为明确地"处在共产主义领导之下，而英国的支持将在相当大的程度上有助于他们打击德国人的战斗。但是，不管英国是否援助游击队，"铁托和他的追随者在解放后都将对南斯拉夫的政治产生决定性影响"。麦克莱恩所说的这一番话都被证明是准确无误的。

麦克莱恩的另一个洞见也同样被证明是准确的。麦克莱恩与铁托的第一次会面，是在他借助降落伞落到地面之后不久，几乎就在同时，他就和铁托品尝起了白兰地，并注意到铁托跟他被派驻莫斯科时所认识的苏联共产主义者一点儿也不像。铁托"似乎对自己信心十足，是一个有主见的人，而不是听人摆布的人"。铁托这一性格特征在若干年后南斯拉夫与莫斯科的断交中起到了至关重要的作用，也让南斯拉夫走上了不结盟的道路。

但是，麦克莱恩首先必须由内陆到达海边，以便能够安排从意大利为游击队提供补给品，因为墨索里尼刚刚被推翻。那意味着他要徒步穿过林木繁茂的波斯尼亚乡村，到达尔马提亚的"灰岩和峭壁"地带。然后，麦克莱恩便来到了阳光明媚的科尔丘拉。在"古老的圆形塔楼附近，靠近装饰得很好的画作《圣马克雄狮》的地方"，他"高兴地注意到一个非常漂亮的姑娘"。后来还有一些罗马天主教修女向他"投掷"鲜花。不足挂齿的小小喜悦，在当时的情况下却显得弥足珍贵。①

黎明前，当汽车渡船载着我穿过佩尔杰塞克运河返回欧洲大陆时，大海看起来像闪闪发光的柏油。而当到达对岸的时候，海水已经变了颜色，可以看到阴暗的土黄色天空的倒影。接着，我

---

① 菲茨罗伊·麦克莱恩，《东部的战线》，第 xv、15、313、365、375、379、399 页。

们乘坐的巴士沿着石灰岩山丘和悬崖边缘向南蜿蜒行驶，直到上午10点左右，我们到达杜布罗夫尼克。沿途的橄榄树格外引人注目，让我想起了年轻时在西班牙和突尼斯旅行时第一次看到的橄榄树，那是北非与南欧存在一致的景观例证。阳光穿透云层，海面变得平静而汹涌，犹如土星的光环，平滑而又锐利。

杜布罗夫尼克到处都是新建的房屋，这与我记忆中的20世纪90年代末有所不同，那个时候，战争结束，而当地旅游热尚未开始，是难得的一段幸福时光。但是现在，这座古老的有城墙的城市突然出现在我的面前，这个季节游轮已经停运，整个城市显得与世隔绝，非常具有戏剧性，让人感慨万千。这让我想起建造在这些庞大墙体内的海事博物馆，我曾经参观过许多次，里面有宏伟的模型船和各式各样应有尽有的地图。一瞬间，所有我读过的历史都涌现出来：

杜布罗夫尼克（一个塞尔维亚-克罗地亚语的名词，可能指的是附近的橡树林）直到20世纪才勉强成为这个城市的专用名称。在这之前大约一千年的时间里，它是独立的拉古萨共和国，信奉天主教，以航海为业。在第一次世界大战之后，新的南斯拉夫王国政府把它的名字正式改为杜布罗夫尼克，因为拉古萨听起来太像意大利语，尽管这个名字是公认的伊利里亚语。拉古萨击退了萨拉森人的围攻，并在西班牙和梵蒂冈的消极鼓励下，渐渐摆脱了威尼斯、哈布斯堡和奥斯曼帝国的控制，而且还设法挑拨它们相互争斗。在丽贝卡·韦斯特的描述中，拉古萨是一个真正的历史"奇迹"：它是奥斯曼帝国的一个附属国，却被许多人视为一个独立的基督教国家，也是通往亚洲的门户；商队从这里出发，经过长达 500 英里的陆路旅程，穿过黑山、科索沃、马其顿和保加利亚，到达君士坦丁堡甚至更远。在印度康坎海岸的果阿甚至还有一个拉古萨的殖民地。拉古萨的海军竟然在从北非突尼斯到巴勒斯坦阿克雷的每一个重要的地中海港口都建有仓库。海事博物馆里就有一张地图，上面标示了我所走过的亚得里亚海航线上的每一个沿海城镇，以及 12 世纪和 13 世纪时期的拉古萨商业仓库。只是在拿破仑战争之后，拉古萨才屈从于哈布斯堡王朝的统治。①

　　给杜布罗夫尼克贴上东西方交汇处的标签，并不等于把握了它令人焦虑的地缘政治现实。虽然，这里的文化背景和艺术表层确实是威尼斯风格，但就政治、经济和文化而言，以塞尔维亚-克罗地亚语为主要语言的杜布罗夫尼克，横跨着西方的罗马天主教和东方的拜占庭东正教之间的边界。外交方面，杜布罗夫尼克在西部的威尼斯人、匈牙利人和诺曼人，与东部的拜占庭、塞尔维亚和波斯尼亚统治者之间进行斡旋、谋求平衡。拉古萨的贵族阶级也分为赞成和反对奥斯曼帝国的两个派别。（关于早期现代的杜布罗夫尼克，我们已经有了足够多的了解，实际上，悉尼大学的学者兹登科·兹拉塔列出了 1611—1612 年参议院的成员名单，并根据他们所属的不同派别对他们进行了分类。）②

　　英国专家罗宾·哈里斯在《杜布罗夫尼克史》中解释说，中

————————

① 罗伯特·D.卡普兰，《地中海三千年》，第 172 页。丽贝卡·韦斯特，《黑羊与灰隼》，第 235 页。甘堡·卡曼，洛夫罗·库切维奇，《十六和十七世纪奥斯曼帝国的欧洲附属国》，第 111—112 页。彼得·弗兰科潘，《丝绸之路》，第 190 页。

② 简·莫里斯，《威尼斯帝国》，第 165 页。兹登科·兹拉塔，《我们的王国来临》，第 261—262、334—335、341—343 页。

世纪杜布罗夫尼克最初以及后期反复出现的问题是，拜占庭帝国被证明是一个"有点不可靠的保护者"。"因此，为了保护他们的安全，拉古萨人（很早的时候）就必须与他们的邻居达成有利于自己的协议"，而拜占庭帝国也接受了这一事实，"前提是仍然承认它的绝对主权地位"。讽刺的是，杜布罗夫尼克进一步磨炼了生存能力，因为威尼斯限制了它的海上贸易，从而迫使杜布罗夫尼克在斯拉夫内陆发展陆地贸易。杜布罗夫尼克共和国成为地中海和巴尔干半岛地区的一大强国。正是由于威尼斯保护杜布罗夫尼克不受塞尔维亚的侵犯这个事实，杜布罗夫尼克的陆路贸易才能发展起来。虽然威尼斯想要掌控杜布罗夫尼克，但为了保证"最为安静的共和国"在亚得里亚海的安全，它仍然需要杜布罗夫尼克的继续存在。需要再次说明的是，非道德的地缘政治，尽管有些冷漠，但确实会保证表面上的和平，而这或许比宗教战争所导致的自以为是的极端现象更为可取。这种把戏没有人比拉古萨人玩得更好。

14世纪中叶，匈牙利在一系列军事敌对行动中战胜威尼斯，杜布罗夫尼克借此机会要挟威尼斯总督，迫使他给予更多管理和商业自由。与此同时，在外交方面，杜布罗夫尼克向处在胜势的匈牙利靠拢，以换取匈牙利对这个亚得里亚海新兴强国的保护。15世纪，随着奥斯曼帝国的崛起，杜布罗夫尼克施展各种伎俩得到了欧洲天主教大国的允许，在穆斯林的地盘上从事更多的贸易活动。杜布罗夫尼克虽然极力把自己标榜为自由的天主教，一个"斯拉夫的雅典"，但它却始终与教皇保持着一定的政治距离。

后来，在16世纪，当奥斯曼帝国的势力达到顶峰，杜布罗夫尼克成为奥斯曼帝国的附属国后，依旧超然物外的杜布罗夫尼克成为东西方贸易的中转站，竭力避免代表任何大国参与军事行动。这个城邦国家通过这种方式保持了中立。天主教的拉古萨人由于其现实主义大多看不起 16 世纪和 17 世纪针对穆斯林苏丹国的反宗教改革战争中所表现出来的狂热，而拉古萨人所处的敏感地理位置则对其现实主义起到了推波助澜的作用。[1]

1658 年，一位法国人在访问杜布罗夫尼克时谈到拉古萨人在国际关系上无可匹敌的犬儒主义，认为那对他们的生存至关重要，他这样说："他们害怕土耳其人，憎恨威尼斯人，喜欢西班牙人，因为他们有用；忍受法国人，因为他们名声在外；他们也会严密监视外国人。"[2]

杜布罗夫尼克的事例说明，所谓治国之术，往往意味着如何对待小恶，因为只有接受这一事实，在寡不敌众的情况下，一个民族才能保卫自己。社会秩序会保障自由。一种严格的等级制度划分了贵族、平民和劳动者："平民不可能加入贵族的这个现实，很可能有助于形成一定程度的顺从，从而有利于稳定。"哈里斯写道。15 世纪，拉古萨有 33 个贵族家庭，人数据说有几万人，这使得拉古萨形成了一种威尼斯风格的社团式领导，几乎没有什么主导性强势人物出现。他们效仿威尼斯总督的做法，当选的教区长任期只有一个月，而且只有在间隔两年之后才能再次参加选举。在他任职的一个月里，除了在正式场合露面外，都要待在皇宫里，身穿一件红色丝绸长袍，外罩一件黑色天鹅绒披肩。这简

---

① 罗宾·哈里斯，《杜布罗夫尼克史》，第 34、49、50、60—63、80—81、97—98、110、220 页。兹登科·兹拉塔，《我们的王国来临》，第 4—5、179 页。卡曼，库切维奇，《十六和十七世纪奥斯曼帝国的欧洲附属国》，第 92、368 页。
② 罗宾·哈里斯，《杜布罗夫尼克史》，第 122 页。

直是为马基雅维利而建的一套体系：拉古萨注重变化的辉格党风格政府，是著名的佛罗伦萨原则的完美体现，即一种冷酷的贵族式现实主义，只为自我保护而服务。[①] 其结果则是一个自由的共和国，这个共和国经受住了整个中世纪和早期现代的考验，而陈列在 15 世纪和 16 世纪城墙内的拜占庭-哥特-文艺复兴时期的艺术作品和建筑，更是对这样一个共和国进行了无尽的颂扬。

　　这是一个寒冷的初冬夜晚，灯光照亮了杜布罗夫尼克的城垛。我走过一座吊桥，走进普罗斯大门，杜布罗夫尼克的守护神——圣布莱斯的雕像在我头顶的壁龛里守护着我。我发现自己在一个高耸的峡谷里：城墙从左边擦过我的肩膀，多米尼加修道院的围墙从右边擦过我的肩膀。慢慢地，视野越来越宽阔，我看到了一个广场，周边是哥特式和文艺复兴风格的斯蓬扎宫，还有一个 15 世纪的喷泉。杜布罗夫尼克的主干道斯特拉顿大街，是由抛光的石板铺成，在泛光灯的照耀下像玻璃一样闪闪发光。主干道是在 1667 年一次地震后建成的，两旁排列着由同样建材建造的巴洛克式拱门，宛如从卡纳莱托的城市景观画中截取的时间画面。我漫步在有台阶的小巷里，走进商店和气氛亲切友好的邻里酒吧，酒吧墙上挂着镀金的画，散发出一种深沉的城市气息。在教堂外，我几乎每次抬头都能看到一尊圣徒的雕像，通常都是圣布莱斯，手里捧着杜布罗夫尼克的模型，似乎随时准备从教堂顶上跳下来，汇入众人之中。[②]

① 罗宾·哈里斯，《杜布罗夫尼克史》，第 145、189 页。罗伯特·D.卡普兰，《地中海三千年》，第 173—174 页。
② 罗伯特·D.卡普兰，《地中海三千年》，第 170—171 页。

在教区长宫殿里，我仔细看着在镀金镜子和蓝黄相间的那不勒斯彩陶烘托下的拉古萨贵族画像，上面还写着他们的意大利和斯拉夫文名字。他们那精于算计的面孔显示出某种宁静的安分。从 1991 年 10 月到 12 月以及 1992 年 5 月，塞尔维亚的炮弹雨点般落在旧城中，中世纪晚期的城墙和 17 世纪的石板，特别是由这些精明的企业家筹资建造的斯特拉顿大街沿线，虽然遭受了许多直接轰炸和飞溅的弹片，却几乎没有任何损伤，很是令人惊叹。[①]

1998 年，我在城墙顶上散步，想看一看轰炸造成的损失。我看着屋顶碎成几十万块的黏土瓦片，心想这大概就是埃德加·德加（Edgar Degas）所说的"时间的耐心创作"吧。就像被挤压到石头中的化石一样，屋顶的瓦片也形成了对于季节的记录：寒冷潮湿的冬天和酷热的夏天，渲染出一种令人难忘的微妙色彩，有栗棕色、赭色和幽幽褐色。因为已经过了数十年，这些瓦片变成了骨白色，从远处看几近是黄色的。在欣赏过这无与伦比的壮丽景色之后，我又近距离看了一下屋顶。许多瓦片都是新的，番茄红的色斑所在处，就是塞尔维亚炮弹击中的地方。[②] 衰变也是极为美丽的，但 1990 年代的暴力将这种美毁灭殆尽。

杜布罗夫尼克正如过去数十年来我所亲历的那样，透出一股折中主义的味道，因为我对这个地方的所有记忆都混合在了一起。我走进多米尼加修道院博物馆，在这里，无论是 15 世纪纽伦堡的黄铜铸瓶，还是 16 世纪弗拉芒派的双连画《基督与圣母》，似乎都与周围的斯拉夫、匈牙利和意大利大师的艺术作品，包

---

① 罗伯特·D.卡普兰，《地中海三千年》，第 175 页。
② 罗伯特·D.卡普兰，《地中海三千年》，第 175—176 页。

括提香的《天使》极为吻合。多米尼加教堂的白墙和极为精致的标志性哥特式大门，跟我在意大利看到的许多教堂一模一样。14世纪方济各修道院的罗马式回廊，是另外一种地中海元素多于巴尔干元素的景观经验：一座石头喷泉矗立在奢华的花园中心，旁边种着一棵柠檬树。阳光暴晒下的巷子如迷宫一般，两旁则是橙色的花朵和正在晾晒的衣服。[①]

　　在之前的一次参观时，我去了大教堂旁边的老城区农产品市场，中心位置矗立着 17 世纪早期反宗教改革诗人伊万·贡都利奇意气风发的雕像。一个菜摊旁，一个身材姣好、身穿围裙的女人打开了一瓶白兰地，里面放有草药。她给我倒了一满杯，然后递给我一颗无花果，鲜嫩多汁。那是早上九点钟，这杯白兰地散发着浓烈香味，深入我的大脑和五脏六腑。她笑了笑。每天正午前几分钟，这个市场周围的屋顶上就会挤满鸽子，它们一动不动地等待着，直到教堂的钟声响起前几秒钟，才又排成队形飞走。[②]当我在 2017 年回来的时候，同样的场景再度显现。

---

① 罗伯特·D.卡普兰，《地中海三千年》，第 176 页。
② 罗伯特·D.卡普兰，《地中海三千年》，第 177 页。

第七章

科托尔、

波德戈里察、

地拉那和都拉斯

欧洲中心？

巴士从克罗地亚向南穿过边界进入黑山共和国时，我也在经历着细微的政治和文化图景的变化。我仍然身处前南斯拉夫境内，但我已经离开了欧盟，即便是欧元依然在黑山共和国流通，并且黑山共和国和克罗地亚一样是北约成员国。黑山共和国以前使用的是西里尔字母，现在向拉丁字母过渡的进程已经相当深入。

然而两国之间的差异显而易见。与克罗地亚相比，这里的城镇更破旧，维护得也不好，放眼望去，只看到斑驳褪色的标志牌和锈迹斑斑的铁屋顶，就连棕榈树和旅店广告牌之间的空地也是杂草丛生。黑山共和国在历史上很长时间里是由奥斯曼帝国和东正教教会统治的，一踏入这个国家，我便感受到这里的生活水平比北边得到哈布斯堡帝国支持的、信仰天主教的克罗地亚低很多。此外，还有一些修建尚不完善的简陋住宅区，居民的衣服就晾在卫星天线旁边，这让我想起了20世纪90年代末高加索和中亚地区那些饱经摧残的残破住宅楼。在离废弃院落不远的地方，一艘艘豪华游艇密密麻麻地排列在水面上；更有甚者，杂乱无章的新建房屋实在是大煞风景，这充分表明，此处腐败程度高，制度缺陷严重。

科托尔古城，不像位于亚得里亚海海岸的克罗地亚那些有围墙的经典城市一般干净又精致，也不像斯普利特和杜布罗夫尼克那样，满街都是精品店，如同购物天堂。在科托尔，流浪猫都骨瘦如柴。我坐在老城区最贵的餐馆里，看到很多床单搭在一根晾衣绳上，旁边就是年久发黑的漂亮拱门和门楣。科托尔伸入海湾深处，有一种难以名状的微茫遥远的特质，城中不乏精致的酒馆和酒吧。古老商队旅馆的氛围，依旧飘荡在昏暗的小巷里。我感觉自己仿佛回到了过去。与此同时，高耸的山峰像大教堂的尖顶一样没入云雾之中，又将倒影抛洒在镜子般的海湾里。

科托尔的美是无法用言语描述的。海湾如同挪威峡湾那么大，你仿佛被它引领进入了一个未被发现的广阔内陆，那里群山连绵，令人目不暇接。在阳光明媚的日子，这里色泽鲜艳，让你好感顿生。这里仍然是地中海。占地面积不大却宏伟庄严的圣母教堂坐落在陡峭的半山腰上，虽历经几个世纪的侵蚀，却依然能够使整个画面错落有致，和谐完美。

科托尔在第一次世界大战前的意大利语名字一直是"卡塔罗"。它位于蜿蜒曲折的科托尔湾中，坐落在 6000 英尺高的洛夫琴山及其诸多次峰脚下。高耸山峰的阴影遮住了古城狭窄的街道。科托尔对亚得里亚海开放，也通往巴尔干半岛的腹地，甚至超过达尔马提亚其他有城墙的城市，成为早期现代和现代征服者以及占领这里的帝国军队的记录：土耳其人、威尼斯人、巴巴罗萨人、奥地利人、法国人、俄国人和英国人。远在这一切发生之前，在古代晚期及之后的岁月里，东哥特人、拜占庭人和萨拉森人相继来到了这片富饶美丽的土地，保加利亚和塞尔维亚王朝在这里的统治后来则陷入无休止的纠缠和混合之中。但科托尔最终的历史特色可以说是一个半独立的达尔马提亚城邦，拥有其独特的身份特征，并且在政治和心理上与以地名命名的黑山腹地的那些黑暗要塞隔绝开来。

在科托尔，我略微有些不知所措。我能够在过于独特的表示友好的方式——在饭店里，陌生人会不惮冒昧地问你一些私人问题——中感受到东方的存在，也可以从腐败所造成的即视感以及东正教教堂那阴暗神秘和独特的古老氛围中感受到东方的存在，那些令人望而生畏的圣像屏帷和挥舞香炉的牧师更加强化了这种感受。我知道，这样的想法有本质主义倾向。但我相信，这也不是简单的第一印象。尽管全球化已成定局，但东西方的划分依然存在。

当然，现实情况要复杂得多。例如，在当地的一家博物馆里，我们看到巴尔干风格的服饰旁边摆着威尼斯的镜子和其他意大利风格的家具。我们知道丹麦和德国两个欧洲国家与伊朗和印度两个亚洲国家有很大不同，这也就意味着一个穿越欧亚大陆的旅客一定会注意到从北欧到近东和亚洲次大陆这一路上的变化。但是在全球化背景下，这种变化已不怎么明显。旅行意味着要面对两个地点之间的细微差异，而这种持续变化的差异最终有助于揭开地缘政治产生的过程和原因。

例如，克罗地亚86%的民众都是罗马天主教徒，而黑山共和国72%的民众是东正教徒。多年前，罗马尼亚著名哲学家、霍丽亚-罗马血统的帕特皮亚韦齐告诉我，因为"正统信仰具有灵活性和冥想性，更加依赖于农民的口口相传，而不是文字材料"[1]，所以信仰东正教的国家，如罗马尼亚、摩尔多瓦、俄罗斯、塞尔维亚、黑山等，都面临着一个挑战，那就是在客观规则的基础上养成面向公众的作风。英国记者维多利亚·克拉克在她关于东正教的书中指出，这是一个人际关系比制度重要得多的世界。[2]事实上，根据我上一次的调查研究，在每一种情况下，欧洲信仰东正教的国家在人们感知到的制度透明化这一方面的表现都低于信仰新教

---

① 罗伯特·D.卡普兰，《在欧洲的阴影下》，第37页。
② 维多利亚·克拉克，《天使为何坠落》，第229页。

和天主教的国家，在人均收入方面也几乎都是如此。

如许多评论者指出的那样，东正教与奥斯曼帝国境内的伊斯兰教之间的关系，比它与帝国之外与之同宗的天主教之间的关系少了一些纷争。因为穆斯林土耳其人对待东方的基督教徒往往比西方的基督教徒（天主教徒和新教教徒）对待彼此更加友好，因此，东正教以一种与伊斯兰教相似的方式，构成了奥斯曼帝国遗产的一部分，黑山共和国（和阿尔巴尼亚一起）构成了东正教国家的边界地带，其核心地带仍然是希腊和俄罗斯。

事实上，东正教构成了原拜占庭帝国（在奥斯曼人到来之前）及北部的斯拉夫世界。虽然在旅程开始的时候，我在亚得里亚海对岸拉文纳的教堂里已经领略了东正教的艺术和精神的遗迹，但在科托尔我才看到一个蓬勃发展的宗教。20 世纪 70 年代，我开始着迷于巴勒斯坦约旦河西岸的东正教教堂和修道院；80 年代，我曾在信仰东正教的希腊待过几年。这一天的清晨，我走进科托尔一座空荡荡的教堂，看到一个手持香炉的牧师在徘徊，香炉散发的气味让人顿生一种身处天堂的感觉，这个场景唤醒了我在希腊和中东最为难忘的回忆：有一个在香雾中独自吟唱圣歌、播撒馨香的牧师，尽管当时并没有信徒在眼前；这里没有椅子，因为东正教教堂没有中殿，只在穹顶之下有一块供教徒站立的地方，烘托出一种在圣徒画像的辉映下轻松自如的氛围。

当然，我的回忆离不开书，特别是我很久之前在雅典买的那本《东正教教堂》，这是一部有深刻生活阅历而又博学的著作，作者是蒂莫西·韦尔（卡利斯托斯神父）。1958 年，他离开英国国教皈依东正教，被称为卡利斯托斯神父。卡利斯托斯神父解释说，尽管所有的西方基督教徒，不论是天主教教徒还是新教教徒，一直受到"教皇集权和中世纪经院哲学，文艺复兴，宗教改革和反宗教改革"的影响，东正教教徒对此却几乎一无所知：他们"只是以一种间接的方式"受到了那些在古代结束之后创造了"西方"这个观念的文明巨变的影响。而且，尽管天主教在教皇的管辖之下达到统一，但东正教世界更像是一些"独立的地方教会"的汇聚，"高度灵活"，"极易适应变化多端的环境"。因此，虽然东正教世界声称普世性是关于上帝最原本的"真正的信仰"，但实际上它已经与民族国家和政权紧密联系在一起，对好坏不加区分。这是奥斯曼帝国统治的一个可悲后果，因为它赋予东正教教会政治特权，允许它们成为民族群体的代表，从而使神职人员变得野心勃勃，谋求自己的影响范围。[1] 因此，受教义、历史和地理因素（三者相互促进）的影响，东正教推动了从西欧向近东的过渡。

"那么，何为欧洲？"一天早晨，当地的一名导游，也是一名热爱巴尔干半岛历史的学生米罗·杜卡诺维在科托尔的一家咖啡厅里向我抛出了这个问题。"欧洲，我告诉你，既信仰天主教和新教，也信仰东正教。科托尔和意大利北部的城市一样，都是欧洲的核心，丝毫也不逊色，"他说道，"5世纪时，主教就生活在我们这里。我们当时已经有了十诫，而北欧仍在野蛮阶段挣扎。在科托尔，天主教和东正教就像联动的齿轮一样密不可分，基督教的两个分支在一座城中并存。"他的意思是，如果欧洲只到黑山而止，不包括巴尔干半岛上这些规模大得多的东正教国家，

---

① 蒂莫西·韦尔，《东正教教堂》，第9、15—16、98—100页。

尤其是希腊，那么欧洲将彻底迷失。"欧洲的历史，就是对尚未被发现的美的追寻。"统一之美是欧洲一直在追求却始终没有机会体验的一种美，他暗示道。

我回想起耶鲁大学历史学教授马尔其·肖尔如何在向东远至敖德萨港口的一个室内市场发现关于欧洲的理想的过程。在那里，当地爱乐乐团的音乐家在演奏着贝多芬的《欢乐颂》——这是欧盟的盟歌，而市场里"刮除鱼鳞、清洗鲭鱼鳃和给凤尾鱼称重等具有生活气息的声音，暂时盖过了普京在 2014 年乌克兰革命中的警告声"。[①]欧洲如果想要继续存活下来，就必须超越某个特定的地理环境，所以，它必须尽力到达未曾到达之地。

从科托尔到黑山共和国首都波德戈里察（Podgorica）的这一段南行之旅，放眼望去都是充满神秘色彩的耀眼海景，在阳光下更让人目眩神迷。亚得里亚海不是爱琴海，后者总是能够让人联想到希腊神话；也不是广阔无垠的印度洋，那里的季风能让人心旷神怡。相反，这里与如此之多的不同文化和历史相关联，多到让人对分门别类方法的不严密感到惊讶。

猛然间，我向内陆走去，黑山展示了它的多变，一座又一座陡峭、险峻的山峰扑面而来，这场景让我想起了也门的蜿蜒曲折和瑞士的冰冷美丽。这个极度分散的只有 62 万人的山区堡垒，虽然占地面积小，却将地中海和巴尔干中心地区联合起来，并且凭借其独特的地理环境和血海深仇证明，奥斯曼帝国几乎不可能统治该地区。

黑山共和国在 21 世纪的独立并不是由 1990 年代的南斯拉夫

[①] 蒂莫西·韦尔，《东正教教堂》，第 9、15—16、98—100 页。

分裂战争决定的，而是在 2006 年和平时期由全民公投决定的，那次公投的结果导致了黑山脱离与塞尔维亚缔结的联盟。事实上，黑山和塞尔维亚在漫长的历史中一直处于模糊不清的关系。这种关系时常引发黑山的内部分裂。有一首塞尔维亚诗歌《山上的花环》，是黑山王子和诗人恩杰戈斯于 1846 年写的，这首诗标志着与奥斯曼帝国彻底决裂，并激励了几代塞尔维亚人反抗外来统治。斯蒂芬·内马尼亚（Stefan Nemanja）生于黑山，他是一位伟大的中世纪王朝统治者，将塞尔维亚人从"零散的部落转变为一个民族"。当奥斯曼人最终勉强控制了这些塞尔维亚领土的时候，是聚集在洛夫琴山（黑山民族的圣山）附近的战士们坚持对他们进行了长久的抗击。"黑山的人民向来认为自己是塞尔维亚斯巴达的后裔"，英国历史学家兼记者蒂姆·朱丹写道。[1] 所以，2006 年全民公投决定的不只是关于离开塞尔维亚的问题，其重点还在于搁置塞尔维亚问题，其中包括关于科索沃独立的外交争吵和在海牙对塞尔维亚战争罪犯进行审判。摆脱了那一切，地处亚得里亚海战略要地——曾经是威尼斯帝国和奥斯曼帝国之间的断层线之一——的黑山，申请加入北约和欧盟的决定会更有可能被接受。

然而，因为俄罗斯许多港口在漫长的冬季里都被冰雪封冻，所以它渴望得到黑山在亚得里亚海的温暖之地，那里与意大利仅有一步之遥。俄罗斯之所以对黑山感兴趣，是因为俄罗斯与讲塞尔维亚语的地区有着悠久的文化和语言渊源，而且也对黑山有经济投资。除此之外，这个风景迷人的亚得里亚海度假胜地也是俄

---

[1] 蒂姆·朱丹，《塞尔维亚人》，第 17—18、65 页。

罗斯犯罪组织的游乐场。[1] 有人说，俄罗斯人拥有黑山40%的房地产，而且黑山旅游收入的四分之一是来自俄罗斯，甚至赌场和码头都是专门为俄罗斯开着超豪华游艇的超级富豪设计的，这些人的钱，"毫不夸张地说，来源不清楚"，出生于克罗地亚的华盛顿分析师达米尔·玛卢斯科说道。北约虽然也意识到了这一切，但仍然欢迎黑山加入西方联盟。由于克罗地亚和阿尔巴尼亚已经是北约成员国，承认黑山等于对俄罗斯关闭通向亚得里亚海的通道。

此外，按照北约的想法，由于欧盟在法律和金融改革方面有着自己的苛刻标准，帮助黑山加入欧盟，能够把黑山"推上正道，并最终变好"。黑山在东西方之间的分裂性格，或许在其对待它的北约成员国身份所产生的种族和政治分歧上得到了最为明显的反映：该地区的波斯尼亚族人和阿尔巴尼亚族人对此表示支持，而黑山人对北约的支持并不真诚，塞族人则反对加入西方联盟。[2] 这个面积很小且对许多人来说默默无闻的国家，将持续成为东西方战略性对抗的展现，而这种对抗将决定欧洲的命运。

我到达波德戈里察，感觉离地中海是如此遥远，这是在其他地方从来没有的感觉，尽管这里离海边只有不到一个小时的路程。波德戈里察在历史上曾多次更名，在南斯拉夫实行社会主义的几十年里被称为铁托格勒，它对方位的感受相当模糊。这里冬日多

---

① 乔尔，《北约在亚得里亚海的新前哨》。S.弗雷德里克·斯达尔，斯凡特·E.康奈尔，《普京的大战略》，第25页。
② 达米尔·玛卢斯科，《莫斯科在黑山的行动搞砸了吗？》。

雨，整座城市也灰蒙蒙的，生硬笨拙，一眼望去都是比萨和烤肉店，还有成片的赌场。远处冰雪覆盖的巍峨山坡就是这片常人难以涉足的地域向世界发出的宣言，而这使得波德戈里察成为一座独一无二的与世隔绝之地。我住的酒店房间是铬褐色的，看上去很实用，让人回想起社会主义时代。这里与地处前南斯拉夫另一端的卢布尔雅那和萨格勒布那令人心动的维也纳式优雅相去甚远。

我曾经于 1989 年 11 月乘一辆公共汽车从铁托格勒去过萨拉热窝。虽然我清楚地记得自 1984 年冬季奥运会以来的五年时间里萨拉热窝局势的恶化程度，但是对于铁托格勒，我却没有什么记忆，即便是在今天，它更像是荒凉的安纳托利亚半岛内陆的那些城市，而不怎么像中欧和西欧的某个地方。这是一个安静的星期天，穿着笨重衣服的人们在街上闲逛，很多人在大口抽烟。博得瓦特是当地一家著名的饭店，地处老城区广场，店里供应土耳其风格的食物，很多吉卜赛姑娘毫无顾忌地追赶着从饭店里出来的食客。我当时正坐在一家空荡荡的咖啡馆里，听着店里播放的《教父》里的音乐。同时，我也看到了最先进的交通信号灯，林荫大道两旁修剪得非常整齐的灌木篱墙，自行车道，彬彬有礼的司机，精致的标志牌，以及使用计价器的全新出租车，在这样的环境下出行是非常便利的。刚到才一个小时，即便我对它的了解仅仅浮于表面，但我心里早已明白，波德戈里察的情况相当复杂。变化正在这里发生。

我刚到黑山不久，一位经常从邻国来黑山的中年作家告诉我说：

"这里真正的问题是安全问题，是由科托尔郊区的黑帮团体之间爆发的可卡因之战引起的，也是政府腐败、裙带关系盛行和治理不力的结果。经营赌场的人就是黑山的掌权者，所以你不必问谁经营赌场。亚得里亚海附近度假村开发的同时，犯罪网络也在蓬勃发展。我是说，这里有钱可赚。如果你不雇佣你的亲戚，你就是个坏人。私底下，每个人都需要铁托，他们想要他回来。在铁托的统治下，几乎没有帮派，没有强奸案，毒品交易也很少，人们生活的安全性更高，也更有尊严。你不必像现在这样担心你的孩子会遇到什么事。那时人们虽然不像今天这样富有，但也不像今天这样穷苦。就算不能每隔几年就投一次票又有什么关系呢？"

除了安稳地隐藏在中欧的斯洛文尼亚，我在前南斯拉夫的其他地方听到了太多这样的抱怨，而在这些地方，法治观念尚未深入人心，故而这种原始的忠诚一直很有市场。但是，在黑山，我到达了旅程的地理分界点，所看到的种族政治，已经堕落为赤裸裸的犯罪行为（并为其所取代）。

这个地方的确很脆弱。正因为如此，我发现我特别需要和别人交谈。我越往南走越发不像一个旅行者，而更像一个记者。

安德里亚·曼迪奇是黑山一个同情莫斯科政党的反对派领袖，他在2016年被控告试图发动亲莫斯科的政变。他身材魁梧，头发花白，除了牛仔裤，其他的行头都是商务休闲装。他的表情总是摇摆在怀疑和友好之间。他显然很紧张，说知道我会写他的坏话。他在一间阴冷寒酸的房间里接待了我，这是一个本该属于共产主义时代的房间，只是在应当张贴马克思和铁托照片的地方，现在挂着一幅拜占庭圣像和一幅乔治（原名卡拉乔治维奇）的画像，乔治是19世纪一位反对奥斯曼帝国的塞尔维亚革命领袖。

"在过去的一千年里，我们虽然曾长期被（主要是穆斯林的）奥斯曼人占领，但是也应当被算作是正统的基督教文明。我们属于拜占庭帝国，拜占庭帝国君士坦丁堡的继承者是莫斯科，是第三个罗马帝国。13世纪早期塞尔维亚东正教的创始人斯维特萨瓦的父亲就出生在这里。就教会、语言和习俗而言，我们是塞尔维亚民族的一部分。从地理位置上看，我们既是东方的前哨站，也是西方的前哨站。换句话说，在政治立场上，我们应该保持中立。但是，政府采取了对人民不利的、难以持续的决策——加入北约并且承认（阿尔巴尼亚族的）科索沃。加入北约对我们的民众毫无益处，我们在北约也毫无立足之地。当然，我们的军队也不会帮助北约。北约在意的是我们在亚得里亚海的绝佳战略位置。"

"俄罗斯最关心的不也是黑山在亚得里亚海的位置吗？"我问。

"俄罗斯现在没那么强大了，它甚至不能完全保卫自己的边界和海洋。"

我自忖，这正是普京会说的话，这个国家重视血缘和民族传承。事实上，曼迪奇确实告诉我，他之所以支持黑山加入欧盟，是因为只有所有巴尔干国家都是欧盟成员，才能解决历史上相互重叠的领土诉求所产生的边界问题。但是从克里姆林宫的角度来看，却也不无合理之处：普京并不要求意识形态保持纯粹，他不想再造华沙条约，只希望在中欧和东欧有一个可以发挥影响的和缓地区，因此，在欧盟内有一个同情俄罗斯的国家是有好处的。难道曼迪奇刚才没有说他希望黑山保持中立吗？此外，正是由于欧洲东南部国家的制度缺陷和地理位置，布鲁塞尔的官员才清楚地表明，要获得欧盟成员国身份，必须首先获得北约成员国身份。布鲁塞尔深知，同化这些国家是一个历史性过程，并不是下了决定就能办到的事情。因此曼迪奇反对北约的立场是不切实际的。但他也代表了一些公众意见，而这些意见并非无关紧要。

的确，正如我所说，过去的社会留下的遗产是高犯罪率和薄弱的制度，要改善现状需要几十年而不是仅仅几年，所以人们现在渴望回到民族国家的怀抱。在这场斗争中，民主必须扮演长跑运动员的角色。

在西方国家与俄罗斯之间进行斡旋平衡的是米洛·久卡诺维奇，这位满头银发、身高 6 英尺 5 英寸的政治家，担任过总理和总统职位，在近三分之一世纪的时间里，他几乎担任过该国的每一个高层职位。作为民主政体的产物，他面临着一个独裁者的困境：在这个制度化薄弱的污浊体系中掌权太久，如果完全回归私人生活，那么，他很可能被以腐败之名起诉。在冷战之后黑山短暂的历史中，他是一位真正的历史人物，被誉为最精明的操纵者。总是在地缘政治的僵局中纵横捭阖。久卡诺维奇最初是塞尔维亚领导人斯洛博丹·米洛舍维奇的亲密盟友，但在 1990 年代，就在战争开始对贝尔格莱德不利时，他就机敏地转换阵营，投靠了西方。从小的方面讲，他打败了米洛舍维奇。进入 21 世纪，随着普京和西方国家关系逐渐紧张，久卡诺维奇后来成了克里姆林宫的敌人，因此西方国家也就宽恕了他在国内与日俱增的独裁统治倾向，以及他据传有勾结意大利和黑山犯罪网络、操纵大规模香烟走私的行为。事实上，传言俄罗斯在本地突袭行动的目标就是久卡诺维奇。

我见到久卡诺维奇时，他穿着一身昂贵的商务休闲装，衬衣最上方的扣子开着。头发打理得整整齐齐。这位巴尔干半岛的强人如同猎豹一般精明。他的思维敏捷，我有点跟不上他。

"情况正进一步恶化。共产主义丧失执政权后，欧盟、詹姆斯·贝克都十分乐观。他们欢迎南斯拉夫进入西方阵营。为什么我要说起这些事？因为尽管国际社会对这件事很积极，我们却不这样认为。接着是暗无天日的战争。在代顿和平协议（1995年12月波斯尼亚-黑塞哥维那和平协议）之后，我们有了另一个机遇，但却没有抓住它。现今的波斯尼亚机能失调。代顿之前的困境正在重现。塞尔维亚和科索沃也身处同样的困境。马其顿的情况有所改善，但仍处于僵局。你看，我们先有战争，失去了机会，进入了第三个阶段：欧洲统一的愿景飘摇不定，而美国参与得越来越少。我们看到，面对重新崛起的俄罗斯，美国对欧洲-大西洋联盟提出了质疑。俄罗斯认为巴尔干半岛不是一个优先选项，它已把目光放在动摇整个欧洲的稳定上。然而，与生俱来的种种特殊性让我们非常脆弱。你也知道，这个地区的亲俄情绪十分强烈。"

"恕我直言，"他接着说，"我们需要北约。关于通过谈判加入欧盟，我们没有丝毫犹豫。关于欧盟的不足我们一清二楚，但我们别无选择。对于持续统治这个脆弱和分裂地区的各式各样的帝国主义，欧盟提供了唯一的解决办法。欧洲和美国现在已经对俄罗斯敞开了大门。俄罗斯并非唯一的参与者，土耳其也已经有所进展。中国想要修建一条公路，起于黑山的亚得里亚海港口，从巴尔以北穿过黑山，直抵塞尔维亚边境（新丝绸之路的一部分）。"

我插话说："俄罗斯人和土耳其人都不是民主政治。"

他皱了皱眉，表示同意。"欧盟即使经济增长缓慢，也值得我们去效仿。否则，我们的未来将会暗淡无光。"

我问道："欧盟是否低估了共产主义失去政权后这个地区问题的严重程度？"

他又皱起了眉头，同意了这个说法。

他仍然是现今执政的社会主义者民主党的领袖，所以他即使不再担任总理一职，也在幕后掌权。在一个官僚体制如此脆弱的国家，他必须具备足够强的抗压能力，而同等程度的压力可能会让一般的华盛顿政客瘫痪。

"我四次当选黑山国家议会的议员，"兰科·克里沃卡皮奇解释说，"包括铁托领导的南斯拉夫、米洛舍维奇领导的南斯拉夫、独立的塞尔维亚-黑山共和国，还有独立的黑山共和国。但是在这里掌权的一直是同一个政党：共产主义者。他们将自己重新命名为社会主义者民主党，也就是久卡诺维奇所在的党派。"克里沃卡皮奇个子很高，衣着精致昂贵，是久卡诺维奇领导下的党派领袖。他声讨了久卡诺维奇腐败一事，并表示与其决裂。我们在波德戈里察的一家咖啡馆进行会面，那里拥挤嘈杂，时常有年轻人光顾，也是个躲雨的好去处。

"久卡诺维奇这个人，不管嘴里说什么，没有信仰，只有立场，"克里沃卡皮奇这样说，"他对黑山的统治就是把它当成自己的所有物，而不是作为一个政治家。他在民众面前如何评价西方国家和俄罗斯并不重要，如果你支持一个像他这样执政下的腐败体系，那么最终你会和俄罗斯人搅和在一起，即使俄罗斯人可能更喜欢与他们更合得来的人。俄罗斯人清楚这一点。政府腐败，法治薄弱，政治浑浊，不管我们声称对北约持何种态度，现实是黑山正逐步向俄罗斯靠拢。科索沃和保加利亚的情况也类似。在这个地区，资金流动的方向比西方价值观更为重要。如果没有真正的民主，俄罗斯的计谋一定会成功。"

他补充道："曾经，俄罗斯在巴尔干地区的影响力就像一把刺进奥斯曼帝国腹部的尖刀。现在，俄罗斯在巴尔干的影响就是一把刺向西方命脉的尖刀。"

实际上，在现代历史上，巴尔干半岛西部（从斯洛文尼亚到马其顿）只有一次是作为一个整体真正摆脱了外来帝国的统治。那时还是南斯拉夫王国，处于铁托掌权时期，他通过给予人民相对于共产主义邻国更多自由的方式，延续了自己的统治。"铁托现在仍然是巴尔干半岛西部最受欢迎的政治家。"克里沃卡皮奇说这句话时，声音比咖啡馆播放的音乐声还大。

这是典型的两难境地。秩序必须先于自由而存在，但一旦有了秩序，紧跟而来的挑战就是如何掌控秩序，而且务必使其飞扬跋扈的痼疾越来越轻。黑山正处于这一挣扎之中。久卡诺维奇希望西方国家在这里有更大的影响力，但他不知道如何以他的统治方式之外的方式存活下来。当地的历史学家博班·巴特里塞维奇告诉我，久卡诺维奇之所以这么做，是因为这里的制度太脆弱了。这种脆弱是"部落式宗亲制度"带来的，这一制度就是"山地环境，加上历史上形成的对土耳其人的恐惧，以及战士和牧民传统"

的最后结果。因此，黑山尽管有着浓厚的中世纪身份特征，却难以建成一个现代化国家。"我们必须改变我们自己，"巴特里塞维奇说，"我们不能完全依赖西方国家。"

已经下了好几天雨。天空变得阴沉沉的。我在波德戈里察一家豪华但冰冷凄凉的旅馆房间里醒来，心里满是担忧。我家在马萨诸塞州西部的乡下，那里远离城市，一封电子邮件就能让我郁闷或开心，跟我在城里忙碌的生活很不一样，因为在城里，我总是和别人待在一起，总是有各种各样的感受涌来。冬季独自一人来到一个像黑山这样的地方旅行，哪怕是一封电子邮件，都会给你带来剧烈的情感变化。

当然，对于我这样一个超过 65 岁的人来说，此时出现这样的问题是必然的，毕竟我远离家人独自在外旅行已经数周，经常写作到凌晨，其余时间里则与人见面聊天，常常感到百无聊赖，无所事事。我很容易感到孤独。而孤独容易使人产生抑郁甚至悲观，从而引发对你所做事情的目的的怀疑。我对独处的渴望和独自旅行的决心都以失败告终。在我的意大利之旅开始的时候，那种心态还管用，但此时在这里却不起作用。与在意大利不同，这里的艺术和建筑沉淀较少，无法既占据又分散你的注意力。

在这里，城市文明的积淀要薄弱得多，地缘政治具有巨大的影响力。

因此，我担心即将写成的书会有些难以归类。它不属于军事战略和政治学，也不属于原始档案史、传统长篇新闻、传统游记、回忆录或文学评论。毕竟，庞德的诗歌与当前西方和俄罗斯在黑山的地位有何相干？我以前坚持认为，向老式游记所擅长领域的回归，会有助于地缘政治的研究。但真的会吗？我扪心自问。我是不是走得太过了？唯一能够给出的理由是，一个水平很差的业余爱好者也可能会注意到专家没有注意到的地方，而通过把迥然不同的话题归置在一起，我可以对其中若干话题有新的理解，并把这种理解当作激励自己、提升自己眼界和心智水平的手段。

史密斯学院教授、文学评论家迈克尔·高拉，在关于德国的游记《沉默的钟》一书里，解释了他是如何"协调花在图书馆和旅行上的时间的，而且我并未计算那些没有促使我与阅读有持续接触的旅行"。[①] 也就是说，高拉的书是一系列看似尴尬而实则美妙的闲谈。例如，他原本想借一次旅游的机会去明斯特亲自感受一下，却在一本又一本书的导引下，最终遇见了伊塔洛·卡尔维诺的《看不见的城市》（1972）。而在这本书里，马可·波罗向忽必烈汗描述了他一路所经历之地的玄奥特征。

另外，我的这本书又会揭示出一个什么样的我？因为社会对我们进行定义的方式，与我们自我定义的方式不同。

请允许我说句题外话。像很多人的情况一样，我不是其他人有时候所说的那个样子。这里指的不仅仅是不好的事情。例如，我不是个勇敢的人。在有战争的地带，我总是提心吊胆的，不得不忍受着肠胃的疼痛在笔记本上不停地写东西。我可能永远都无法成为一名战地摄影师，因为那是一份需要真正勇气的工作。公众的认可，即使是程度很低的认可，也会让你失去对事物复杂性的感知能力。我怀疑，变得有名肯定是一场噩梦。

因此，我旅行的目的是重新找到对于自我的意识，为了独自

---

① 迈克尔·高拉，《沉默的钟》，第 xvi 页。

与自己的种种矛盾相处，弄明白它们何以并不是真正的矛盾——至少对我来说不是。我在早些时候写的一本游记中坦露心迹，公开了自己痛苦的思索，一位书评家十分友好，对我进行了入木三分的诊断，而没有客套直白的表扬。[①] 当然，我绝不是独一无二。我们都对自己迷恋不已，因此想要被人理解。这就是后现代状态。所以我们在社交媒体上释放自己，又在被人误解时充满抱怨。

现代化的目标就是大众。后现代主义则关注的是想要从大众中分离出来的个体，即使他的思想通常是由那些替他思想的人准备的，因此，与其初衷相反，他并没有得到他想要的和他认为自己拥有的那种内在生活。

个体是这样，国家也是这样。

现代国家正在用它所控制的公立学校、大规模征兵、草率而单向度的爱国主义忠诚等手段侵蚀整个时代。但人们却越来越像诺埃尔·马尔科姆笔下的布鲁尼和布鲁图斯，也就是说，他们越来越具有包容性，身份特征越来越复杂，坦然接受自身的矛盾性，尽管他们的内心生活充满了压力和痛苦。

亚得里亚海是记录这种复杂性的集大成者。数千年来，边界、身份特征和忠诚历经万千变化，政治性社群不断瓦解和分化，又以新的形式重新聚拢在一起。不同的政治身份特征和语言传统在这里融合重叠。谁能断定，斯洛文尼亚、克罗地亚和黑山的港口城市，未来不会再次成为独立的城邦，或许还会成为一个被叫作"南斯拉夫"的新联盟的一部分（谁知道呢？），一片仅仅属于南部斯拉夫人的土地，要知道，在 20 世纪初到战争之前，这个

---

① 蒂莫西·斯奈德，为《在欧洲的阴影下》而写的书评，《穿越时间的旅程和寻找罗马尼亚的心路历程》。

词包含着希望和理想主义的因素。我之所以抱有这样的希望，是因为我终于明白，黑山并非注定要灭亡的。

毕竟，亚得里亚海就在附近。中欧也是如此。科佩尔、斯普利特、杜布罗夫尼克和科托尔同样是欧洲世界的一部分，很像是一个拥有多本护照的人，而如今这种情况很常见。诀窍在于如何在这么多重身份之下依然保持归属感，而且这种归属感最终只扎根于某个特定的地方。

离开波德戈里察的那天早晨，我突然接到黑山外交部长斯尔简·达尔马诺维奇的电话。他说可以在早上8点半到我住的旅馆与我聊几分钟。我之前给他留了好几天的信息都没有回应。这种最后一分钟才回应的会面机会我已碰到过无数次。这次会面让我重新精神抖擞。

达尔马诺维奇是一位智囊团型学者，不是政客，所以不具备久卡诺维奇和克里沃卡皮奇那种超凡的人格魅力。但他也有和他们相似的观点。喝咖啡的时候，他对我说："一个东正教国家同时拥有威权的传统，的确不容易，因而俄罗斯在这里能结交到盟友是自然的。这也证明，至少在我有生之年，巴尔干半岛和欧洲需要美国的领导作用。然而直到乌克兰事件之后，"他继续说道，"美国才弄清楚这一地区的真实情况。"然后，他提到了2016年俄罗斯利益集团在波德戈里察发动的快速行动。

不过，他不是一个悲观主义者。"我亲眼看到，这么多年来，黑山成为几个不同国家的一部分，"他解释道，"几乎每一次变化都是源于一场地缘政治灾难。但现在我们总算安定下来。加入北约，总算让我们找到了进入西方的道路，我们也正在争取加入欧盟。我们有一个目标。我们没有参与 1990 年代的大部分杀戮事件。就该地区而言，如果你不倡导加入欧盟，在巴尔干半岛就不可能赢得选举。民粹主义刚出现在西欧和中欧地区，因而还具有一定的活力，但在这里却是陈旧腐烂的，因为它与不同种类的巴尔干民族主义密不可分。这就是希望。"

经过黑山到阿尔巴尼亚，我就正式离开了前南斯拉夫。然而，由于塞尔维亚族人和阿尔巴尼亚族人之间的民族争端频发，双方都因为阿尔巴尼亚族占多数、地处历史上塞尔维亚境内的科索沃地区而恼怒，情况也变得更为复杂，所以我仍然放不下前南斯拉夫的地缘政治问题。

我上一次来阿尔巴尼亚是在 1990 年。我还记得当时看到剃着光头的士兵们驾着牛车，堵在坑坑洼洼的路上；成群的妇女身上披着罩衫，戴着头巾，肩上扛着镰刀和铲子，从粮田和烟草地里一步一步走回来；单元房的原材料是波纹金属用用砂浆胡乱黏合起来的砖，周围环绕着带刺的铁丝网和混凝土掩体。"每一件手工制品——粗糙的肥皂、水龙头、门把手——都呈现出一种原始的、拼凑的特性。"我当时这样写道。我还记得看到一群人围在一个售货亭前看所展示的安全剃刀，我父亲就用过这种剃须刀，那还是在 20 世纪 50 年代，我当时还是个小男孩。①

从那之后，这里的变化令人难以理解。刚刚穿过边境哨所，我就走在一条新铺成的道路上，路边有新的加油站、护栏和安全标志。在一片布满碎石的土地上出现了一些新建的楼房。周围站

---

① 罗伯特·D. 卡普兰，《巴尔干两千年》，第 25、46 页。

立着穿着帅气制服的警察。整齐划一的农田被白杨树环绕着，旁边还坐落着一座天主教堂塔楼。高低起伏的冰峰，像巴基斯坦北部的喀喇昆仑山脉一样陡峭和突兀，在远处看仿佛在云海中翩翩起舞。

开了近一个小时的车后，我进入了斯库台。一匹拴在生活垃圾车上的马在吃着什么东西，旁边是一群后现代风格建筑，那里正好有一家意大利银行。崭新的摩托车紧挨着一排排生锈的旧自行车。街上布满了穿着过冬衣服的人们，不过却是黑白照片的即视感。我看到一座漂亮的、重建的奥斯曼清真寺，有着像火箭一样的宣礼塔。正午时分，我听到了自旅行以来的第一次穆斯林祷告声。那令人难忘的低声哼唱回荡在我所住旅馆的整个房间，仿佛一下子把我放置在一个曾一度向东延伸至美索不达米亚的帝国西北边缘。

旅馆大堂就像一个华丽的商场和夜总会，红色和金色过于浓重，让人想起俄罗斯。酒店供应意大利菜。大堂中央的吊灯看起来很廉价，大得可以压扁一头大象。我的房间用锦缎和油漆进行了装饰，是一种希腊和巴尔干兼而有之的风格。波德戈里察沉闷，而斯库台太过花俏。这个地方给人一种到了克朗代克的感觉。就像我穿过意大利到前南斯拉夫时，柠檬酒变成了梅子酒，现在我又从前南斯拉夫来到阿尔巴尼亚，梅子酒也变成了莱吉亚（一种白兰地）。我越往南走，所喝到的每一种酒都比前面的酒更烈、更苦。

吃过午饭后，我离开旅馆，外面下着小雨，我打着伞在城里走了很长一段路。一瞬间，我被斯库台的常态所震撼。中心地区是一条布局优美的步行街，两旁新开的商店上方竖立着时尚标牌。

一个硕大的书亭，里面堆满了深奥难懂的严肃书籍。陪着孩子们逛街的家长们和世界各地的中产阶级人士没什么两样。高档咖啡馆里挤满了年轻男女。他们的长相和表情与各国的年轻人没有什么不同。午饭后，他们就急匆匆地离开咖啡馆，回去工作。女性比男性更加时髦，看起来更成熟，也更能融入全球化的世界。人人都有智能手机。我约30年前第一次来的那个世界似乎遥不可及，回到了历史的深处，而我甚至还没有到达首都地拉那。当然，我也听说，这里贪污腐败层出不穷，敲诈勒索频发，帮派横行，政治也很肮脏。这里随处可见的高档汽车便是佐证。但任何地方的发展都是不平衡的，尤其是像在奥斯曼帝国的这样一个与世隔绝之地，毕竟这里仅仅在15世纪时经历了威尼斯帝国一个世纪的统治，并无多少理性的城市文明可供借鉴。

爱德华·吉本将阿尔巴尼亚描述为"在意大利视线之内"的一个国家，然而，由于地势高耸且崎岖不平，任何中央集权的念头都望而却步，因此，阿尔巴尼亚比起那些几乎未被探索过的内陆更加不为人所知，也更不易进入。在古代早期，今天的阿尔巴尼亚地区是伊利里亚人部落的地盘，他们属于印欧语系，领土最远往北可达多瑙河，而在阿尔巴尼亚南部则多是与希腊人混住。随着时间的推移，那些伊利里亚人南边的邻居将他们称为阿尔巴尼亚人，将他们的语言称为阿尔巴尼亚语。阿尔巴尼亚语是一种与斯拉夫语或希腊语截然不同的语言，当你听到它的时候，会发觉这是一种优美而古老的语言。到公元前3世纪晚期，伊利里亚人几近于成为亚得里亚海的主导力量，这让罗马人吃了一惊，那个时候罗马人与希腊和伊利里亚的希腊人定居地之间贸易往来十分密切。因此，公元前229年，罗马舰队从意大利南部出发去征服伊利里亚。这是一系列军事打击的开端，这些军事打击使罗马取得了对巴尔干半岛大部分地区的统治。

最初，罗马从北向南建立了三个省：伊利里亚、马其顿和埃庇鲁斯。[①] 有趣的是，这与现在的阿尔巴尼亚、马其顿和希腊（西北部）的民族群体划分大致吻合。但在大部分时间里，最为关键的因素是始终在变化的、微妙的边境问题。也就是说，在拜占庭帝国晚期（13世纪），埃庇鲁斯君主国成立，它的领土从现在的阿尔巴尼亚中部延伸到希腊南部的科林斯湾，跨越了现今四个国家（阿尔巴尼亚、塞尔维亚、马其顿和希腊）。尽管最初罗马和拜占庭帝国都曾在这个地区涂上了自己的一层色彩，但在古代晚期和中世纪早期，斯拉夫人也曾在这里留下了足迹，他们从东部而来，迫使伊利里亚的土著居民深入高原地带。由此可见，地理纷争往往存在于那些庞大的、统治薄弱的帝国之中。

在10世纪，保加利亚帝国向西扩张，一直延伸到了亚得里亚海的南端，在如今的阿尔巴尼亚领土上停留了近两个世纪。之后诺曼人向东拓展，围住了阿尔巴尼亚的海岸线。来自东西两方的压迫在1054年的教会分裂中得到了充分体现，当时基督教分裂为东西两部分，阿尔巴尼亚南部成为东正教，阿尔巴尼亚北部成为天主教。后来，威尼斯人掌控了以杜拉契乌斯（即现在的都拉斯）为中心的海岸地区。[②] 偏僻的阿尔巴尼亚，虽然在我们这

---

① 一些著名的罗马皇帝都是伊利里亚人：奥勒良、戴克里先和君士坦丁大帝。
② 安东·洛格列西，《阿尔巴尼亚人》，第15—16页。米兰达·维克斯，《阿尔巴尼亚人》，第1—3页。汤姆·温尼弗里斯编辑，《阿尔巴尼亚透视》。N.哈蒙德，论文《伊利里亚、阿尔巴尼亚与希腊和罗马的关系》，第39页。塔加·扎瓦兰尼，《阿尔巴尼亚史》，罗伯特·艾尔西和贝秋拉·代斯坦尼编辑，第11、19—20、30、45—47、52—53页。

个时代很少有人提及，却曾经是衡量欧洲和近东地缘政治力量的一把标尺。

奥斯曼帝国在 1417 年巩固了对阿尔巴尼亚的控制，把阿尔巴尼亚封锁在了近东的范围内，你或许可以说，这种情况一直持续到 1989 年。然而，奥斯曼帝国政权的巩固是相对的，帝国政权和强大的阿尔巴尼亚部落之间的小规模战役成为这片崎岖不平地带的一个特征。这些反奥斯曼的军阀中最有影响力的是卡斯特里奥蒂。1405 年左右，他出生在一个著名的部落首领家，以乔治·斯坎德贝格的名字而广为人知。他作为人质被押往位于埃迪尔内（阿德里安堡）的奥斯曼帝国宫廷后，皈依了伊斯兰教。他获得了伊斯坎德（土耳其语，意为亚历山大大帝）的名字和贝（在奥斯曼帝国对高级官员的称呼）的军衔，因而就有了斯坎德贝格的名字。1443 年奥斯曼帝国在尼斯（塞尔维亚东南部）战败后，他离开了奥斯曼帝国，回到阿尔巴尼亚，并且抛弃伊斯兰教，彻底皈依东正教。在威尼斯人的帮助下，直到他去世前将近四分之一的世纪里，斯坎德贝格率领阿尔巴尼亚人向强大的奥斯曼军队发动了一系列战役。威尼斯和以往一样，总是在抵抗奥斯曼帝国的扩张和与奥斯曼帝国进行贸易并从中获利之间搞平衡，它并没有成为阿尔巴尼亚中部领袖斯坎德贝格的坚定盟友。因此，斯坎德贝格不得不依靠自己的军队，而且是一支没有任何外国势力支持的非正规军队，但是他却成功阻止了征服者穆罕默德正在崛起的帝国。斯坎德贝格的盾徽是卡斯特里奥蒂家族的一只双头黑鹰，它最初是反抗奥斯曼帝国的标志，后来成为阿尔巴尼亚国旗的一部分。可以这样说，建立一个现代独立的阿尔巴尼亚国家的理念是从他开始的。[①]

英国历史学家米兰达·维克斯认为，到 18 世纪时，阿尔巴尼亚族人的活动区域分裂为天主教徒控制的北部、穆斯林控制的中部和东正教徒控制的南部，全部控制在氏族部落手中，整个地区沦落为"欧洲最落后的地方"（尤其是在奥斯曼帝国败落之时）。（我们所说的阿尔巴尼亚族人的活动区域，不仅指今天的阿尔巴尼亚所在地，还包括历史上阿尔巴尼亚人居住的科索沃和奥赫里德地区。）具有讽刺意味的是，正如维克斯所解释的那样，由于土耳其人使部分阿尔巴尼亚人皈依了伊斯兰教，他们的帝国也使阿尔巴尼亚人免受东正教斯拉夫人和希腊人的迫害，因此，许多阿尔巴尼亚人对与他们同是穆斯林的土耳其人的极度认同，阻碍了 19 世纪阿尔巴尼亚民族意识的发展。[②]

维克斯在关于阿尔巴尼亚的《现代历史》一书中，讲述了一个古老的民族如何奇迹般地在一个有争议边界的弱国——因其地理位置而被充满敌意的邻国和大国所觊觎——中幸存下来的故事，从而使阿尔巴尼亚成为现代世界地缘政治的悲剧性图腾。当欧洲于 1912 年奔着两场巴尔干战争而去，第一次世界大战又很快到来的时候，意大利、塞尔维亚、黑山和希腊都蠢蠢欲动，伺机侵占阿尔巴尼亚的领土，当时欧洲的政治秩序已经瓦解。阿尔巴尼亚的悲剧在于，它是历史上的一个重要民族，却没有成为一个制度化的现代国家，而它又守护着亚得里亚海的入口，于是各国都想从中分一杯羹。

---

① 米兰达·维克斯，《阿尔巴尼亚人》，第 7—8 页。兹拉塔尔，《我们的王国来临》，第 410—411 页。
② 米兰达·维克斯，《阿尔巴尼亚人》，第 12—14、29 页。

是第一次巴尔干战争迫使阿尔巴尼亚人不得不具有民族意识，从而捍卫自身利益不受巴尔干邻国的侵犯，而这些邻国的民族身份特征此前已经形成。阿尔巴尼亚于1913年宣布独立，主要原因在于奥斯曼帝国已经过于式微，无力再控制和管理阿尔巴尼亚。但是，来自塞尔维亚和希腊的暴力侵占仍在继续。为了稳定局势，阿尔巴尼亚仿效其他巴尔干国家，引进了一位德国血统的君主，也就是维德王子威廉。但他对国家的控制权从未超出过都拉斯——位于亚得里亚海海岸中部的一个城市。1914年他退位后，国家再次陷入混乱和分裂，塞尔维亚则是头号外部煽动者。第一次世界大战后签订的和平协议将科索沃、马其顿和埃庇鲁斯等原属于阿尔巴尼亚族人的地区划分给了塞尔维亚和希腊。由此，阿尔巴尼亚结束了长达十年的战争，整个民族却遭受重创，战后建立的政府接连垮台，因为腐败和令人绝望的无知，从根本上破坏了国家的稳定。虽然有来自亚得里亚海对岸的意大利人的指导，效果却依旧微乎其微。

1925年，阿尔巴尼亚最大的穆斯林部落首领继承人艾哈迈德·佐古，用维克斯的话来说，建立了"一个专制和保守的政权，其主要目标是维持稳定和秩序"。[1] 1928年，他公开加冕自己为佐格国王。但是，新近转向法西斯主义和扩张主义的意大利的影响在不断扩大，而佐格却不时对国内的分歧反应过度，自身问题频出。十年后，意大利侵略并占领了阿尔巴尼亚，佐格国王短暂的任期宣告终结。佐格确实进一步激发了民族意识，但并未形成气候。[2]

---

① 米兰达·维克斯，《阿尔巴尼亚人》，第112页。
② 贝恩德·费希尔，《佐格国王和阿尔巴尼亚的稳定斗争》，第237、305页。

因此，像在奥斯曼帝国和其他占领者的时代一样，阿尔巴尼亚腹地的氏族部落（从最普遍的意义上说，指的是托克斯和盖格人）仍然独断专行，而意大利在 1940 年代早期所占领的领土仅限于沿海和部分大城镇。尽管如此，法西斯的侵占促进和刺激了阿尔巴尼亚共产党的诞生。和民族意识一样，相对于其他巴尔干国家，共产主义在阿尔巴尼亚出现得较晚，而且得到了邻国南斯拉夫的帮助。南斯拉夫是一个相对强大的多民族联盟，在铁托的领导下，至少暂时遏制了塞尔维亚人对阿族科索沃的野心（尽管这不会持续太久）。实际上，正是南斯拉夫人在 1941 年指派一位穆斯林地主的儿子恩维尔·霍查，成为领导阿尔巴尼亚的共产主义者。由于纳粹德国紧随意大利之后侵占阿尔巴尼亚，霍查领导的共产党游击队的情况与铁托在南斯拉夫的情况相似，同样是与当地民族主义者和外国入侵者战斗。

铁托和霍查在中东欧共产党领导人中都是独特的人物。他们都是有感召力的游击战士，并不需要苏联军队帮助把他们的国家从纳粹手中解放出来。换句话说，他们并不是苏联为了维护自己的利益，在实行共产主义的其他欧洲国家安插的那种愚钝、照本宣科的官员。因此，铁托和霍查在自己国家的话语权很大，所以最终能够在华沙条约之外开辟自己的道路。（他们还得益于与苏联没有共同的陆地边界。）

铁托是一个半克罗地亚半斯洛文尼亚血统的中欧人，会倾向于更加自由的共产主义。而霍查，来自一个更加落后和孤立的国家，自然而然会选择另一种形式，偏向于自给自足。两大共产主义政党之间的冲突，以及它们对尚存争议的科索沃地区的不同态度，都会影响到两个政党的演变过程。阿尔巴尼亚的共产主义制度形式与该国历史上长期存在的孤立状态和发展落后分不开：随着冷战的继续推进，霍查的行为只会加深阿尔巴尼亚的孤立。正如维克斯所说，霍查执政数十年的最终政策目标，"仅仅是生存下来"。[1] 因此，当冷战接近尾声时，阿尔巴尼亚在相继抨击了铁托领导的南斯拉夫以及苏联和中国之后，发现自己已处于完全孤立无援的状态。仿佛坚持共产主义的这段经历，只是加剧了这个国家漫长历史上最具悲剧性的元素。

很少有人能比伊斯梅尔·卡达莱更好地捕捉到这一现实。1936年出生的伊斯梅尔·卡达莱是该国最为著名的小说家，经常被提名诺贝尔文学奖。他不是一个完全持不同政见的人（这在霍查领导下的阿尔巴尼亚是不可能出现的），但却是一个哲学意义上的坚定的体制批评家。我记得1994年时曾读过他的小说《音乐会》，并在它译为英语出版后，为《纽约时报》撰写了书评。我还记得，当时特别想搞清楚，阿尔巴尼亚在1948年与铁托领导的南斯拉夫、在1961年与赫鲁晓夫领导的苏联、在20世纪70年代初与毛泽东领导的中国的接连断交事件[2]，竟然成为普通阿尔巴尼亚民众当时单调而枯燥的生活中唯一特别的亮点。通过向社会注入高度紧张的情绪和阴谋论，每一次外交危机都导致各种风流韵事和个人命运的起伏。换句话说，它丰富了人们的生活。看起来别的事情都难以与之相提并论。[3]

由于数十年的共产主义自给自足生产方式只是进一步摧毁

---

① 米兰达·维克斯，《阿尔巴尼亚人》，第200页。
② 作者此说不准确。20世纪70年代，霍查对1972年尼克松访华、中美关系解冻、中国与南斯拉夫关系的改善及"三个世界"的理论均表示不满，攻击中国实施的是修正主义、新机会主义，中国于1978年停止了对阿尔巴尼亚的援助。20世纪80年代，两国贸易关系有所恢复。——编者注
③ 罗伯特·D.卡普兰，《燃烧桥梁的激情》。

了本已脆弱的政体，所以在 1990 年代，阿尔巴尼亚腐败现象丛生，经常陷入无序状态，这进一步削弱了当时刚刚萌芽的民主制度，而在此之前，随着大批民众逃离农村，涌入城市，民主制度受到了社会动荡的冲击。① 尽管如此，在 21 世纪第二个十年即将结束之际，随着部分人口生活水平的大幅提高，以及商业模式的转型和城市的复苏，一幅更为微妙的图景开始显现。阿尔巴尼亚于 2009 年加入北约，现正朝着加入欧盟努力。这个国家避开了种族和宗教冲突，并与其他巴尔干邻国建立了恰当的和平往来关系——考虑到其艰难的血腥历史，这绝对是不俗的成就。

　　然而，有组织的犯罪和地方腐败行为已成为日常生活的主要内容。正如我所写的，阿尔巴尼亚仍然是一个严重分裂而且软弱的民主国家。一名反对派领导人曾指控政府选拔那些"毒品贩子、皮条客甚至杀手当国会议员"。美国国务院和欧洲刑警组织宣称阿尔巴尼亚是最大的大麻生产国，也是海洛因销入欧洲的主要通道。2016 年，阿尔巴尼亚人"向德国和法国寻求庇护的数量仅次于叙利亚人。全国超过 42% 的人口每天的生活费不足 5 美元"，总部位于地拉那的经济自由基金会执行董事长贝萨特·卡迪亚说道。② 虽然历史上那些极端孤立的漫长岁月已经逐渐过去，但是，阿尔巴尼亚仍然是从意大利分离出来的一个世界，其西部亚得里亚海最窄的地方离意大利不足 50 英里。

　　从发展的角度来看，阿尔巴尼亚和黑山都是欧洲结束和开始

---

① 在罗伯特·卡弗的《被诅咒的群山》中，阿尔巴尼亚农民在桌子上"怒吼并捶打"，告诉作者后共产主义时代如何结束了农村的农业补贴，毁掉了他们的生活。与此同时，来自希腊的廉价食品源源不断地涌入，而这些食品是欧盟用自己的补贴生产的，第 36 页。
② 贝萨特·卡迪亚，《阿尔巴尼亚能从毒品政府手中拯救出来吗？》。

的地方。尽管在地貌上，多山的地形削弱了地中海的影响，但它们无疑仍是欧洲的一部分。此外，在历史和文化层面，它们受到奥斯曼土耳其人薄弱统治的重大影响，因为奥斯曼帝国的足迹主要是在近东地区。它们在很多方面构成了欧洲的边缘地带，欧洲对此无法拒绝。欧洲如果自认为对普世价值有追求，那么，它只能寻找一种方式，从精神上接纳威尼斯帝国这两个遥远的前哨，除此之外，别无选择。

坐在斯库台的一家咖啡馆里，花一小时品尝着一杯意式浓缩咖啡的时候，我想起来，就是从这个小镇上，一位伦敦外科医生的女儿伊迪丝·德拉姆于1908年开启了她穿越阿尔巴尼亚北部山区的旅行。她很清楚，阿尔巴尼亚仍然是"近东"和"土耳其在欧洲部分"的一部分，自16世纪晚期以来，一直是这样。[1] 她的《阿尔巴尼亚山区》一书主要从人类学角度出发，记录了政府职能的缺失及其导致的霍布斯式血腥"暴政"，也记录了她所说的"部落本能和嗜血的诱惑"。书中还有很多关于民俗服饰、妇女地位、墓碑所蕴含的意义以及阿尔巴尼亚歌唱的"半调"和"分调"等的描述，而且旁边都附有形象生动的素描插图，因为她既是一名作家，又是一位技艺高超的画家。[2]

德拉姆的书也是她坚强性格和非凡才华的展现。她的描述极为生动，几十年和几个世纪的阻隔似乎消失，让你产生身临其境

---

[1] 事实上，伊迪丝·德拉姆经常提及 medjliss（"议会"，阿拉伯语），这是阿尔巴尼亚举行的一种传统聚会，就像在奥斯曼帝国的另一端美索不达米亚举行的聚会一样。
[2] 伊迪丝·德拉姆，《阿尔巴尼亚山区》，第2、11、40—41、48、54、62、69、93、133、154页。

之感。在书中，她不紧不慢地将一座更像洞穴的房子呈现在我们眼前，"雄伟而原始"：

这是一个很大的房间——太宽敞了，虽然房子里堆满了货物，但二十七个人在房间的两边只占了一小片地方。在远处，女人们戴着兜帽，影子透过火堆映在地上，她们正在准备吃午饭。

红色的火苗在熏黑的椽子上翩翩起舞……外面画着乱糟糟图像的箱子……里面装着这家人的东西，堆放得遍地都是。武器和田间用具都挂在墙上或是系在梁上的木钩上……一堆脏乱的旧衣服、马鞍、缰绳、子弹带，胡乱扔在地上。

床上用品——厚厚的白毛毡床单，红棉布枕头，编织的芦苇垫——堆在箱子上……上面挂着肉干……[①]

书中这样内容丰富的细节描写数不胜数。在提到那些摇摇欲坠的泥土棚屋时，她经过数小时的步行后，浑身湿透，疲惫不堪，这些简陋的棚屋依然"提供了温暖……让我又重新焕发活力"。即使在 1970 年代和 1980 年代，我还年轻之时，一路穿过突尼斯中部、阿富汗和巴基斯坦，却连她一半的精力和热情都没有，而她当时已经 45 岁了。她可以在路上丢掉已经不能用了的洗漱用具，而心情却丝毫不受影响。她心里明白，写作的质量取决于一个人是否能够忍耐。这样做有时就是一场道德斗争。她在书中描述了在阿尔巴尼亚隔着边境看到波德戈里察以及它可能提供的一切令人舒适的享受时的感受：

---

① 伊迪斯·德拉姆，《阿尔巴尼亚山区》，第 60 页。

波德戈里察！我想到了欧罗巴旅馆，它就像一个人间天堂。

我走得汗流浃背，热得头晕目眩……又睡得很少。波德戈里察已经张开欣喜的怀抱接待我，我为什么还要在荒野里忍受折磨与痛苦呢？但我还不能在英格兰露面，说在这六天里，我没能征服阿尔巴尼亚北部山脉。①

就这样，她继续往前走。后来她找到了一座教堂的一个布满灰尘的阴暗小房间，只要在那儿喝杯葡萄酒，吃个煎蛋，她便重新容光焕发。要是我，可能早就放弃了。

20 世纪 90 年代，英国作家罗伯特·卡弗开始了自己勇敢的德拉姆式阿尔巴尼亚野外旅行。1991 年他在伦敦与帕特里克·利·弗莫尔会面时，弗莫尔告诉他，"如果我还年轻，我会去阿尔巴尼亚"，这句话激励卡弗开始了他的旅行。尽管共产主义统治结束后的那段时期阿尔巴尼亚确切地说是民主的，但卡弗却说冷战初期的阿尔巴尼亚一直在专制和无政府状态之间徘徊。他注意到，那时的地拉那还是一个武装营地，街上到处是警察、特种部队和执政党的武装部队，紧张地拿着他们的散弹枪、突击步枪和火箭筒。卡弗写道："你能对这样一种文化说些什么呢？……每个人都偷窃，并且以偷窃为荣；在那里，女孩 15 岁就被绑架，然后被逼着去卖淫；在那里，到处是谎言，政府偷的东西比谁都多；在那里，人们贩卖枪支、毒品和假身

---

① 伊迪斯·德拉姆，《阿尔巴尼亚山区》，第 40、71 页。

克罗地亚里耶卡的标志之一，巴洛克式城市钟楼

克罗地亚斯普利特，圣多米努斯大教堂

克罗地亚，萨格勒布大教堂。萨格勒布大教堂位于克罗地亚首都萨格勒布的地方看到。萨格勒布大教堂整体为哥特式建筑风格，它始建于 1093 年，在大教堂附近修建了许多防御工事

该市最著名的标志性建筑之一，也是克罗地亚的最高建筑，其尖塔可以从很远
2 年该教堂被鞑靼人破坏，15 世纪末，奥斯曼帝国入侵波斯尼亚和克罗地亚，

克罗地亚斯普利特，戴克里先宫。戴克里先宫是现存最壮观的古罗马遗址之一，这座宫殿的遗迹与如今的城市融为一体

　　科尔丘拉，位于克罗地亚的一座古城，处于亚得里亚海科尔丘拉岛东岸，中间高耸的建筑为罗曼－哥特式圣马可大教堂及钟楼（建于1801—1806年）

克罗地亚杜布罗夫尼克，卢扎广场

黑山波德戈里察，基督救世主大教堂

阿尔巴尼亚地拉那，斯坎德贝格广场

　　杜布罗夫尼克古城墙，是围绕老城周围的防御性石墙，从7世纪起就矗立在克罗地亚南部，被认为是中世纪时期最伟大的防御系统之一。1979年，杜布罗夫尼克老城和部分古城墙被联合国教科文组织列入《世界遗产名录》

　　圣特里芬大教堂（也称科托尔大教堂），是一座建于1124—1166年的天主教主教座堂，建在809年修筑的小教堂的基础之上，是科托尔古城最宏伟的建筑之一

份证，然后绞尽脑汁去更富裕的国家掠夺和抢劫。"①

　　但时过境迁，我告诉自己，即便在当时，那也并非故事的全部。

　　从斯库台往南到首都地拉那的道路是一幅建筑工地的全景图，散落着铁锈和废弃物：一幅典型的后冷战时代场景。在装饰华丽的新餐馆和夜总会旁边，堆积着成堆的石头、旧轮胎和垃圾，新的餐馆和夜总会看上去就像是从茫茫的蛮荒之地冒出来似的。白雪皑皑的悲凉群山在远处肃立着。驱车行驶一个半小时后，在靠近地拉那的地方，是一些紧挨着光秃秃果园的庸俗度假村。太阳在这一周里第一次露面，一些山景因此看起来像瑞士一样美。接下来看到的是时髦的新建办公楼群、跳动播放的视频广告和在如此之好的公路上严重的交通堵塞。全球化已经渗透进来。这种状况持续了数英里。我上次来这儿是在 1990 年，眼前的景致还了无踪影。我完全认不出哪些建筑物是以前的。最终我来到了地拉那市中心，这里遍布小型购物中心和咖啡馆，简直就是另一个斯库台市中心，人们看起来没有什么特别之处。1990 年，我曾在斯坎德贝格广场看到成群的年轻人骚扰路人，还去过一家老式的理发店刮胡子，但现在的广场满是崭新的公交车和骑行在自行车车道上的年轻人。附近的清真寺，白雪皑皑的群山，以及不远处亚得里亚海送来的清新空气，都在向我发出再清楚不过的信号，提醒我身在何处。阿尔巴尼亚与我去过的任何其他地方都不一样。它的市井风貌已经归于正常，只可惜它还不是一个正常的国家。

　　"目之所及，每一栋新建筑都是用赃款堆砌而成的。"我

---

① 罗伯特·卡弗，《被诅咒的山脉》，第 2、148、191、310 页。

在这里交的第一个朋友，阿尔巴尼亚的一名年轻教师，这样跟我说。"你在亚得里亚海沿岸仍然能够看到斯大林主义的残留物……这里没有切实可行的制度，"他语气平淡地说道，"各政党和政界人士都难辞其咎。制度越严苛，腐败就越严重、越根深蒂固。"

在这之后，雷姆齐·拉尼到我住的旅馆喝咖啡。他是阿尔巴尼亚媒体研究所所长，现年60岁，相貌英俊，气质非凡，是个真正的古典自由主义者。"阿尔巴尼亚是一个穆斯林占主导地位的国家，在这里，相信北约和欧盟的人比相信上帝的人要多。人们知道，只有欧盟才能消除社会弊端。"他接着说，"讽刺的是，阿尔巴尼亚是巴尔干半岛上唯一没有准备备选的国家。比如，塞尔维亚的备选是俄罗斯，波斯尼亚的备选是土耳其，等等。对阿尔巴尼亚来说，加入欧盟是唯一的出路，部分原因是我们比其他国家的腐败现象要严重得多。我们不与俄罗斯、北约、美国在大是大非上争论。全球政客对这类大事的意见大都一致。正是那些小事才活生生地吞噬了我们的政治。"

"在阿尔巴尼亚山区，部族传统甚至比在黑山更强大，所有边境上都有宿敌存在，这会是阿尔巴尼亚与外界隔绝的一个因素吗？"我问。

他同意这一观点，实际上阿尔巴尼亚并没有真正与意大利和希腊成为邻居，而是与意大利和希腊各自最贫穷和最腐败的地区普利亚和埃庇鲁斯相邻。"我们在公民自由方面做得比较好，但是在政治文化和法治方面做得比较差。"

我告诉拉尼，阿尔巴尼亚政治阶层的失败是正常的。第一代执政者一定会失败，因为在长达45年的时间里，他们遭受了全面控制，既没有可以仿效的榜样，也没有掌握可以借鉴的经验。1997年的金字塔骗局耗尽了人们的积蓄，并引发了无政府暴力活动，这是仓促发展而没有制度保障的最终结果。我告诉拉尼也告诉我自己，阿尔巴尼亚恢复得如此之好，就是对这个国家强大韧性以及气度恢宏、永无止境的历史进程的一种证明。

我从旅馆出来，第一次在地拉那散了很久的步。我很快就注意到那些后现代风格、有玻璃幕墙的摩天大楼，楼内有很多当地银行。"所有的房子都是黑手党的、吸大麻的、洗钱的，只有这样的人才有能力建造这些新大楼。"另一个朋友告诉我。在离我所住旅馆几步远的地方，我也看到了一些旧的历史遗迹，有二战时期法西斯分子和冷战时期共产主义者的总部，还有德国政府赠送的柏林墙残骸在展示着。原共产主义时代总理穆罕默德·谢胡于1981年自杀（或是被霍查杀死的？），他家中的各个角落都是布满涂鸦的废弃地堡。这里有一座土耳其领导人雷杰普·塔伊普·埃尔多安建造的专制风格新清真寺。有一座金字塔结构的大楼，里面曾经开设了一个专门纪念恩维尔·霍查生平的博物馆，如今已经关闭，外层锈迹斑斑，已被涂鸦弄得面目全非。谢胡的住所和党的总部所在的同一个街区，有一些粗俗但价格昂贵的精品店，这些都是新偶像、新意识形态的标志。阿尔巴尼亚现代历史的全部都展示在这里。这些变化是巨大的，但却没有产生深远的影响。权力的滥用不像以前那样明目张胆、充满血腥，也不再看到杀戮者和被杀戮者，然而这种改进却更多是流于表面，而非釜底抽薪。

阿尔伯特·拉基皮是阿尔巴尼亚国际关系研究所所长。他是个典型的知识分子，戴着圆眼镜，一头剪得很短的花白头发，打着半松的领带，穿着一件运动夹克。"我们的领导层30年来都没变过，"他小声说道，"政治文化也是一样。当然，我们有自己的制度和政党，但都没有发挥什么作用。说到精神打压，从霍查时代开始，一直很少有什么变化。他们不会杀你，而是把你关进监狱，或者让你失业，或者毫无顾忌地强迫你辞职。在阿尔巴尼亚社会中，只有对家庭、对宗族和对自己出生地的忠诚。在阿尔巴尼亚的政治中，要么盲目忠诚，要么干脆就被驱逐出党。虽然这块土地上的斯大林主义和共产主义都已消亡，但是后者所产生的影响仍然存在。"

"我们从罗马坐飞机到这儿只需要一个小时，"他继续呢喃道，"但在这里，喷气式飞机没什么用，地理环境仍然是制约因素。"接着他谈到奥斯曼帝国时代的部落无政府状态，先是导致了政治上的混乱，进而招致了斯大林主义，最后则落入了邪恶的资本主义。"要是只是一些鸡毛蒜皮的小事也就罢了，但在阿尔巴尼亚，几乎每个人都卷入到这种或那种非法生意，因为这个国家从来就没有真正存在过，这里只有客户关系网络存在。例如，在欧洲，人们认为塞尔维亚是一个制度薄弱的国家。而对我们来说，塞尔维亚是一个强国。"

他也提及了19世纪早期的希腊政治家扬尼斯·卡波迪斯特里亚斯。卡波迪斯特里亚斯设想的是，就算被奥斯曼帝国统治了数百年，但希腊最终会变得像法国一样。他并不是幼稚而是在考虑如何为希腊定位，在寻找希腊前进的方向。在21世纪初，希腊仍远远落后于法国。然而，尽管希腊经历了种种社会动荡，政治上也有弱点，但它无疑已朝着积极的方向迅速发展。我意识到，人们也必须这样对待阿尔巴尼亚。

如果冷战后的阿尔巴尼亚有国王，那一定是萨利·贝里沙，他曾几次担任总统和总理，在共产主义统治结束之前，他是一名职位极高的医生，后来成为反独裁斗争中的领头人。我们在一家高级餐厅的包间里共进午餐，这家餐厅最初是由佐格国王手下的一位著名商人开的，里面一整面墙上是一张他和他的狗的合照，照片上的他咄咄逼人，也有些神经兮兮。73岁的贝里沙满头白发，面容端正，穿着正式，天生具有一种超凡的人格魅力，透着敏锐的智慧和性感而温和的力量。他开始讲述自己政治生涯中最惊心动魄的部分，也是他留有最少遗憾的部分。他那说教式和命令式口吻，似乎总是在向一群人讲话。

"共产主义的敌人，就是以前的那些精英分子，以及他们的家人和朋友。拥护共产主义者，被灌输教义的信徒，以及沉默并占多数的顺从者。我花了几年时间，从一个顺从者变成一个有尊严的人。毕竟，我要保护我的家人。那已经是1988年的事情了。作为一名医生，我知道农民多死于饥饿和疾病，尤其是糙皮病。接替霍查（成为共产党领导人）的拉米兹·阿利雅甚至禁止农民养猪。那个时候，我曾听说过俄罗斯的安德烈·萨哈罗夫，也听说过波兰的异议分子，"20世纪80年代末，贝里沙公开呼吁多元主义和市场经济，"尽管我对市场经济一无所知，但我知道人们在挨饿。"

他继续说道，"第一，我们信仰共产主义。第二，我们对恩维尔·霍查搞个人崇拜。第三，我们遭受的苦难和饥饿甚至比尼古拉·齐奥塞斯库统治下的罗马尼亚还要严重。第四，我们里里外外都被完全孤立。再次重申，这比罗马尼亚要糟糕得多。"接着，他描述了 1990 年 12 月，齐奥塞斯库政权垮台一年之后仍然在斯坎德贝格广场发生的"残暴殴打"学生事件。

共产主义统治结束后，"对我们第一代政治家来说，这就像在烧焦的土地上造房子。当时，阿尔巴尼亚的人均收入只有某些非洲国家的水平，而现在已经超过了 11000 美元。[①] 城市化是整个世界上最引人注目的成就之一。至于法治，"他做了个鬼脸，"那需要下一代人或者两代人的努力来实现。"换句话说，永无希望，我当时这样想。由于受历史、经济和地理因素的冲击，处在这个历史时期的阿尔巴尼亚在西欧的地位，就像墨西哥和中美洲各国对美国而言一样，是走私和腐败的源泉。

但是贝里沙随即恢复了他的镇静，带着一丝抱怨补充道："民众要贷的款比银行存款多几倍，这难道不是一种腐败，一种金字塔骗局吗？就像欧洲银行在过去十年的经济萧条中所做的那样。"

"是，"我告诉他，"但那发生在比阿尔巴尼亚现有状况更高级的资本主义阶段，往往会给银行带来真正的危害。"

我们接着讨论区域地缘政治。

他解释说："巴尔干半岛最大的问题是阿尔巴尼亚恐惧症，"即对阿尔巴尼亚人的恐惧，因为他们的高出生率、贫穷和腐败。"阿尔巴尼亚恐惧症出现在塞尔维亚、马其顿、希腊，甚至黑山。阿尔巴尼亚恐惧症就是巴尔干火药桶的残留物。"他的意思

---

① 根据美国中央情报局发布的《世界概况》，这段对话发生的时候，阿尔巴尼亚的经济在 229 个国家中排名 124。

是说，这实际上是该地区对穆斯林的恐惧，因此也与塞尔维亚人对波斯尼亚穆斯林的恐惧相关。也就是说，巴尔干问题，就其现存状况而言，现已成为一个涉及穆斯林与西方关系的全球性问题的一部分。

不到一小时，我就到了都拉斯港。我记得1990年参观的迪拉基乌姆的圆形剧场，迪拉基乌姆曾经是亚得里亚海东岸最大的城市。它是伊格那提亚大道的起点，这条罗马和拜占庭的大道向东连接地中海，穿过巴尔干半岛，到达君士坦丁堡和更远的地方。1990年时，这里堆满了垃圾，还有一堵用作公共厕所的墙，圆形剧场周围也充斥着各种荒凉景象。附近的店面一般都是裁缝店和鞋店。拜占庭教堂后殿是古代建筑群的一部分，用镶嵌地砖描绘了一个天使。那时候，我对这种古色古香、薄如纸片的砖砌建筑十分欣赏。

现在一切都变了，却并不完全是朝着好的方向发展。圆形剧场旁边紧邻着一个广场，广场上点缀着棕榈树，还有大量的建筑。这里有一座辉煌的考古博物馆，陈列着精美的展品，附带的说明文字也很精彩。我爬上了一座威尼斯风格圆形塔的顶部，正前方出现的是亚得里亚海和现代化的都拉斯港口以及港口里的众多门式起重机。我的右边是拜占庭古城城墙，建于6世纪。我的左边是另一堵古城墙遗迹，它预示着伊格那提亚大道的建设。它半掩在一个看起来像是车库入口的地方，上面则是一座可怕的新"黑手党之塔"。事实上，这个地区本该是一个考古公园，却惨遭毫无根据、毫无监管的建设的破坏。一位阿尔巴尼亚消息人士告诉我，伊格那提亚大道现在是运输大麻的通道，毒品从近东向西运输到地中海港口。

当然，北约在亚得里亚海东岸的地位值得考虑，也应当考虑土耳其在阿尔巴尼亚日益增长的影响力，这让我意识到，欧洲在地缘政治上的挑战，就是保卫三大海域——波罗的海、黑海和亚得里亚海，其中，来自俄罗斯的威胁无疑在前两个海域是显而易见的，而日益强盛的独裁、穆斯林土耳其的影响以及有组织的犯罪，则明显存在于第三个海域。因为就像波罗的海和黑海一样，亚得里亚海也同样标志着中欧的边界。别忘了，丘吉尔在他著名的 1946 年 3 月的演讲中对欧洲的分裂进行描述时到底说了些什么：

> 从波罗的海的什切青到亚得里亚海边的的里雅斯特，一幅横贯欧洲大陆的铁幕已经降下来。在这条线的后面，坐落着中欧和东欧古国的都城……[1]

事实上，亚得里亚海不仅仅是地中海的重要组成部分，它也是文明和意识形态断层以及中欧地理特征的关键。但我们不要忘记，至少在理想状态下，中欧代表着公民和道德空间，但在地缘政治和文化上都受到威胁，其来源是诸如反对改革的民粹主义、毒品、腐败、非法移民等。这些不同形式的入侵其实都一样，那就是破坏了社会结构。新的冷战无疑比旧的冷战要复杂得多，而伊格那提亚大道的起点则是一个貌似平静的中心地带。

---

[1] 温斯顿·丘吉尔，《永不放弃》，第 413 页。

贝拉特城堡，地处都拉斯南部和内陆，是沿海平原与山脉的交会之处。新修的公路很便捷，我很快就到了。城堡里乱糟糟的，有很多奇形怪状的石头，这意味着从古代早期的伊利里亚人，到中世纪末期的奥斯曼人，他们侵占这座城堡的历史就没有间断过。在这里，拜占庭式教堂和奥斯曼帝国清真寺的遗迹是毗邻而居，后面则是覆盖着橄榄树和松树的连绵起伏的小山坡，颇具戏剧效果的是，这些小山坡远远看去很像是涡旋。这幅画面构成了一种终极的历史勾勒，历史大势昭然若揭，而地理环境则具体而微。几乎每条道路都曾是以前的贸易路线。亚得里亚海的文化，即欧洲和近东文化，以及基督教和伊斯兰教文化，都汇集在贝拉特，就像我小时候社会研究课程上的地图所标注的那样。

在其中一座教堂，有一座18世纪的圣像，是在木头上画的蛋彩画，充满了拜占庭式的原始美，体现了原始的宗教信仰。在圣像中，圣母玛利亚和婴儿耶稣站在纪念碑上，纪念碑底部流淌着生命之水。圣母伸出双手祝福众人，她的两边各有两座清真寺。这位圣像画家显然是在向穆斯林统治者致敬。但这幅圣像也清楚地体现了奥斯曼帝国对宗教信仰的宽容，东正教及其教众得到了伊斯兰教统治的苏丹国的保护。

站在圣像之前，我觉得我的旅程达到了一个顶点，而且坚信：欧洲必须追求以往所追求的价值，但必须同时牢固地守护本地的信仰和文化。这绝对不是什么新鲜观念，而是我从意大利沿着亚得里亚海海岸到阿尔巴尼亚一路走来，通过真切的体验所发现的一个真相。贝拉特和里米尼完全一样，是道路和文明的交会点。在这个全球化的世界，欧洲没有起点，也没有终点。只有为争取宽容和法治而进行的不懈斗争，只是这种斗争在一些地方比在其他地方更容易取得进展，而黑山和阿尔巴尼亚也许代表着最为艰难的挑战。

至于我自己，与其说我是一个旅行者，不如说是我这么一个性格内向的人试图变得外向一些，我坚持独处，但也认识到它对我的约束，迫使自己去跟他人见面。一个真正的旅行者，一个像德拉姆、弗莫尔、德雷尔或泰鲁那样的人，就是绽放自己的生命，充满无尽的活力，不需要为了有意义的相遇而提前预约。我无法达到这种境界，但我还是不得不继续旅行，否则我?

第八章

科孚

典型的难民经历

阿尔巴尼亚南部地区群山矗立，虽已是早春时节，山顶的白雪还未消融。到了亚得里亚海岸边，我沿着海岸线一路前行。清澈碧蓝的海水从海底发出令人沉醉的光。我已踏进希腊。较为寒冷的亚得里亚海就在我身后，爱奥尼亚海的倩影在我眼前铺陈开来。

港口一片沉寂，我的思绪不禁飘回 1990 年。阿尔巴尼亚的小镇萨兰达在三十年间变成了一个水泥怪胎。那些造型丑陋的庞然大物，简直就像是叠加堆砌在一起一样，有一些贴着瓷砖，像是厕所。所用建筑材料也极其粗陋，而剩余不多的几块空地上野草横生，垃圾遍地。在我游历过的发展中国家里，很少见到这样一个地方，政府不做规划，房子到处乱盖。这种极其野蛮的建筑风格，毫无美感可言。这是克朗代克式资本主义对苏联早期设计风格的改造。尽管目前物质方面已经有了很大的改善，但阿尔巴尼亚人仍在继续努力，勇敢地将自己的国家建设成一个文明社会。

由于淡季没有渡轮，我便乘上一艘从阿尔巴尼亚开往希腊的水翼船，从而穿过昔日的"铁幕"。这趟旅程只用了半个小时。萨兰达与科孚岛东北角之间的距离很短，加上天气不错，风平浪静，甚至可以游泳过去。这两处的距离实在太近了！站在海岸这头就可以看到对岸的房屋。地理分界线的划分充满人为因素，但它对人类命运的影响却实在令人痛心。时至今日，这里依然是一条难以跨越的鸿沟，充斥着官僚机制的现代国家只会加剧地理上的分野。

在西海岸，法治尽管在有些地区比较薄弱，但依然存在。相比之下，东海岸的法治程度比较低或者完全不存在。这个事实肯定给了克里姆林宫一些希望，尽管这些国家目前都是北约成员国。

就这一点而言，选举远不如制度重要。这样看来，亚得里亚海仍然充当着一个衡量东西方政治势力的晴雨表。如果东海岸不被纳入欧洲，那么欧亚大陆的混乱状况就会让意大利感觉极不舒服，因为意大利自身也问题丛生。

对于我刚刚经过的这几个麻烦不断的国家，欧洲想要全身而退已是一种奢望。事实上，由于亚得里亚海正好处在地中海和中欧的中心，所以它在21世纪注定会是一个充满故事的地方。在经过防波堤驶向希腊海关口时，这些想法从我脑海中涌现出来。

阿尔巴尼亚的萨兰达是典型的无政府状态；相比之下，在科孚，盆栽鲜花遮住了铸铁花架，与意大利风格和新古典主义风格的建筑物外墙相映成趣，整个城市让人耳目一新。得益于其自然风光和以往威尼斯帝国总督们的治理，科孚更为华丽，也更具都市风采。无论是屋顶上的黏土瓦片，红棕色、茜草红色的墙壁，还是那高高的骨灰色威尼斯要塞，都带着考古遗迹的泥土气息，暗示着它作为文明源头的地位。每逢人间四月，科孚的公园里就开满了浅紫色的杏花。这里的咖啡馆可媲美意大利，于是许多阔绰的俄罗斯人和英国人都将这里当成他们的休闲消遣地之一。

日落时分，即便是工作日，咖啡馆和餐馆里也挤满了人。年迈的祖父母、年轻的父母带着年幼的孩子，孩子们蹦蹦跳跳地围着桌子玩闹，父亲们喝着茴香酒，母亲们照料着婴儿，这就是家庭生活。尽管经济萧条和民粹主义盛行，但希腊真正坚不可摧之处就在这里，整个地中海地区也是如此，这个地区的几代人并不像其他地方那样，因为科技和孤独而相互隔绝。像希腊家庭这样动人的场景，在别的地方是看不到的，酒在家里不是禁忌，而是伴随着孩子们的成长过程，但酗酒现象却少见。这里没有意大利家庭的那种优雅，也没有后现代西方世界家庭的凌乱。傍晚见到的和谐温馨场景——孩子们和父母、祖父母一起去餐馆吃饭，令我感受到了踏实和安稳。当然，还有人们使用的语言，音节在舌尖旋转缠绕，从唇齿间迸发出来，同古希腊的语言一样，优美动听。

当然，这浪漫表象背后还有另一面，这是我一位研究经济犯罪的希腊朋友在跟我喝酒聊天时说的。过于重视家庭也可能会导致腐败，因为家族纽带在历史上往往凌驾于法律规范和其他道德界限之上。现代希腊国家薄弱的传统，比如城市规划、垃圾回收、征税问题，可以部分追溯到我来科孚城第一天傍晚就亲眼看到的画面上。自 19 世纪中期以来，政府和民众之间就达成了一种默契，国家能给的不多，但索取的也不多。尽管这种情况远没有阿尔巴尼亚或黑山那么糟糕，但希腊仍可以算得上是西欧腐败最严重的国家。

"弱国是一种战略选择。"朋友告诉我。接着他漫不经心地说起发生在 1831 年的一次刺杀事件，刺杀对象是扬尼斯·卡波迪斯特里亚斯，是一位才华横溢、严于律己、有国际背景的希腊外交官。他因此对他的祖国不再抱任何幻想。如果他当时大难不死，他有可能让希腊在独立之后走上另一条道路。[①] 这是我在此次旅行途中第二次听别人提到这个名字，这里的人们视他为历史变革的推动者。一件事的发生，背后有许多作用各不相同的因素，其中大多与地理因素无甚关联。

我坐在这里享用着晚餐。科孚对我来说是相对熟悉的，虽然

---

① 正如名字所示，卡波迪斯特里亚斯家族最初来自斯洛文尼亚的科佩尔，位于亚得里亚海沿岸，之后这个家族从 14 世纪开始定居科孚岛。

上次是在科孚之旅后才去的萨兰达。这里没有发生翻天覆地的变化，尽管离我第一次来希腊已经过去了50年，但餐馆里的服务员仍然会让我到散发着臭味的厨房挑选我要的鱼和肉。习俗不是那么容易改变的。千万不要以为一场严重的经济危机——与1930年代初期美国经济经历的大萧条比起来有过之而无不及——会对希腊造成毁灭性冲击。希腊依旧值得信任，它从未真正离开欧元区，也并没有像许多人几年前所预测的那样陷入无政府状态。

到目前为止，我一路走来，经历的都是我并不真正熟悉的地方，也就是说，我的专业训练和语言技能都不够，难以胜任这一任务。不过至少，希腊这个国家是我早年当记者时生活和工作的地方，我对它还算熟悉。在这里，我遇到了我的太太，然后结婚生子。所以重回希腊就有一种回家的感觉，似乎是远行归来，行李搁在脚边，然后轻轻推开家门。因为学习一门语言需要花费大量的时间和精力，所以像有人曾经说的那样，进一步提高我的希腊语水平，将成为我有生之年的一场艰苦斗争。

科孚岛既是希腊，又不是希腊。人们不仅把它视为希腊群岛沿海的一部分，也把它看作是亚得里亚海的一部分。从更广泛的意义上说，科孚构成了对于欧洲历史本身的记录（和深刻思索）。这个海岛会促使你用最深刻、最精细的方式思考问题，而这才是科孚的真正魅力所在。汪达尔人、哥特人、拜占庭人、斯拉夫人、巴巴里海盗、诺尔曼人、安茹人、加泰罗尼亚人、威尼斯人、奥斯曼人、俄罗斯人、法国人、英国人、德国人和意大利人之所以一再征服和侵袭这个希腊岛屿，并不是因为自然风光，而是因为它重要的战略位置。可以说，科孚就是亚得里亚海的直布罗陀。

在所有那一切发生之前，还有一段古代历史。

伯罗奔尼撒战争（公元前431—公元前404年）曾席卷整个希腊，它的起因原本是雅典和斯巴达之间发生的一些小摩擦，其中包括科孚岛（克基拉）和波提狄亚之间的冲突，但这些摩擦最后竟促使当时两个伟大的城邦国家之间的冲突达到崩溃的边缘。当时科孚为了与科林斯争夺埃比达姆诺斯（即现在阿尔巴尼亚的都拉斯），向雅典寻求军事结盟。这一举动影响了科林斯的优势地位，科林斯人只好转向斯巴达寻求联盟，于是先前城邦间形成的相互制约的结盟体系失去控制。有些人认为战争虽然激烈但却是短暂且可以控制的，他们没有意识到，战争如同潘多拉魔盒，一旦打开便一发不可收拾。科孚岛事件便是一个教训——小冲突可能会以令人难以预料的方式演变为大冲突。

公元前415年，雅典海军在科孚岛集结，开始了一场注定失败的西西里远征，这一事件在修昔底德所著的《伯罗奔尼撒战争史》第七卷中有详细记载。雅典的军队被西西里岛的几个同盟引诱至该岛，然而这些盟友其实是受到了其他西西里城邦的威胁，后者效忠于雅典的对手锡拉库扎，而锡拉库扎又是斯巴达的盟友，彼时的雅典正与斯巴达交战。随着雅典人越来越深地卷入遥远的西西里岛，雅典的干预由一开始派出的几十艘战船，逐渐扩大到数百艘船及数千名士兵的规模。这场轰轰烈烈的西西里岛远征只持续了几年，以4万名雅典士兵的战死而告终，还有6000多名雅典士兵尽管幸存下来，却被迫到锡拉库扎的采石场做苦力，并被卖身为奴隶。美国在越南和伊拉克的战争就曾被比作雅典的西西里远征，而这场远征的序幕就是在科孚岛拉开的。

公元前48年，罗马雄辩的政治演说家、杰出的人文主义者西塞罗最后一次与小卡托的会面就在科孚岛。当时西塞罗为获得恺撒的宽恕正在返回罗马的路上，而小卡托则在去非洲的路上。三年后，为了捍卫罗马共和国的民主理想，小卡托领导了一场反抗恺撒的起义。然而，就在起义军穿越利比亚时小卡托被恺撒的军队包围，最终他在突尼斯东北部的尤蒂卡城自杀身亡。在他用剑刺穿自己的身体之前，小卡托锁上了尤蒂卡的城门，并从海上疏散了他的士兵。用普鲁塔克的话说，小卡托是罗马当之无愧"唯一自由的人，唯一未被击败的人"。[①] 古代世界的政治都是需要政治家赌上性命的。而小卡托所具备的这种勇气和品格，是当今西方政治家无法理解的。后人该如何解读小卡托所做的这种选择呢？

不过，当我们提起科孚岛的历史，首先出现在脑海中的便是威尼斯，为了控制整个亚得里亚海，威尼斯必须拥有科孚岛的控制权。如果没有如此关键的科孚岛，威尼斯就很难甚至不可能控制我这次旅行的许多落脚点。是科孚岛把守着威尼斯的南部入口——狭长的奥特朗托海峡，并且用布罗代尔的话来说，有助于赋予亚得里亚海"最突出的特征"，使它成为一个长方形的湖。到了14世纪后期，威尼斯将一个监视舰队的总部设在这里，"他们号称要维护自己对整个海湾的权利，"曾当过兵的19世纪英国历史学家亨利·杰维斯·怀特·杰维斯如是写道。不仅如此，威尼斯人还将科孚岛称为"我们的门户"，他们对这个岛屿有着十分深厚的感情。11世纪时，威尼斯人与诺尔曼人在附近的海域

---

① 普鲁塔克，《希腊罗马名人传》，约翰·德莱顿译，第316页。

多次交战，成千上万的威尼斯人因此而在科孚丧生。①

　　根据他的记载，1571年，"基督教联合舰队由奥地利著名的唐·胡安率领，启动300艘桨帆船，海军5万人，战马4500匹，直奔科孚港口"。很快，"当唐·胡安获知土耳其舰队正驶离勒班陀湾（属爱奥尼亚海域），他就率军尾随其后，取得标志性大捷，也在世界历史上赢得了一席之地。"在1571年10月7日的勒班陀海战中，近8000名基督教士兵、水手和桨手战死，伤者不计其数，而奥斯曼帝国方面的伤亡更加惨烈。人们普遍认为，尽管奥斯曼这次付出如此可怕的血的代价，却并没有获得巨大的战略利益和外交利益（因为威尼斯及其盟友仍然需要与奥斯曼帝国打交道），但是，诺埃尔·马尔科姆认为，如果奥斯曼帝国在勒班陀海战没有被打败的话，苏丹王就完全有可能占领克里特岛和科孚岛，而一旦控制科孚岛，苏丹王就会穿过奥特朗托海峡攻击意大利南部地区。②

　　从1814年到1864年，作为后拿破仑时代和平条约的结果，科孚岛和其他爱奥尼亚群岛被划归英国统治。根据杰维斯·怀特·杰维斯的说法，科孚"应该同罗马统治下的希腊自治城市一样，享有城市自治的自由"。③英国的统治在19世纪持续了50年左右，并不是名副其实的宪政和民主统治，对于这些地理上属于希腊，而又离大陆如此之近的岛屿来说，这是一段相当漫长的时间。这又给了人们另一个教训，地理因素并不一定起决定性作用，与此

---

① 费尔南德·布罗代尔，《菲利普二世时的地中海及地中海世界》（第一卷）》，第125页。
② 杰维斯·怀特·杰维斯，《科孚岛和爱奥尼亚群岛共和国的历史》，第124页。诺埃尔·马尔科姆，《帝国代理人》，第169、172—173页。
③ 杰维斯·怀特·杰维斯，《科孚岛和爱奥尼亚群岛共和国的历史》，第230页。

相反的事例也不少见。想想看，如今科孚岛的北部和东北部地区不仅能看到英国人的私人别墅，还能看到他们对环境保护的重视，而反观风景同样美丽的南部地区，完全处在各种一哄而上的一揽子旅游项目的蹂躏之下。

当初阅读劳伦斯·德雷尔的《普鲁斯佩罗的小屋：科孚岛风景与风情指南》时，我在参考书目中发现了这本杰维斯·怀特·杰维斯的书。说起德雷尔的这本书，这是他的第一部游记，也是一本真正的旅行手册，是以日记的形式写的，这在当时颇有些不同凡响，美丽亲切的风景、独具魅力的语言以及历史悠久的文化，对于当时那些渴望新鲜事物的感性年轻人来说，无疑构成了一个充满诱惑的新世界。日记开始于1930年代末，但由于处在世界大战期间，很少有人有兴趣去看这样一本记述希腊某个小岛上的生活札记，虽然它写得随心所欲，却在反思中透出一丝浪漫主义。然而战争一结束，这本出版于1945年的书就"让厌倦战争、渴望五彩世界的英国人眼前一亮"，一位传记作者这样写道。事实上，德雷尔在书中有意避开了西班牙内战、希特勒崛起以及那十年中发生的一系列骇人听闻的事件。他解释说，虽然政治是一个"把普通人拉进来"的领域，但艺术家的动力之源则是"自我孤立和社会本能错位"。因此，如果说政治需要理解并塑造普通大众的态度的话，艺术则正好相反，它关注的是非凡独特之物。换言之，艺术是孤独开出的花，而政治则是社会参与的产物。不过，鉴于1930年代的种种危机状况，这种态度可以说是不负责任的（尽管德雷尔曾在二战期间和战后担任过英国外交官）。在远离英国的科孚岛东北部，德雷尔和妻子南希住在一个隐蔽的小海湾旁，两人居住在一所没有管道系统的白色房子里，全身心地投入"艺术、文学和自由"的海洋，而即将开始的战争所要捍卫的价值观念，恰好也包括这些在内。[①]

没有一个初次从西方世界来到希腊的人，能够真正捕捉到希腊风景的人文气息，就连帕特里克·利·弗莫尔（德雷尔的好朋友）也没有做到：

在卡拉布里亚与科孚之间，迷人的蓝色世界真正展现在你眼前。从意大利一路走来，你会发现自己似乎置身于被严格驯服的风景中，每一个山谷都是按照建筑师的规划布置的，配合上恰到好处的光线，一切美景似乎有意为之。但是，一离开平坦荒凉的卡拉布里亚大陆，朝着大海的方向前进，你就会意识到一种发自事物内核的变化……进入希腊，仿佛自己走进了一块暗黑的水晶石中，周围一切都折射成了不规则的形状，岛屿霎时湮没在幻景里，举目四望，蠢蠢欲动的云层似乎有意遮掩着什么。[②]

书中这样的描述比较多。在德雷尔的眼中，希腊的风景具有永恒的生命力，他将其称为一只"巨大的眼睛"，认为这是上帝用来观察这个世界的工具，"就像一块嵌在地平线沟槽中的透镜"。"在这个海角上，生活如同欧几里得命题一般完美"，尽管他也承认，对于地处爱琴海的希腊群岛而言，科孚只是威尼斯的"前厅"而已，毕竟威尼斯的影响力更为突出、更具有数学之美。在接下来的几页中，德雷尔讲述了一些当地的事情，比如关

---

① 乔安娜·霍德金，《伊甸园的业余爱好者》，第3、154、230、328页。
② 劳伦斯·德雷尔，《普罗斯佩罗的小屋：科孚岛风景与风情指南》，第11页。

于圣徒们的描写、夜里相约去钓鱼的情形、阿尔巴尼亚的走私情况以及在海边的天然水池里洗澡等等，这些描述中渗透着一种清晰的反省，而洋溢其中的无与伦比的充沛生命力（正是这种生命力真正把德雷尔和弗莫尔联系在一起）使得这种反省显得更加富有生活气息。书中对于橄榄的收获以及皮影戏的论述显示了丰富的知识，对于当地一位伯爵举办的宴会的描述非常细致有趣，那位伯爵以令人信服的方式证明，科孚就是莎士比亚《暴风雨》中的真实场景。德雷尔在观看喧闹的幻想曲"卡拉丘吉"皮影戏时，意识到坐在旁边一同观看的希腊人可能并不相信他对皮影戏有兴趣，以为他虽然没有恶意，却会以一种隐含的方式看不起他们。德雷尔对于希腊人的性格特征——"一个饱受压迫的、凭借纯粹的狡黠和机敏而战胜周围环境的小人物"的性格特征——的反复思索，最终引领他对希腊政治有了独特的洞察。他发现，希腊的政治其实"并不是拘泥于抽象概念和原则的空洞政治，而是温情而残酷地听从内心的政治：英雄崇拜，树立政党和风云人物的权威。单凭这一点，我们就可窥见他（希腊人）内心痛苦的对立——一种让他得不到片刻安宁的、内在的混乱无序"。[1]

1980 年代，我作为一名记者在希腊生活了七年，对希腊政治集会多有观察。我发现，政治集会少于咖啡馆里热情高涨的、以威权人物为中心的集会，这使我相信，德雷尔的判断固然有些宽泛，却基本是准确的。

伦敦国王学院学者理查德·克洛格在其《希腊简史》一书中

---

[1] 劳伦斯·德雷尔，《普罗斯佩罗的小屋：科孚岛风景与风情指南》，第 12、34、72、131 页。

写道："欧洲很少有哪个国家在近现代有如此悲惨、冲突不断的历史。"① 克洛格写作的时间点是 1978 年，离类似于大萧条般希腊经济的崩溃——与希腊制度落后这一痼疾有关——还有 30多年的时间，他把希腊所受东正教的影响以及奥斯曼帝国长达数世纪的统治，看作是促成希腊在欧盟成为另类的主要因素，当然，这里说的欧盟不包括保加利亚和罗马尼亚。事实上，北约和欧盟允许这样一个国家加入，显示了这两个组织的抱负：既要在东欧与西欧之间架起一座沟通的桥梁，又要忽略两个世界的差距。尽管希腊具备战略价值，西方人对古希腊也具有深情的向往，但是，把拜占庭和奥斯曼帝国专制统治下的可怜产物——实际上当时的希腊并不比今天的黑山和阿尔巴尼亚富裕多少——纳入战后结盟体系这个耗费心血的尝试，却彰显了西方有关制度和机构曾经追求的普世主义。

克洛格的《希腊简史》开头提供的那张色度不同的地图表明，现代希腊的领土观念显然具有想当然的成分，从 19 世纪开始直到 20 世纪，通过一系列战争以及偶然事件，逐渐向北扩张，大致从伯罗奔尼撒的一个基地、阿提卡和爱琴海群岛，到 1920 年最终合并了埃庇鲁斯、马其顿和色雷斯的部分地区。希腊与意大利非常相似，是地理位置、历史和文化的组合。然而，像意大利一样，恰恰因为地理因素会导致相互冲突，所以，尽管现在每个人都认为希腊目前的边境无可争议，但一旦时机成熟，希腊的边境将会呈现出更为微妙的意义。

由于希腊与西方精神的故乡——伯里克利时期的雅典——广

---

① 理查德·克洛格，《希腊简史》，第 vii 页。

为人知的联系，我们以为我们了解希腊。但这种对古典希腊的记忆，总是会扭曲我们对现代希腊真实状况的认知。克洛格认为，关于现代希腊身份特征的思索，首先应当是 G.G. 普莱桑，他的石棺就在里米尼的神庙外，我的旅程也就是从那里开始的。15 世纪初，当奥斯曼帝国在拜占庭帝国肆虐（摩里亚专制公国的首府米斯特拉斯成为东罗马免受其统治的地区之一）的时候，普莱桑强调信奉东正教的希腊人与其古希腊祖先之间的联系，认为这种联系有助于为那些不完全与宗教有联系的希腊人打造一种身份特征，而且还能够容纳古希腊的辉煌。

但在此后的几个世纪里，尽管穆斯林土耳其人的统治对东正教徒情感的伤害少于他们所痛恨的威尼斯天主教的统治，希腊唯一"通向西方的窗口"却仍然是威尼斯统治下的科孚岛和附近的其他爱奥尼亚群岛。在很多方面，奥斯曼土耳其人的统治破坏性极大，对很多希腊人来说，忍受奥斯曼的统治不过是为存活下来而进行的一场斗争，在这场斗争中，许多希腊人把他们最终获得解放的希望寄托在北方信仰东正教的俄国人身上。[1]

1827 年，在伯罗奔尼撒半岛西部爆发了一场本土起义，奥斯曼帝国海军被英国、法国和俄罗斯舰队摧毁，最终诞生了独立的希腊。但这意味着希腊由巴伐利亚王子、维特尔斯巴赫家族的弗雷德里克·奥托统治，其中部分原因是西方列强担心这个新的（英勇的外交官卡波迪斯特里亚斯遇刺之后的）混乱国家会落入俄罗斯之手。然而，新的国家却又开始"遭受非正规武装部队的肆虐"，克洛格写道，这些非正规武装源自十年争取解放的斗争中

---

[1] 理查德·克洛格，《希腊简史》，第 11、16—17 页。

就已存在的内部分裂。进一步动摇这个不稳定的新生国家合法性的是这样一个事实：接近一半的希腊人口曾经一直生活在奥斯曼帝国的统治之下。[1] 这导致了一场持续到 20 世纪中叶的民族统一主义运动，这场运动打着"伟大思想"的旗号，其实是希腊人复辟拜占庭帝国的一个疯狂梦想。[2] 因此，在与奥斯曼帝国和北方斯拉夫民族主义者无休止的领土争端中，无政府状态成为现代希腊的一个特点。不仅如此，在解放南部克里特岛的斗争过程中，在担心失去北部马其顿的恐惧中，人们的情绪经常陷入失控状态。

第一次世界大战后，奥斯曼帝国解体，希腊试图吞并小亚细亚的西部边缘，当时有 150 万希腊族人集中在大都市士麦那周围。1919 年，希腊军队在海岸登陆，自欺欺人地以为得到了盟军的支持，于是向内陆挺进，并且向东行军，几乎到达了安纳托利亚内陆深处的安卡拉。1922 年，土耳其军队发起反攻，将希腊军队逼向大海。士麦那周围数万的希腊族平民被杀，120 万人几乎是土耳其境内所有希腊族人——成为难民。至少有 10 万名希腊族人被带到安纳托利亚的内陆，大多数人从此杳无音讯。在小亚细亚存在已达 2500 多年的希腊文明突然之间就化为乌有。

这场战争后来被人们称作 1922 年"大灾难"，使希腊政局动荡了几十年，发生了数次政变，因为来自士麦那的大量难民被重新安置到一个本来就贫穷的国家，在希土战争前，其人口仅有 560 万。（临时难民营将成为雅典的一个半永久性特色。）实际上，40 万穆斯林也被迫从希腊迁往土耳其，根据英国历史学家布鲁斯·克拉克的说法，这样的人口交换是"一个令人恐怖的文化

---

[1] 理查德·克洛格，《希腊简史》，第 70 页。
[2] 布鲁斯·克拉克，《两次成为异乡人》，第 91 页。

和地缘政治的标志"，在这一过程中，国际官员根据《洛桑条约》的条款为 20 世纪欧洲的种族清洗提供了一个法律模板：因为随着奥斯曼帝国在第一次世界大战后的崩溃，一个多元文化和传统的世界——却导致了现代单一民族国家的产生。[①]

14 年之后的 1936 年，希腊现代史上第一个真正稳定的政府诞生，这是一个在扬尼斯·梅塔克萨斯将军领导下的军事独裁政权，之后该政权还在极为不利的形势下一举击退了墨索里尼从阿尔巴尼亚发动的入侵。梅塔克萨斯的军队一度重新征服了阿尔巴尼亚南部希腊族人定居的北埃庇鲁斯（萨兰达附近）。希腊人对意大利人的抵抗使盟军在第二次世界大战中获得了第一次真正的胜利，在最为关键的时刻激发了正义的力量。可叹的是，纳粹随后占领了希腊，而纳粹随后的暴行助长了共产主义者的抵抗。

第二次世界大战的结束带给希腊的并不是和平，而是一场持续到 1949 年的内战。这场内战的双方是共产主义者和最终获得胜利的右翼效忠派，其结果是 8 万人死亡，70 万人沦为国内难民。由于双方的残暴，尤其针对平民实施的暴行，希腊政治在接下来几十年里一直处于两极分化的状态，分为强硬的左派和右派，现代自由主义和现代保守主义几乎找不到任何立足之地。于是，受其地理位置——既靠近莫斯科，又靠近布鲁塞尔——的影响，希腊成为冷战意识形态的战场。

希腊在冷战时期的特点主要体现在政府软弱无能，内讧式的

---

① 布鲁斯·克拉克，《两次成为异乡人》，第 19 页。盖尔斯·弥尔顿，《失乐园：士麦那 1922》，第 372—373 页。在 20 世纪的欧洲，种族清洗的第一个例子发生在 1912 年至 1913 年的巴尔干战争中。马克·马佐尔，《主宰世界》，第 156 页。

政治分歧严重，而塞浦路斯的独立斗争，以及随之而来的要求塞浦路斯与希腊合并的呼声，进一步加剧了这种情况。（当然，合并的呼声是对"伟大思想"的回应。）1967 年，下级军官发动政变，推翻了希腊政府，导致了一场极其残酷的七年独裁统治，雅典政权与第三世界政权的相似程度大于西欧任何政权。1974 年，军官把持的政权对塞浦路斯的政治干预失败，导致土耳其对该岛北部的入侵和占领，该政权随之解体。

直到 1974 年 7 月，在保守派政治家康斯坦丁·卡拉曼利斯（他从法国流亡回到希腊）的领导下重新建立的民主政体，才使得希腊的政治有史以来第一次缓慢稳定下来并呈现出现代西方的特征。希腊，西方的诞生地，终于重返西方。这一进程得益于该国于 1981 年加入欧洲经济共同体（即后来的欧盟）。

像希腊的北约成员国资格一样，希腊在欧盟以及随后在欧元区的资格，都纯粹是西方联盟政治抉择的结果。事实上，无论是希腊的政治还是其经济，都没有达到西方的标准。然而，人们感觉（即便是从未承认），鉴于希腊脆弱的地理位置和长期的动荡历史，将希腊置于欧洲组织之外会比接纳希腊对西方造成更大的威胁。但事实证明，希腊的"大萧条"与该国对欧元区之严重缺乏准备直接相关。从 2009 年开始，希腊陷入了严重的贫困中，国内生产总值急剧下降，全国出现大规模失业，于是，一个从开始就与莫斯科关系密切的极左政府出现。拜占庭和奥斯曼帝国遗留给希腊的东西，虽然不具有决定性，且始终有可能被抑制，却在 21 世纪的第二个十年里，在希腊仍然是一股不可小觑的力量。

的确，如几年前我所亲身经历过的那样，刚从希腊大萧条中复苏的雅典，是一座破烂不堪的城市，即便是在这一伟大的西方文明经典纪念碑的底座上，涂鸦也随处可见。尽管如此，被大海与寒酸又有松树覆盖的群山环绕的雅典，浸润在夸张炫目的阳光下，仍然令人着迷。比起我所知的任何其他西方国家首都，这些涂鸦在雅典的某些地区看起来更加刺眼，向人们讲述着这个国家的无政府状态和对国家的抗议。许多希腊的评论者也注意到了这一点。在其他地方，很少见到激进分子像在希腊那样公开宣称自己为无政府主义者。

一位著名的希腊记者向我解释说，在历史上的大部分时间里，特别是在奥斯曼帝国时期，也包括古希腊，政府管理是"讲求远近亲疏，它只容纳你认识的人"。人们一直都重视自己的家庭和亲密的朋友。而庞大的现代国家摧毁了这种亲密关系，所以希腊人对此很排斥。东正教也没起什么作用，因为它为了换取一种属于彼岸的存在，拒绝了氏族和家庭之外的物质世界的正式义务，正如一位罗马尼亚哲学家、我的朋友曾经指出的那样，这是一种困扰着俄罗斯和巴尔干半岛整个东正教世界的东西。我在雅典的一个记者朋友告诉我，要了解后现代希腊无政府主义者的心态，"你只需要去读一读巴枯宁和陀思妥耶夫斯基的作品"。事实上，我想到了陀思妥耶夫斯基的《群魔》，其中一个激进分子宣称：

哪怕仅有一点点家庭或爱，就立刻会有对财产的渴望。我们将熄灭这种欲望：我们将开始喝酒、闲聊、谴责；我们将开始前所未有的讨伐；我们会将每一个天才扼杀在摇篮里。一切都将用一个共同的标准来衡量。①

自20世纪中叶以来，希腊无政府主义与西欧最正统的共产主义运动同时存在，并非偶然。在这片土地上，正统、无政府主义、共产主义都是拒绝西方理性主义的一部分，而西方却在某种精神意义上说是被创造出来的。

然而，如果认为东方和西方在希腊是相互排斥的，那就等于故意无视这个国家是一个不可分割的东西方混合体这个事实。东方存在于东正教教堂那些神奇金叶呈现出的深色之中，在精神上，它与西方新教和天主教的距离，就像它与伊斯兰教的距离一样遥远。不仅拜占庭帝国本质上是希腊的，奥斯曼土耳其帝国也是如此，它一般都是通过希腊族的外交官和地方长官来统治。"希腊，"已故著名现代希腊诗歌翻译家菲利普·谢拉德重复了卡利斯托斯神父在《东正教教堂》中的观点，他写道，"从来就没有我们所理解的中世纪，也没有我们所理解的文艺复兴，也没有启蒙时代。把理性拔高到生活的其他方面的现象，从来没有发生。希腊，"谢拉德认为，"没有经历过理性主义的浸淫，而现代西方世界则是理性主义浸淫的产物，"因而，希腊也没有经历"随之而来的人类情感生活的瘫痪"。

尽管如此，希腊从地理和文明的反方向出发，把西方的文明慢慢传播到美索不达米亚平原和埃及沙漠上那令人窒息的、抽象的逻辑之中。毕竟，这是伯里克利时代雅典人的终极成就：把人文主义和个人意识注入古代东方的专制之中，在那里，众神根本

---

① 陀思妥耶夫斯基，《群魔》，第418页。

不像人，而像是半人半兽。^①

然而，如果把这段相当残酷和悲惨的现代历史解读为与辉煌而英勇的古代历史无关，那就等于误解了希腊为我们这个时代所提供的信息。因为古代希腊的经典作品也大多是关于鲜血和悲剧的——正如德雷尔所说的那样，这些经典作品所上演的背景构成了永恒之眼。关于这一点，没有什么比诺贝尔奖得主乔治·塞菲里斯创作于 20 世纪的希腊诗歌，表述得更为有力。

塞菲里斯出生于士麦那，并在那里长大。22 岁的他独自在巴黎求学时，从遥远的异国他乡得知了小亚细亚灾难事件，于是他借用古希腊的传说和奥德修斯令人心碎的航程，以便更深刻地感知古希腊人的经历与他所处时代所遭受的惊世骇俗的痛苦与极度失望之间的关联。在他的诗歌中，奥德修斯和他的随从们所经历的煎熬，与 1922 年被驱离小亚细亚的上百万希腊族难民的煎熬重叠在了一起。要了解希腊就意味着要了解它在现代的负担——史诗般的过去，被放置于破裂而狭小、极为受限制的现在之中；无望做到名副其实，只能忍气吞声地面对人们刻板而固执的评说。塞菲里斯的诗歌是这种受到严重误解的身份的简略表达方式。

据他的翻译者和诠释者谢拉德说，塞菲里斯发现，那些男人、女人和孩子们"遭受绝望与悲剧的样子，若干年后将成为欧洲的普遍现象：家园被毁，难民成群结队，被迫沿着无尽的道路走向充满未知的危险地带，家人四散，被困拘留营，公海上超载的船

---

① 菲利普·谢拉德，《希腊创伤》，第 61 页。罗伯特·D.卡普兰，《巴尔干两千年》，第 241 页。埃迪斯·汉密尔顿，《神话学》，第 8 页。

摇摇欲坠，上面是如货物一般堆砌的密密麻麻的绝望的人……"①
这是一个世界的终结，也是一个文明的终结，无可争辩地预兆了
第二次世界大战的恐怖，也预兆了我们这个时代叙利亚和利比亚
的危机。

当朋友和亲人被迫离开士麦那时，年轻的塞菲里斯从四周看
到了希腊遗留下来的物质遗产，以及飘荡在其中的历史回声：用
谢拉德简洁而难以模仿的语言来说，那是"破碎的雕像和威尼斯
风格的堡垒，是爱琴海岛屿周围和亚历山大大帝的白色海岸，是
嶙峋的山峦和阿尔戈英雄，也是拜占庭风格的教堂和梧桐树"。②

在塞菲里斯的诗中，奥德修斯和从士麦那被放逐的人，无论
何时何地被放逐的难民——被驱离叙利亚和利比亚的难民——全
都合为一体：

> 它们在追求什么，我们的灵魂，
>
> 在破旧的甲板上旅行，
>
> 同面黄肌瘦的妇女和哭叫的婴儿挤在一起，
>
> 不会因为看到了飞鱼，
>
> 或者看到了桅尖指向的星星而忘记自己，
>
> 忍受着留声机唱片的折磨，
>
> 不情愿地去进行子虚乌有的朝圣，
>
> 用陌生的语言嘟嚷着支离破碎的思想——
>
> 我们的灵魂，它们在追求什么？

---

① 菲利普·谢拉德，《大理石打谷场》，第 190 页。
② 菲利普·谢拉德，《大理石打谷场》，第 191 页。

它们在追求什么，我们的灵魂，

在腐朽的泡透了咸水的船架上，

从一个港口向另一港口行进？①

　　塞菲里斯其他诗歌中的词句同样令人感动："无论我走到哪里，希腊都让我心伤不已……这条路没有尽头，没有解脱……我很少再去关心月夜如何美好……我的房子被他们夺走了。时运如此不济：战争、毁灭、流放……"②

　　没有什么比难民经历更具有神话色彩、更典型，因为里面包含着人类的希望、梦想、恐惧和流浪，而每个个体不免流离失所、极度匮乏，却又要拼命保护自己及家人的完好无损，这会在其日复一日的挣扎中品味到这一切。就在我写作的时候，成千上万来自中东和亚洲的难民正处于悲惨的状况下，分散在希腊群岛附近的难民营里，他们从土耳其来到这里，试图进入欧盟的范围之内。希腊把历史的重负呈现了出来。然而，正如谢拉德告诉我们的那样，它也同时提供了一种理解和处理历史的方式。人类不仅仅是"无穷无尽的链条"中的一环，而且还是"所有历史时期"的"缩影"。通过神话和象征，塞菲里斯描述了这种内在的生活，从而揭示了一种典型的经验模式，能够将我们与过去并进而与普遍真理联系起来。③

　　换句话说，我们又回到了乔伊斯、艾略特和庞德的那个使用象征来描述个人经验的文学现代主义。不过，在塞菲里斯这里，

---

① 乔治·塞菲里斯，《诗集》。
② 乔治·塞菲里斯，《诗集》，第 58、92、158、165 页。
③ 菲利普·谢拉德，《大理石打谷场》，第 188—199、241—242 页。

象征主义不是那么抽象，因为希腊就是它自己专属的景观，富含各种各样古典的、中世纪的和现代的历史联想。希腊，真正的希腊，不是明信片上描绘的雅典卫城，而是古代世界、拜占庭和现代世界悲惨又华丽的融合，以及既不是西方又不是东方的士麦那的毁灭，向世人展示出了一种关于欧洲的最终意象。只有努力设法使相邻的近东地区平静下来，从而把欧洲次大陆的文化转化成某种新的东西，欧洲才有可能是完整的。

事实上，我在整个旅程中所走过的东西之间的断层线，实际上是一种简略的表达方式，指的是越来越难以界定的一类特征。欧洲是经过基督教徒、犹太人和穆斯林之间无数复杂的政治、文化、经济的相互作用而产生的一个神秘世界。

然而，变化的巨大浪潮及其深远的影响力是毋庸置疑的。希腊信奉东正教的拜占庭人在一定程度上塑造了欧洲，这既表现在希腊对东方宗教的虔诚，又表现在希腊数百年中为了抵御塞尔柱突厥人和奥斯曼土耳其人而发挥的屏障作用。蒙古人也有同样的作用，因为他们在一定程度上有效地阻挡了俄罗斯接受启蒙运动的影响。阿拉伯人通过在语言和文化上（在很大程度上）将北非与欧洲分隔开来，帮助塑造了欧洲。萨珊王朝的波斯人帮助塑造欧洲的方式则是通过与拜占庭人的冲突，双方力量因此受到削弱，结果使阿拉伯人得以征服地中海南岸。无论是中东还是非洲，都将通过在未来多年乃至数十年里创造数百万难民和移民，对欧洲的面貌产生影响。

尽管有各种各样的困难，但对于亚非欧大陆大部分地区政治、经济动荡的受害者来说，欧洲仍将是他们最向往的居住地。预计到2050年，非洲人口将增加一倍，达到24亿，而欧洲人口的数量则会停滞不前，甚至下降。[①] 即使没有战争和动乱，即使非洲中产阶级增长、出生率下降，我们也只是处于人口从南到北大规模迁移的早期阶段。（新的非洲中产阶级实际上会带来更多而不是更少的移民，因为人们将拥有离开自己的家园，并选择合意的居住地的手段。）而中国也将在一定程度上对欧洲产生影响，希腊的比雷埃夫斯港将成为中国"一带一路"的西方尖角。就地缘政治而言，希腊又回到了东西方的十字路口。

因此，欧洲只是处在巨大变化的开端。它是一个熔炉，非洲-欧亚大陆的许多问题将在这里上演。欧洲如今存在的世俗主义和普世主义，是逃避历史（特别是逃避两次世界大战的惩罚）的副产品，只会使欧洲大陆更容易遭受怀有强烈排他主义信仰的移民所带来的文明破坏。请记住，欧洲的西方身份特征一直比人们通常意识到的更为偶然。在很长一段时间里，西方是一个地理上的意外，部分是由近东和北非帝国的冲突造成的。尽管从古代到现代文明之间有无数的接触和互动，基督教世界仍然长久保持着足够强大的凝聚力，从而能够与封建主义相结合，形成了西方文明的雏形。

但在技术销蚀距离的同时，文化和文明的差异也被销蚀。因此，我们所看到的民粹主义民族主义，只不过是一种呐喊，它尚未来得及对民族历史和文化造成困扰。在数字时代，历史和传统的代际传承要比在印刷和打字机时代艰难得多。由于只有互不相让的而不是共同的叙述，一切都可能被解构，尤其是当信息充斥

---

① 约瑟夫·J.比什，《非洲人口增长：把握挑战规模》。

着整个社会，人们几乎自顾不暇的时候。当每一个紧张而耗尽一切的新闻周期都会被下一个新闻周期彻底淘汰时，历史记忆就将化为乌有。在这样的环境中，要保持一种鲜明的西方身份特征——不同于东方或非洲的身份特征，就变成了一个遥远的时代遗留物，尤其当我们文化中的许多其他东西都化为尘土的时候。

亚得里亚海地区一直是一个文明的过渡地带，所以它在一个身份特征不断重叠和消融的世界里变得特别具有标志性。但是，亚得里亚海，恰好由于其文化的丰富性——东正教、罗马天主教和穆斯林；斯拉夫语、意大利语、阿尔巴尼亚语和希腊语；地中海、中欧和巴尔干并不是胡乱拼凑的象征，而是展示了一种开明的替代性选择，从而避开了丧失所有记忆和传统这样令人不齿的状况。太多的记忆固然会成为仇恨和怨恨的牢笼，但太少的记忆会使我们与低等生命形式难以区分，因为对于它们来说，存在只是当下的时刻，没有来龙去脉，没有对过去、现在和未来的觉察。无论传统是如何具有排他主义倾向，都能对这一点有所防范。一个人有好几种身份特征，并因此而感到困惑，也比根本没有身份特征要好得多。

要说与欧洲有着显著不同的欧亚大陆开始于亚得里亚海，是毫无新意的。但是，一个更为深刻的问题是，人们能够想象到一种普世的并同时植根于丰厚传统的文明吗？

是的，这是能够做到的，如果我们可以像皮埃尔·马南特那样，从城市和帝国的角度而不只是从国家的角度来思考问题的话。① 历史上的城市和城邦一直是多元文化的，正如从长期历史意义上（而不是严格的欧洲殖民主义的意义上）说，帝国一直是世界性的、多民族的一样。与此同时，国家往往演变成稳固的单一民族集团。城市和帝国往往是根植于远古的政治创举，国家则没有那么悠久，而更多与现代性联系在一起。后现代性并不一定意味着国家的消亡。但事实是，在整个欧亚大陆，特别是在大中东地区，国家模式正在减弱。以陨石坑闻名的黎凡特地区就是最明显的例子。即使在历史上根基更为稳固的国家——历史悠久的帝国的遗留物——如土耳其和伊朗，其治理状况也变得越来越令人担忧。即便是在欧洲，国家模式也不断受到结构性经济困难和超国家机制欧盟的挤压，而欧盟却并没有发挥应有的作用。因此，激烈的政治变革仍在悄无声息地继续。

事实上，"全球化意味着我们现在都是黎凡特人，"英国历史学家菲利普·曼塞尔写道，他指的是 20 世纪之交黎凡特具有包容性的城市：亚历山大、士麦那和贝鲁特，正如他所说，在那里，"人们很容易就转换身份，就像他们转换语言一样。"② （他其实还可以把黑海港口敖德萨归入这一类，因为在那个大都市，"根本没有民族主义，"一位学者这样写道。③）当然，民族主义会吞噬并摧毁这样的城市。和其他许多事情一样，希腊是这方面最令人痛心的例子。也就是说，在港口城市萨洛尼卡（现在是希腊的塞萨洛尼基），相对宽松的奥斯曼帝国允许东正教基督徒、穆斯林和犹太人共存。只是到后来，这种情况才被更严重的国家

---

① 皮埃尔·马南特，《城邦变形记》，第5—18 页。
② 菲利普·曼塞尔，《黎凡特》，第 2、356 页。
③ 查尔斯·金，《敖德萨》，第 108 页。

和民族分裂所取代，而这种分裂一直是工业时代和后工业时代的特征。哥伦比亚大学教授马克·马佐尔解释说："随着20世纪单一民族国家的形成，穆斯林变成了土耳其人，基督徒变成了希腊人。"[1]然而，如菲利普所暗示的那样，至少在某种意义上，我们正在重新拥有早期现代在那些大都市普遍存在的具有流动性的多元身份特征。不同之处在于，这些城市在帝国时代繁荣昌盛，因为奥斯曼帝国的苏丹在辖区内到处都享有主权，在不同的宗教和种族社区之间几乎没有领土争端。与此同时，我们仍将相当长久地生活在一个由民族国家组成的世界里，在这个世界里，领土被小心翼翼地守护着（看看民粹主义者对难民的恐惧吧），而黎凡特式的世界主义，与其说是政治演变的特征，不如说是通信技术催生的迅猛经济交易的特征。

于是，城市和国家变得越来越重要，一种新中世纪主义开始出现。正如英国历史学家马克·格林格拉斯（与丹尼斯·海的观点一致）所解释的那样，在16世纪和17世纪，基督教的概念逐渐被欧洲的概念所取代。虽然基督教在古代晚期和中世纪代表了一种地理概念，但它在根本上仍然是一种宗教身份，而欧洲则在根本上是一个地理概念。当基督教不再是一种政治身份，而仅仅成为一种与灵魂有关的宗教时，欧洲对基督教的征服就完成了。[2]考虑到欧洲已经取代了基督教，那么我们现在是否正处于一个过渡时期，有了某个可以取代欧洲的概念？如果答案是肯定的，那么其身份特征最终将落在什么层面——国家？地区？还是城镇？或者，欧洲会回归到某种宗教身份特征——某种可以称之为新基

---

[1] 马克·马佐尔，《萨洛尼卡：幽灵城市》，第13页。
[2] 马克·格林格拉斯，《基督教欧洲的巨变》，第 xxviii—xxix、680 页。

督教世界的东西，进而从心理上与来自中东的穆斯林隔离开来？或者，欧洲作为一个概念就此逐渐退隐，因为它在慢慢融入非洲-欧亚大陆，而且正如我所猜测的那样，这片大陆内部的身份特征越来越具有地方色彩？格林格拉斯追溯了基督教世界这个概念在131年的时间跨度内逐渐被毁灭的状况。因此，很有可能，目前正在发生的实质性变化，在现有任何新闻周期的严格限制下，都不会显现出来。

已故历史学家托尼·朱特提供了一种有些另类的视点；或者更确切地说，这个视点着眼于即将到来的未来。正如他所解释的那样，在欧盟达到顶峰的一体化进程，在一定程度上是实用政治的偶然产物，因为政治家需要一个可预测的经济框架来实现自己国家的目标。也就是说，法国需要德国的煤炭，但同时也需要遏制德国的政治力量；德国需要在一个更大的共同体中隐藏自己的国家利益，以便在后希特勒时代重新获得合法性。这种实用政治的背景是刚刚结束的第二次世界大战，那是一场"奇特的"战争，因为各国之间经常出现分裂，而且"几乎所有的欧洲参与国都输掉了"。因此，每个人都想忘掉刚刚发生的事情，于是失败主义、和平主义和非历史主义盛行起来。与此同时，冷战加强了西欧的团结。正是失败主义和团结造就了这个新欧洲。然而，由于这些因素和其他因素（例如马歇尔计划）的综合作用是相对于历史上某个特定时刻的，它们永远不可能以同样的方式重复，因此欧盟不可能像从前那样简单无限期地继续下去，因为其他因素最终肯定会介入。

尤其令人印象深刻的是，朱特在1996年发表了这篇分析文章，当时几乎没有出现什么麻烦，欧洲虽沉闷但还算令人满意。

接着，他又揭露了欧洲的"根基神话"：欧洲若想不仅要改善自己，还要改善世界，就必须继续向东扩张，否则目前的成功只是显示出了一种非道德的功利主义的安排。当然，正如我们所知，冷战结束后的欧洲东扩是在不同的历史条件下发生的，在很大程度上，其结果还不能说是胜利。朱特在1996年的文章中很有远见地总结道，由于后现代生活已将家庭、教堂、学校、军队，甚至政党和工会的公共职能掏空，现在剩下的只是国家。因为国家才在"规模适当的框架"内体现了共同记忆和共同体，这个框架比城市的规模大，但比模糊的泛欧或全球化的身份特征规模要小。[①]

越过现在和不久的将来去看，对这种民族主义复兴——由于国家被精英们抛弃，这也是一种民粹主义的复兴——持拥护的态度，就意味着新的东西必须随之出现。而这很可能就是身份特征的多种形式。

我从港口向山上走，到了科孚的新区，在那里我发现了市政剧院，一个现代主义的长方形建筑，上面布满了大煞风景的粗暴涂鸦。事实上，这些石板看起来就像是随意黏合在一起。但在这座建筑建造之前，这里曾有过另一座市政剧院，一座漂亮的新古典主义风格的建筑，该建筑建于20世纪初，1943年被德国空军摧毁。在第一次世界大战期间，塞尔维亚议会迫于奥匈帝国和德国军队的压力，从巴尔干半岛撤退到这里，1916年，流亡的塞尔维亚议会在这里开会，提议建立南斯拉夫王国。根据设想，新南斯拉夫王国是一个在塞尔维亚卡拉乔尔杰维奇王朝统治下的议会

---

① 托尼·朱特，《论欧洲》，第10—11、15、17、26—29、41、119—120页。

政体，也代表克罗地亚和斯洛文尼亚的民族团体，使用拉丁和西里尔字母。第二年，塞尔维亚、克罗地亚和斯洛文尼亚的流亡政治家在科孚岛签署了一项宣言，使这一设想生效。这个南斯拉夫王国存在于两次世界大战之间，1941年至1945年之间被占领，并爆发了民族内战，最终被残暴地废除。铁托领导的南斯拉夫社会主义共和国在1945年取代了它，并一直持续到1990年代的内战。20世纪南斯拉夫的历史就是在这里开始的。

南斯拉夫问题既是欧洲问题的变体，又是欧洲问题的概括，值得更为仔细的审视，且听我慢慢道来。

旧世界的瓦解，其核心是奥匈帝国哈布斯堡王朝的崩溃。哈布斯堡王朝从阿尔卑斯山一直延伸到黑海的阴影地带，横跨中欧，为欧洲大陆提供了架构原则。哈布斯堡王朝真正体现了各民族团体之间的大妥协，而这正是梅特涅构思的后拿破仑时代和平计划的核心。意大利历史学家瓦利安尼写道，奥匈帝国的哈布斯堡王朝"1914年宣战，想通过军事上的胜利来解决南部的斯拉夫（或南斯拉夫）问题"。然而，正如瓦利安尼所指出的，"即使是同盟国的胜利也不可能解决这个问题……南方的斯拉夫人将会留在那里，"并且在哈布斯堡王朝的欧洲内部保持其反叛的姿态。此外，即使有一个赞成改革的、邦联化的哈布斯堡王朝，西巴尔干半岛"对立的不同民族主义的暴躁性格"依然会持续存在。换句话说，第一次世界大战造成了20世纪的恐怖，而南斯拉夫这个棘手的难题是其主要原因。

瓦利安尼并不是一个纸上谈兵的历史学家。他1909年生于阜姆，即后来的里耶卡，1999年科索沃战争后去世。他的杰作《奥匈帝国的终结》直观反映了20世纪两个南斯拉夫国家在历史和种族方面所面临的挑战。正如他所说，第一次世界大战即将结束之时，鉴于塞尔维亚人、克罗地亚人和斯洛文尼亚人之间的紧张关系，以及大国政治的复杂性，南斯拉夫的诞生并非不可避免。[①]然而，就是在科孚，南斯拉夫诞生，成为一个庞大而笨拙的联盟，而且，除了第二次世界大战之外，几乎存续了20世纪四分之三的时间。克劳迪欧·马格里斯认为，就其精神而言，铁托是哈布斯堡王朝最后一位皇帝，他恩威并施，以一种真正帝国的风格将南斯拉夫凝聚在一起。1980年，铁托在卢布尔雅那去世，导致了长达10年的机构僵化和衰落，共和国之间的政治和官僚争斗不断加剧，直至演变成暴力冲突。自从20多年前科索沃战争结束以来，即使没有大规模的暴力，前南斯拉夫也极不稳定。也许，让南部斯拉夫人真正生活在和平与繁荣状态的唯一途径，就是让他们处于欧盟的庇护之下，这是迄今为止最良性的帝国结构。就像许多帝国形态一样，欧盟具有世界主义和普世主义精神，而这是不同民族生活在一个共同体制下所必须具备的。这并不是为帝国主义进行辩护，只是指出帝国主义的模糊性。

已故英国历史学家A.J.P.泰勒写道，"欧洲大国"一直生活在"自然状态"中，通常把它们唯有的和平时期"归功于力量的平衡"。[②]在整个冷战期间，以及其后的几十年里，除南斯拉夫外，欧洲一直处于和平状态。这主要是因为美国对欧洲的安全保障以及欧盟的扩张和加强。但是，如果美国的安全保障减弱，欧盟也会不可避免地萎缩，那么，为了维持和平，欧洲很可能就又要回到以不稳定和不确定方式对权力安排进行平衡的状态中去。

① 瓦利安尼，《奥匈帝国的终结》，第 xii、195—197 页。
② A.J.P. 泰勒，《争夺欧洲霸权的斗争：1848—1918 年》，第 xix 页。

我只简述了欧洲进入 21 世纪后的大致情况和其他可能的情况，没有进一步展开。其中的关键是，要时刻意识到过去的存在，因为现在不会提供任何事情的来龙去脉。要把现在和过去结合在一起，才能打开一扇通向未来的窗户，不论这扇窗户是大是小。

随着旅行即将结束，我的阅读书目已经变得难以驾驭，成了一大堆书的大杂烩，唯一的头绪就是我在旅行过程中偶然或是有意识与学术界和文学相遇的机会。在科孚岛，我在读薄伽丘的《十日谈》，在我看来，《十日谈》是从《一千零一夜》自然流淌而出的产物。尽管一种被认为是西方的，另一种被认为是东方的，但它们都来自同一种精神，从而形成了一种超越武断划分的共同文化。《十日谈》和《一千零一夜》一样，是一场口述的盛宴，这是最纯粹的文学形式，它挑战了任何虚假、伪装与贪婪，颂扬了对不可征服的生命力的原始表达。在这本书中，当一场瘟疫肆虐佛罗伦萨时，十个年轻的男人和女人躲在城外的一栋别墅里，品尝着"美味的果脯和精选的葡萄酒"，聆听着"群鸟的歌声"，互相讲述着各自的故事，在丰富的故事中，他们对命运说了一声干脆利落的"不"。

在我眼中，这本书是一本最不令人沮丧的书，高度赞美了使我们成其为人的东西。而使我们成其为人的是一种散发着泥土气息的物质主义。像《一千零一夜》一样，《十日谈》摒弃了抽象，转而关注人类最具体的部分——性、财富、美。《十日谈》教导我们，所有的一切都始于欲望，而欲望也蕴含了某种希望——我们为之坚持的某种东西，尽管现实表明，人生就是悲剧，欲望不会持久。《十日谈》教会我们所有人要顽强。人身上或许有一种东西，那是一种"隐藏的判断"，它隐隐决定着我们的生命轨迹，恰恰因为我们对此一无所知，所以我们才别无选择，唯有拼命抗争。[1]

的确，我们被迫关注我们的罪恶，我们意识中的享受也因此而被破坏，而且还被迫像囚徒那样生存，心灵得不到片刻安宁。在这个世界上，我们肩负着责任，要对朋友和那些依赖我们的亲人负责，他们信赖我们，坚信我们不会麻痹大意，而会对他们全神贯注。正是由于他们，我们才有了继续前进的意志。厌世是懦弱的表现。

因此，旅行是一种永无休止的挑战。它是生命的终极浓缩——在这浓缩的生命里，一周的旅途就可以是一部短小精悍的史诗。这不是逃避，也不是放纵，伦理之思和生活之美融为一体。因为旅行既促进了对后者的欣赏，也让心灵锲而不舍地倾注于前者——毕竟，真正的美不仅是物质上的，也是精神上的。这是我在这里的第二个下午，也是我进一步探索科孚城的机会，毕竟这里既是意大利和希腊的综合体，也可以算是亚得里亚海的综合体。正如博尔赫斯所写的那样："黄昏已近，但却无限。"[2]

---

[1] 乔万尼·薄伽丘，《十日谈》，第69、157—159、268和447页。
[2] 博尔赫斯，"小径分岔的花园"，《博尔赫斯小说集》，第122页。

参考书目

Anderson, Benedict. *Imagined Communities: Reflections on the Origin and Spread of Nationalism.* New York: Verso, 1983.

Arendt, Hannah. *The Origins of Totalitarianism.* New York: Benediction Classics, (1951) 2009.

Bakshian, Aram, Jr. "Votaries of Power." Washington: The National Interest, January/February 2018.

Ballinger, Pamela. *History in Exile: Memory and Identity at the Borders of the Balkans.* Princeton, New Jersey: Princeton University Press, 2003.

Banac, Ivo. *The National Question in Yugoslavia: Origins, History, Politics.* Ithaca, New York: Cornell University Press, 1984.

Belloc, Hilaire. *The Path to Rome.* San Francisco: Ignatius Press, (1902) 2003.

Berenson, Bernard. *Italian Painters of the Renaissance*, Vol. 1: Venetian and North Italian Schools, and Vol. 2: Florentine and Central

Italian Schools. London: Phaidon, (Preface 1952), 1968.

Berenson, Bernard. *Aesthetics and History.* Garden City, New York: Doubleday, (1948) 1954.

Bergreen, Laurence. *Marco Polo: From Venice to Xanadu.* New York: Knopf, 2007.

Blamires, Harry. *The Bloomsday Book: A Guide Through Joyce's Ulysses.* London: Methuen & Co., 1966.

Boccaccio, Giovanni. *Decameron.* Translated by J. G. Nichols. New York: Knopf, (1350) 2008.

Boer, Charles. *The Homeric Hymns.* Chicago: The Swallow Press, 1970.

Borges, Jorge Luis, *Collected Fictions.* Translated by Andrew Hurley. New York: Penguin Books, (1941 and 1949), 1998.

Bosoni, Adriano. "Understanding Italian Defiance." Austin, Texas: Stratfor, January 26, 2016.

Bowra, C. M. *Sophoclean Tragedy.* London: Oxford University Press, 1944.

Bowra, C. M. *From Virgil to Milton.* London: Macmillan, (1945) 1967.

Braudel, Fernand. *The Mediterranean and the Mediterranean World in the Age of Philip II*: Volume I. Translated from the French by Sian Reynolds. New York: Harper & Row, (1949) 1972.

Braudel, Fernand. *The Mediterranean and the Mediterranean World in the Age of Philip II*: Volume II. Translated from the French by Sian Reynolds. New York: Harper & Row, (1949) 1973.

Brodsky, Joseph. *Watermark*. New York: Farrar, Straus & Giroux, 1992.

Brodsky, Joseph. *Collected Poems in English*. New York: Farrar, Straus & Giroux, 2000.

Brown, Peter. *The World of Late Antiquity: AD 150–750*. London: Thames and Hudson, 1971.

Burckhardt, Jacob. *The Civilization of the Renaissance in Italy*. New York: Modern Library, (1860) 1995

Burns, Thomas. *A History of the Ostrogoths*. Bloomington, Indiana: Indiana University Press, 1984.

Burton, Richard F. *The Arabian Nights: Tales from A Thousand and One Nights*. Translated, with a Preface and Notes, by Sir Richard F. Burton. Introduction by A. S. Byatt. New York: Modern Library, 2001.

Burton, Richard F. *"Terminal Essay" to The Thousand Nights and a Night*. New York: The Heritage Press, 1934.

Buruma, Ian. "In the Capital of Europe." New York Review of Books, April 7, 2016.

Bush, Ronald L. *The Genesis of Ezra Pound's Cantos*. Princeton, New Jersey: Princeton University Press, (1977) 1989.

Byron, Robert. *The Byzantine Achievement: An Historical Perspective CE 330–1453*. London: Routledge, 1929.

Calvino, Italo. *If On a Winter's Night a Traveler*. Translated from the Italian by William Weaver. Knopf: New York, (1979) 1993.

Calvino, Italo. Mr. Palomar. *Translated from the Italian by William Weaver*. New York: Harcourt, (1983) 1985.

Cameron, Euan. *Early Modern Europe: An Oxford History.* Oxford, United Kingdom: Oxford University Press, 2001.

Camus, Albert. *The Outsider.* Translated from the French by Joseph Laredo. With an Introduction by Peter Dunwoodie. New York: Everyman's Library, (1942) 1998.

Camus, Albert. *The Rebel: An Essay on Man in Revolt.* Translated from the French by Anthony Bower. New York: Vintage, (1956) 1991.

Canetti, Elias. *Crowds and Power.* New York: Penguin Books, (1960) 1973.

Canetti, Elias. *The Voices of Marrakesh.* Translated from the German by J. A. Underwood. London: Marion Boyars, (1967) 1982.

Carpenter, Humphrey. *A Serious Character: The Life of Ezra Pound.* Boston: Houghton Mifflin, 1988.

Carver, Robert. *The Accursed Mountains: Journeys in Albania.* London: John Murray, 1998.

Cavarnos, Constantine. *Orthodox Iconography.* Belmont, Massachusetts: The Institute for Byzantine and Modern Greek Studies, 1977.

Chekhov, Anton. *"A Dreary Story."* Translated from the Russian by Constance Garnett. New York: Everyman's Library, (1889) 1992.

Clark, Bruce. *Twice a Stranger: The Mass Expulsions that Forged Modern Greece and Turkey.* Cambridge, Massachusetts: Harvard University Press, (2006) 2009.

Clark, Victoria. *Why Angels Fall: A Journey Through Orthodox*

Europe from Byzantium to Kosovo. London: Macmillan, 2000.

Clogg, Richard. *A Short History of Modern Greece*. New York: Cambridge University Press, 1979.

Cohen, Rachel. *Bernard Berenson: A Life in the Picture Trade*. New Haven, Connecticut: Yale University Press, 2013.

Collins, Paul. *The Birth of the West: Rome, Germany, France, and the Creation of Europe in the Tenth Century*. New York: PublicAffairs, 2013.

Conquest, Robert. *The Abomination of Moab*. London: Maurice Temple Smith, 1979.

Crivelli, Renzo S. *James Joyce: Triestine Itineraries*. Trieste, Italy: MGS Press, 1996.

Crowley, Roger. *City of Fortune: How Venice Ruled the Seas*. New York: Random House, (2011) 2012.

Dante Alighieri. *The Divine Comedy*. Volume I: Inferno. Translated with an Introduction, Notes, and Commentary by Mark Musa. New York: Penguin Books, (1971) 2003.

Dante Alighieri. *The Divine Comedy*. Volume II: Purgatory. Translated with an Introduction, Notes, and Commentary by Mark Musa. New York: Penguin Books, (1981) 2003.

Dante Alighieri. *The Divine Comedy*. Volume III: Paradise. Translated with an Introduction, Notes, and Commentary by Mark Musa. New York: Penguin Books, (1984) 2003.

Darwin, John. *After Tamerlane: The Rise and Fall of Global Empires, 1400–2000*. New York: Bloomsbury Press, 2008.

Davie, Donald. *Ezra Pound: Poet as Sculptor.* Oxford, United Kingdom: Oxford University Press, (1964)1968.

Davies, Norman. *Europe: A History.* New York: Oxford University Press, 1994.

Deliyannis, Deborah Mauskopf. *Ravenna in Late Antiquity.* New York: Cambridge University Press, 2010.

Denham, H. M. *The Adriatic: A Sea-Guide to the Dalmation Coast and Islands, Venice and Eastern Italy.* London: John Murray, 1967.

Dirda, Michael. *Introduction to Ezra Pound's ABC of Reading.* New York: New Directions, (1934) 2010.

Dobbs, Michael. *"Where Venice Once Ruled."* Washington: Smithsonian, Winter 2015.

Donatich, John. *"Trieste Elegies."* Boston: The Atlantic, June, 2002.

Dostoevesky, Fyodor. *Demons.* Translated from the Russian by Richard Pevear and Larissa Volokhonsky. New York: Vintage Classics, (1872) 1994.

Dreher, Rod. *How Dante Can Save Your Life: The Life-Changing Wisdom of History's Greatest Poem.* New York: Regan Arts, 2015.

Duggan, Christopher. *A Concise History of Italy.* Cambridge, United Kingdom: Cambridge University Press, 2014.

Durham, Edith. *High Albania.* Introduction by John Hodgson. London: Phoenix Press, (1909) 2000.

Durrell, Lawrence. *Bitter Lemons*. London: Faber and Faber, 1957.

Durrell, Lawrence. *Prospero's Cell: A Guide to the Landscape and Manners of the Island of Corfu*. London: Faber and Faber, 1945.

Eliot, T. S. *Collected Poems, 1909–1962*. New York: Harcourt Brace Jovanovich, 1991.

Eliot, T. S. *Dante*. London: Faber & Faber, 1929.

Ellmann, Richard. *James Joyce*. New York: Oxford University Press, (1959) 1982.

Fermor, Patrick Leigh. *Mani: Travels in the Southern Peloponnese*. London: John Murray, 1958.

Fine, John V. A., Jr. *When Ethnicity Did Not Matter in the Balkans: A Study of Identity in Pre-Nationalist Croatia, Dalmatia, and Slavonia in the Medieval and Early-Modern Periods*. Ann Arbor, Michigan: The University of Michigan Press, 2006.

Finlay, Victoria. *Color: A Natural History of the Palette*. New York: Ballantine, 2002.

Fischer, Bernd J. *King Zog and the Struggle for Stability in Albania*. Tirana: Albanian Institute for International Studies, (1984) 2012.

Fox, Robert. *The Inner Sea: The Mediterranean and Its People*. New York: Knopf, 1991.

Frankopan, Peter. *The Silk Roads: A New History of the World*. New York: Knopf, 2015.

Frazer, James George. *The Golden Bough: A Study in Magic and*

Religion. New York: Macmillan, (1890)1922.

Gaddis, John Lewis. *On Grand Strategy.* New York: Penguin Press, 2018.

Gellner, Ernest. *Nations and Nationalism.* Ithaca, New York: Cornell University Press, 1983.

Gibbon, Edward. *The Decline and Fall of the Roman Empire: Volumes 4, 5, and 6.* New York: Everyman's Library, (1776–1788) 1910.

Gilmour, David. *The Purisuit of Italy: A History of a Land, Its Regions, and Their Peoples.* New York: Farrar, Straus and Giroux, 2011.

Goethe, Johann Wolfgang von. *Italian Journey* (1786–1788). Translated from the German by W. H. Auden and Elizabeth Mayer. New York: Penguin Books, (1816) 1962 and 1970.

Gorra, Michael. *The Bells in Their Silence: Travels Through Germany.* Princeton, New Jersey: Princeton University Press, 2004.

Graves, Robert. *The Greek Myths: Volume One.* New York: Penguin Books, 1955.

Graves, Robert. *The Greek Myths: Volume Two.* New York: Penguin Books, 1955.

Greengrass, Mark. *Christendom Destroyed: Europe 1517–1648.* New York: Viking, 2014.

Gress, David. *From Plato to NATO: The Idea of the West and Its Opponents.* New York: The Free Press, 1998.

Gunther, John. *Behind the Iron Curtain.* New York: Harper &

Brothers, 1948.

Hale, Sheila. *Titian: His Life and the Golden Age of Venice.* London: Harper Press, 2012.

Hamilton, Edith. *Mythology.* Boston: Little, Brown and Company, 1942.

Hammer, Langdon. *Hart Crane & Allen Tate: Janus-Faced Modernism.* Princeton, New Jersey: Princeton University Press, 1993.

Harris, Robin. *Dubrovnik: A History.* London: Saqi Books, 2003.

Hay, Denys. *Europe: The Emergence of an Idea.* New York: Harper & Row, (1957) 1966.

Hegel, Georg Wilhelm Friedrich. *Philosophy of Right.* Translated by T. M. Knox. Oxford, England: Clarendon Press, (1820) 1942 and 1952.

Herodotus. *The History.* Translated by David Grene. Chicago: University of Chicago Press, 1987.

Herzen, Alexander. *My Past and Thoughts.* Translated by Constance Garnett. Berkeley, California: University of California Press, (1968) 1973.

Hesiod. *"Ode to Work."* Translated by A. E. Stallings. New York: The New Criterion, April 2015.

Hodgkin, Joanna. *Amateurs in Eden: The Story of a Bohemian Marriage; Nancy and Lawrence Durrell.* London: Virago Press, 2012.

Hollander, Paul. *From Benito Mussolini to Hugo Chavez: Intellectuals and a Century of Political Hero Worship.* Cambridge,

England: Cambridge University Press, 2016.

Holmes, George. *The Oxford History of Medieval Europe*. New York: Oxford University Press, 1988.

Horace, *Odes and Epodes*. Edited and translated by Niall Rudd. Cambridge, Massachusetts: (Loeb Classical Library) Harvard University Press, 2004.

Huntington, Samuel P. *The Clash of Civilizations and the Remaking of World Order*. New York: Simon & Schuster, 1996.

Huntington, Samuel P. *"If Not Civilizations, What?"* New York: Foreign Affairs, November/December 1993.

Jackson, Thomas Graham. *Recollections: The Life and Travels of a Victorian Architect*. London: Unicorn Press, (1915) 2003.

James, Henry. *The Aspern Papers and Other Tales*. Edited and with an Introduction and Notes by Michael Gorra. New York: Penguin Books, (1888) 2014.

James, Henry. *The Wings of the Dove*. Introduction by John Bayley. New York: Penguin Books, (1902)1986.

Jervis–White–Jervis, Henry. *History of the Island of Corfu, and of the Republic of the Ionian Islands*. London: Coburn and Co., 1852 (2005).

Joyce, James. *Dubliners*. Hammondsworth, Middlesex, England: Penguin Books, (1914) 1976.

Joyce, James. *A Portrait of the Artist as a Young Man*. New York: Viking, (1916) 1970.

Joyce, James. *Ulysses*. New York: Vintage, (1934) 1990.

Judah, Tim. *The Serbs: History, Myth and the Destruction of Yugoslavia*. New Haven, Connecticut: Yale University Press, (1997) 2000.

Judt, Tony. *A Grand Illusion? An Essay on Europe*. New York: New York University Press, (1996) 2011.

Kadare, Ismail. *The Concert*. New York: William Morrow & Company, (1988) 1994.

Kagan, Robert. *Of Paradise and Power: America and Europe* in the *New World Order*. New York: Knopf, 2003.

Kaplan, Robert D. *Balkan Ghosts: A Journey Through History*. New York: St. Martin's Press, 1993.

Kaplan, Robert D. *Mediterranean Winter: The Pleasures of History and Landscape in Tunisia, Sicily, Dalmatia, and the Peloponnese*. New York: Random House, 2004.

Kaplan, Robert D. "A Globe-Trotting Celebration of Erudition, " New York: Wall Street Journal, February 21, 2015.

Karman, Gabor and Kuncevic, Lovro. *The European Tributary States of the Ottoman Empire in the Sixteenth and Seventeenth Centuries*. Boston: Brill, 2013.

Keats, John. *Keats: Poems*. Selection by Peter Washington. New York: Knopf, 1994.

Kenner, Hugh. *The Poetry of Ezra Pound*. London: Faber and Faber, 1951.

Kent, Neil. *Trieste: Adriatic Emporium and Gateway to the Heart of Europe*. London: Hurist & Company, 2011.

Khanna, Parag. *Connectography: Mapping the Future of Global Civilization*. New York: Random House, 2016.

King, Charles. *Odessa: Genius and Death in a City of Dreams*. New York, Norton, 2011.

Knox, Peter E., McKeown, J. C. *The Oxford Anthology of Roman Literature*. New York: Oxford University Press, 2013.

Krastev, Ivan. *After Europe*. Philadelphia: University of Pennsylvania Press, 2017.

Kundera, Milan. *The Unbearable Lightness of Being*. Translated from the Czech by Michael Henry Heim. New York: Harper & Row, 1984.

Lane, Frederic C. *Venice: A Maritime Republic*. Baltimore: The Johns Hopkins University Press, 1973.

Levick, Barbara. *Tiberius: The Politician*. London: Routledge, (1976) 1999.

Lewis, David Levering. *God's Crucible: Islam and the Making of Europe*, *570–1215*. New York: Norton, 2008.

Logoreci, Anton. *The Albanians: Europe's Forgotten Survivors*. London: Victor Gollancz, 1977.

Luttwak, Edward N. *The Grand Strategy of the Byzantine Empire*. Cambridge, Massachusetts: Harvard University Press, 2009.

McCarthy, Mary, *Venice Observed*. New York: Penguin Books, (1956) 1972.

McEvedy, Colin. *The New Penguin Atlas of Medieval History*. London: Penguin Books, 1961.

McNeill, William H. *The Rise of the West: A History of the Human Community*. Chicago: University of Chicago Press, 1963.

Machiavelli, Niccolo. *History of Florence: And of the Affairs of Italy*. Introduction by Hugo Albert Rennert. Seattle, Washington: CreateSpace Independent Publishing Platform, (1520–1525) 2014.

Machiavelli, Niccolo. *The Prince*. New York: Everyman's Library Classics, (1532) 1992.

Maclean, Fitzroy. *Eastern Approaches*. New York: Time–Life Books, (1949) 1964.

Madieri, Marisa. *Aqua Green: A Childhood in Istria*. Translated from the Italian by Gareth Norbury. Munich: Swiss Re, (1987) 2004.

Magris, Claudio. *Blindly*. Translated from the Italian by Anne Milano Appel. New Haven, Connecticut: Yale University Press, (2006) 2008.

Magris, Claudio, *Danube*. Translated from the Italian by Patrick Creagh. New York: Farrar, Straus & Giroux, (1986) 1989.

Magris, Claudio. *Microcosms*. Translated from the Italian by Iain Halliday. London: Harvill Press, (1997)2000.

Malcolm, Noel. *Agents of Empire: Knights, Corsairs, Jesuits and Spies in the Sixteenth-Century Mediterranean World*. New York: Oxford University Press, 2015.

Manent, Pierre. *Metamorphoses of the City: On the Western Dynamic*. Translated from the French by Marc LePain. Cambridge, Massachusetts: Harvard University Press, 2013.

Mann, Thomas. *Death in Venice*. New York: Knopf, (1912) 1963.

Mansel, Philip. *Levant: Splendour and Catastrophe on the Mediterranean*. New Haven, Connecticut: Yale University Press, 2010 and 2011.

Martin, Benjamin G. " *'European Culture' Is an Invented Tradition*." Cambridge, Massachusetts: Aeon, Harvard University Press, March, 2017.

Martin, John Rupert. *Baroque*. Boulder, Colorado: Westview Press, 1977.

Marusic, Damir. "Did Moscow Botch a Coup in Montenegro?" Washington, The American Interest, October 30, 2016.

Matvejevic, Predrag. *Mediterranean: A Cultural Landscape*. Translated from the Croatian by Michael Henry Heim. Berkeley and Los Angeles: University of California Press, (1987) 1999.

Mazower, Mark. *Salonica, City of Ghosts: Christians, Muslims and Jews, 1430–1950*. New York: Knopf, 2005.

Mazower, Mark. *Governing the World: The History of an Idea, 1815 to the Present*. New York: Penguin Press, 2012.

Merry, Robert. "Spengler's Ominous Prophecy." Washington: The National Interest, January/February 2013.

Milton, Giles. *Paradise Lost: Smyrna 1922; The Destruction of a Christian City in the Islamic World*. New York: Basic Books, 2008.

Milton, John. *Paradise Lost*, 1667.

Missac, Pierre. *Walter Benjamin's Passages*. Translated by Shierry Weber Nicholsen. Cambridge, Massachusetts: The MIT Press,

(1987) 1995.

Moody, A. David. *Ezra Pound: Poet; A Portrait of the Man and His Work. I: The Young Genius 1885–1920*. New York: Oxford University Press, 2007.

Moody, A. David. *Ezra Pound: Poet; A Portrait of the Man and His Work. II: The Epic Years 1921–1939*. New York: Oxford University Press, 2014.

Morris, Ian. *Why the West Rules – For Now: The Patterns of History, and What They Reveal About the Future*. New York: Farrar, Straus and Giroux, 2010.

Morris, Jan. *The Venetian Empire: A Sea Voyage*. New York: Penguin Books, (1980) 1990.

Morris, Jan. *The World of Venice*. With a New Foreword by the Author. New York: Harcourt, (1960 by James Morris) 1993.

Morris, Jan. *Trieste and the Meaning of Nowhere*. New York: Da Capo Press, 2001.

Moyle, Franny. *Turner: The Extraordinary Life & Momentous Times of J. M. W. Turner*. New York: Penguin Press, 2016.

Musil, Robert. *The Man Without Qualities*. Volumes I and II. New York: Vintage, (1978) 1995 and 1996.

Nightingale, Steven. *Granada: A Pomegranate in the Hand of God*. Berkeley, California: Counterpoint Press, 2015.

Njegos, Petar II Petrovic. *The Mountain Wreath*. Translated and edited by Vasa D. Mihailovich. Irvine, California: Charles Schlacks, Jr., 1986.

Norwich, John Julius. *A History of Venice*. New York: Knopf, (1977 and 1981) 1982.

Norwich, John Julius. *Byzantium: The Early Centuries*. New York: Knopf, 1989.

Oakley, Francis. *Empty Bottles of Gentilism: Kingship and the Divine in Late Antiquity and the Early Middle Ages (to 1050)*. (The Emergence of Western Political Thought in the Latin Middle Ages) New Haven, Connecticut: Yale University Press, 2010.

Oakley, Francis. *The Mortgage of the Past: Reshaping the Ancient Political Inheritance (1050–1300)*. (The Emergence of Western Political Thought in the Latin Middle Ages) New Haven, Connecticut: Yale University Press, 2012.

Oakley, Francis. *The Watershed of Modern Politics: Law, Virtue, Kingship, and Consent (1300–1650)* (The Emergence of Western Political Thought in the Latin Middle Ages) New Haven, Connecticut: Yale University Press, 2015.

Ormsby, Eric. "Pound's Confucian Confusions." New York: The New Criterion, February, 2016.

Ortegay Gasset, Jose. *The Revolt of the Masses*. Translated from the Spanish by Anthony Kerrigan. Foreword by Saul Bellow. South Bend, Indiana: University of Notre Dame Press, (1932) 1985.

Ortegay Gasset, Jose. *Man and Crisis*. Translated from the Spanish by Mildred Adams. New York: Norton, (1942 and 1958) 1962.

Ostrogorsky, George. *History of the Byzantine State*, translated from German by Joan Hussey. Oxford, England: Basil Blackwell,

1956.

Pahor, Boris. *Necropolis.* Translated from the Slovene by Michael Biggins. Champaign, Illinois: Dalkey Archive Press, (1967) 2010.

Pater, Walter. *Marius the Epicurean: His Sensations and Ideas.* London: Jonathan Cape, 1885. New York: Cosimo Classics reprint, 2005.

Pirenne, Henri. *Mohammed & Charlemagne.* Translated from the French by Bernard Miall. Mineola, New York: Dover Publications, (1937 and 1954) 2001.

Plutarch. *Plutarch's Lives: Volume II.* Translated by John Dryden, edited and revised by Arthur Hugh Clough. New York: Modern Library, (1683–86, 1864) 1992.

Polo, Marco. *The Travels of Marco Polo: The Complete Yule-Cordier Edition.* Volumes I and II. New York: Dover Publications, (1903) 1993.

Pound, Ezra. *The Cantos of Ezra Pound.* New York: New Directions, (1934) 1993.

Pound, Ezra. *Selected Cantos of Ezra Pound.* New York: New Directions, 1970.

Pound, Ezra. *Guide to Kulchur.* New York: New Directions, 1970

Praga, Giuseppe. *History of Dalmatia.* Pisa, Italy: Giardini, (1954) 1993.

Procopius. *History of the Wars*: Books V–VI.15, Books VI.16–VII.35, Books VII.36–VIII. Translated by H. B. Dewing. Cambridge,

Massachusetts: Loeb Classical Library, Harvard University Press, 1919, 1924, and 1928.

Quigley, Carroll. *The Evolution of Civilizations: An Introduction to Historical Analysis.* Indianapolis, Indiana: Liberty Fund, (1961) 1979.

Raley, Harold C. *Jose Ortegay Gasset: Philosopher of European Unity.* Tuscaloosa, Alabama: University of Alabama Press, 1971.

Reill, Dominique Kirchner. *Nationalists Who Feared the Nation: Adriatic Multi-Nationalism in Habsburg Dalmatia, Trieste, and Venice.* Stanford, California: Stanford University Press, 2012.

Rice, Edward. *Captain Sir Richard Francis Burton: The Secret Agent Who Made the Pilgrimage to Mecca, Discovered the Kama Sutra, and Brought the Arabian Nights to the West.* New York: Charles Scribner's Sons, 1990.

Rilke, Rainer Maria. *The Notebooks of Malte Laurids Brigge.* Translated from the German, edited, and introduced by Michael Hulse. New York: Penguin Books, (1910) 2009.

Rilke, Rainer Maria. *Duino Elegies and The Sonnets to Orpheus.* Edited and translated from the German by Stephen Mitchell. New York: Vintage International, (1923) 1982.

Roberts, Andrew. *Napoleon: A Life.* New York: Viking, 2014.

Rodogno, Davide. *Fascism's European Empire: Italian Occupation During the Second World War.* Translated from the Italian by Adrian Belton. New York: Cambridge University Press, (2003) 2006.

Rosand, David. *Myths of Venice: The Figuration of a State.* Chapel Hill, North Carolina: University of North Carolina Press, 2001.

Roth, Joseph. *Hotel Savoy.* Translated from the German by John Hoare. London: Pan Books, (1924) 1988.

Roth, Joseph. *The Radetzky March.* Translated from the German by Eva Tucker, Based on an Earlier Translation by Geoffrey Dunlop. New York: Penguin Books, (1932) 1984.

Rothman, E. Natalie. *Brokering Empire: Trans-Imperial Subjects Between Venice and Istanbul.* Ithaca, New York: Cornell University Press, 2012.

Rumiz, Paolo. *The Fault Line: Traveling the Other Europe from Finland to Ukraine.* Translated from the Italian by Gregory Conti. New York: Rizzoli Ex Libris, (2012) 2015.

Runciman, Steven. *Mistra: Byzantine Capital of the Peloponnese.* London: Thames and Hudson, 1980.

Ruskin, John. *The Stones of Venice.* Edited and Abridged by J. G. Links. New York: Da Capo Press, (1853)1960.

Said, Edward W. *Orientalism.* New York: Pantheon, 1978.

Scott, Emmet. *Mohammed & Charlemagne: The History of a Controversy.* London: New English Review Press, 2012.

Seelye, Catherine (editor). *Charles Olson and Ezra Pound.* New York: Grossman, 1975.

Seferis, George. *Collected Poems (1924–1955).* Translated, Edited, and Introduced by Edmund Keeley and Philip Sherrard. Princeton, New Jersey: Princeton University Press, 1967.

Shaw, Prue. *Reading Dante: From Here to Eternity*. New York: Liveright, 2014.

Sherrard, Philip. *The Marble Threshing Floor: Studies in Modern Greek Poetry*. Limni, Evia, Greece: Denise Harvey & Company, (1956) 1981.

Sherrard, Philip. *The Greek East and the Latin West: A Study in the Christian Tradition*. Limni, Greece: Denise Harvey Publisher, 1959.

Sherrard, Philip. *The Wound of Greece: Studies in Neo-Hellenism*. London: Rex Collings, 1978.

Shore, Marci. *The Ukrainian Night: An Intimate History of Revolution*. New Haven, Connecticut: Yale University Press, 2017.

Smith, Anthony D. *National Identity*. London: Penguin Books, 1991.

Snyder, Timothy. *The Red Prince: The Secret Lives of a Habsburg Archduke*. New York: Basic Books, 2008.

Snyder, Timothy. "Mapping Eastern Europe, " Davos, Switzerland: Presentation at the World Economic Forum, January 25, 2018.

Solzhenitsyn, Aleksandr. *November 1916: The Red Wheel / Knot II*. Translated from the Russian by H. T. Willetts. New York: Farrar, Straus and Giroux, (1984) 1999.

Southern, R. W. *The Making of the Middle Ages*. New Haven, Connecticut: Yale University Press, 1953.

Spencer, Elsa M. *Good-bye, Trieste*. Xlibris, 2008.

Spengler, Oswald. *The Decline of the West.* Translated from the German by Charles Francis Atkinson. Abridged by Helmut Werner. New York: Knopf, (1918 and 1922) 1961.

St. Augustine. *The Confessions of St. Augustine.* Translated from the Latin with an introduction and notes by John K. Ryan. New York: Doubleday, (397–400 AD) 1960.

St. Augustine. *The City of God.* Translated by Marcus Dods. With an Introduction by Thomas Merton. New York: Modern Library, (413 AD) 1950, 1993.

Stark, Freya. *The Southern Gates of Arabia: A Journey in the Hadhramaut.* New York: Modern Library, (1936) 2001.

Starr, S. Frederick and Cornell, Svante E. *Putin's Grand Strategy*: *The Eurasian Union and Its Discontents.* Washington: Central Asia–Caucasus Institute & Silk Road Studies Program of the Johns Hopkins University–SAIS, 2014.

Stokes, Adrian. *Stones of Rimini.* New York: Schocken Books, (1934) 1969.

Svevo, Italo. *Confessions of Zeno.* Translated from the Italian by Beryl de Zoete. New York: Knopf, (1923)1930.

Tanner, Marcus. *Croatia: A Nation Forged in War.* New Haven, Connecticut: Yale University Press, (1997)2010.

Tanner, Tony. *Venice Desired: Writing the City.* Cambridge, Massachusetts: Harvard University Press, 1992.

Taylor, A. J. P. *The Struggle for Mastery in Europe: 1848–1918.* Oxford, United Kingdom: Oxford University Press, 1954.

Terrell, Carroll F. *A Companion to the Cantos of Ezra Pound.* Berkeley, California: University of California Press, 1980.

Theroux, Paul. *The Pillars of Hercules: A Grand Tour of the Mediterranean.* New York: Ballantine Books, 1995.

Thompson, Mark. *The White War: Life and Death on the Italian Front 1915–1919.* New York: Basic Books, (2008) 2009.

Thucydides. *The Peloponnesian War.* Translated by Thomas Hobbes. Ann Arbor, Michigan: University of Michigan Press, (1629) 1959.

Tierney, Brian. *Religion, Law, and the Growth of Constitutional Thought.* Cambridge: Cambridge University Press, 1982.

Tracy, James D. *Balkan Wars: Habsburg Croatia, Ottoman Bosnia, and Venetian Dalmatia, 1499–1617.* Lanham, Maryland: Rowman & Littlefield, 2016.

Unamuno, Miguel de. *Tragic Sense of Life.* Translated from the Spanish by J. E. Crawford Flitch. New York: Sophia Omni, (1912) 2014.

Valery, Paul. "The Crisis of the Mind." London: The Athenaeum, April and May, 1919.

Valiani, Leo. *The End of Austria-Hungary.* New York: Knopf, (1966) 1973.

Vickers, Miranda. *The Albanians: A Modern History.* New York: I. B. Tauris, (1995) 2014.

Voinovitch, Count Louis. *Dalmatia and the Jugoslav Movement.*

With a Preface by Sir Arthur Evans. London: George Allen & Unwin, (1917) 1920.

Ware, Timothy. *The Orthodox Church*. Middlesex, England: Penguin Books, (1963) 1975.

Weickgenant, Joel. "The New NATO Outpost in the Adriatic." Washington: Real ClearWorld, September 7, 2016.

West, Rebecca. *Black Lamb and Grey Falcon*. New York: Viking Press, 1941.

Wickham, Chris. *Early Medieval Italy: Central Power and Local Society 400–1000*. London: Macmillan, 1981.

Wilson, Edmund. *Axel's Castle: A Study of the Imaginative Literature of 1870–1930*. Introduction by Hugh Kenner. New York: Modern Library, (1931, 1991) 1996.

Wolff, Larry. *Venice and the Slavs: The Discovery of Dalmatia in the Age of Enlightenment*. Stanford, California: Stanford University Press, 2001.

Woodhouse, C. M. *George Gemistos Plethon: The Last of the Hellenes*. New York: Oxford University Press, 1986.

Woodward, Anthony. *Ezra Pound and the Pisan Cantos*. London: Routledge, 1980.

Yeats, William Butler. "Sailing to Byzantium, " 1926.

Zavalani, Tajar. History of Albania. Edited by Robert Elsie and Bejtullah Destani. London: Cenre for Albanian Studies, (1961–1963) 2015.

Zielonka, Jan. *Is the EU Doomed?* Cambridge, United Kingdon:

Polity Press, 2014.

Zitko, Salvator. *Koper: The Town and Its Heritage*. Ljubljana, Slovenia: Libris, 2011.

Zlatar, Zdenko. *Our Kingdom Come: The Counter-Reformation, the Republic of Dubrovnik, and the Liberation of the Balkan Slavs*. Boulder, Colorado: East European Monographs, 1992.

Zorzi, Rosella Mamoli. *Henry James: Letters from the Palazzo Barbaro*. London: Pushkin Press, 1998.

译后记

首先应当感谢湖南人民出版社的信任，感谢他们把这部著作的翻译托付给我。不过湖南人民出版社编辑田野先生辗转找到我的时候，我还是有些意外。几年前，我为北京大学出版社翻译了罗伯特·D.卡普兰的《巴尔干两千年》，对卡普兰有了初步的了解。事实上，湖南人民出版社也是因为我翻译那本书才找到了我。本来翻译完《巴尔干两千年》之后，该书的责任编辑王立刚先生还问过我，是否有意翻译卡普兰关于美国历史与地理的一本著作，我表示有兴趣，因为对我来说，那毕竟要比欧洲历史与地理容易一些。但后来立刚遗憾地告诉我，北京大学出版社没有抢到那本书的版权，卡普兰在我国出版界和学术界的火热程度由此可见一斑。

《巴尔干两千年》是卡普兰早年的著作，也是他第一部重要的著作，在很大程度上奠定了他作为著名新闻记者和地缘政治学家的地位。尽管写作那本书的时候他还不到四十岁，却由于他对冷战结束后的欧洲，尤其是对巴尔干半岛局势富有预见性的判断而引起政界和学术界的注意。他的过人之处或许很简单，就在于他的实地观察和思考，尤其是他在这个过程中练就的"小中见大"和"见微知著"的本领。在本书中，卡普兰的这个能力得到了更为充分的展示。这固然与他对"游记"这种写作方式愈益纯熟的掌握有关，与他勤奋搜求和阅读相关的历史与游记著作有关，更与他在数十年来未曾间断的旅行过程中积攒起来的丰富人生智慧有关。他在本书中分享了他游历亚得里亚海沿岸时关于"西方""东方""欧洲""丝绸之路"等诸多大问题的思索，还不时地结合自己的人生阅历对相关问题作出更富有个人情感色彩的评价，让我在翻译的过程中经常想起"生年不满百，常怀千岁忧"这句汉代古诗。虽然我对他所描述的许多内容并不太熟悉，需要查阅相当多的资料，但我还是非常敬佩他对于人类共同体之命运的深切关注。

我平时除了教书，别的事情很少，去年一年翻译了本书的一多半内容，本来以为，利用寒假能够比较从容地完成剩余部分的翻译和校对，却不料遇到了这次新冠肺炎疫情。一边翻译这本忧患意识很强的著作，一边牵挂令人担忧的疫情动态，的确是一种很不舒服的体验。好在我还算心静，也不想让出版社过于为难，基本完成了自己设定的翻译进度。

我在山东大学外国语学院指导的MTI（翻译硕士）方向的研究生张红燕和张洁同学分别做了第七、第八章的翻译，我对她们的翻译做了逐字逐句的修改。当然，限于本人的能力和水平，错误在所难免，敬请大方之家不吝指教。

赵秀福

2020年3月1日于济南牧牛山下

图书在版编目（CIP）数据

亚得里亚海：文明的尽头 / （美）罗伯特·D.卡普兰（Robert D.Kaplan）著；赵秀福译.—长沙：湖南人民出版社，2022.2

ISBN 978-7-5561-2652-1

Ⅰ.①亚…　Ⅱ.①罗…②赵…　Ⅲ.①亚得里亚海—历史—研究 Ⅳ.①K107

中国版本图书馆CIP数据核字（2021）第016929号

亚得里亚海：文明的尽头

YADELIYA HAI WENMING DE JINTOU

著　　者：〔美〕罗伯特·D.卡普兰

译　　者：赵秀福

出版统筹：陈　实

监　　制：傅钦伟

产品经理：田　野

责任编辑：李思远　田　野

责任校对：丁　雯

装帧设计：刘　哲

出版发行：湖南人民出版社有限责任公司〔http://www.hnppp.com〕

地　　址：长沙市营盘东路3号　　邮编：410005　　电话：0731-82683313

印　　刷：长沙超峰印刷有限公司

版　　次：2022年2月第1版　　　　印　　次：2022年2月第1次印刷

开　　本：880 mm × 1240 mm　1/32　　印　　张：13.25

字　　数：310千字

书　　号：ISBN 978-7-5561-2652-1

定　　价：78.00元

营销电话：0731-82683348（如发现印装质量问题请与出版社调换）